# 乡村公共文化服务研究

## 理论分析 与实践探索

孟祥林 ◎ 著

中国财经出版传媒集团
经济科学出版社
Economic Science Press

**图书在版编目（CIP）数据**

乡村公共文化服务研究：理论分析与实践探索/
孟祥林著 . -- 北京：经济科学出版社，2023.8
　ISBN 978 - 7 - 5218 - 4800 - 7

　Ⅰ . ①乡⋯　Ⅱ . ①孟⋯　Ⅲ . ①农村文化 - 公共管理 -
文化工作 - 研究 - 中国　Ⅳ . ①G12

　中国国家版本馆 CIP 数据核字（2023）第 093059 号

责任编辑：周国强　张　燕
责任校对：王肖楠　齐　杰
责任印制：张佳裕

**乡村公共文化服务研究：理论分析与实践探索**

孟祥林　著

经济科学出版社出版、发行　新华书店经销
社址：北京市海淀区阜成路甲 28 号　邮编：100142
总编部电话：010 - 88191217　发行部电话：010 - 88191522
网址：www. esp. com. cn
电子邮箱：esp@ esp. com. cn
天猫网店：经济科学出版社旗舰店
网址：http：//jjkxcbs. tmall. com
固安华明印业有限公司印装
710 × 1000　16 开　14.5 印张　250000 字
2023 年 8 月第 1 版　2023 年 8 月第 1 次印刷
ISBN 978 - 7 - 5218 - 4800 - 7　定价：86.00 元
（图书出现印装问题，本社负责调换。电话：010 - 88191545）
（版权所有　侵权必究　打击盗版　举报热线：010 - 88191661
QQ：2242791300　营销中心电话：010 - 88191537
电子邮箱：dbts@ esp. com. cn）

# 前　言

乡村公共文化服务建设是乡村振兴的重要论题。乡村公共文化对于乡村居民而言，在消费过程中具有非排他性和非竞争性，乡村公共文化服务资源在乡村场域的均等化布局，有利于提升乡村社会的文化消费质量。在行政力量单向度地通过财政投入方式发展乡村文化事业的情况下，行政力量在很多情况下造成了社会力量参与乡村文化发展的挤出效应。乡村居民在乡村文化的这种发展氛围中，很大程度上是"观众"而不是"主演"，不能充分参与到乡村文化发展的过程当中去。但是，乡村文化发展的受益目标是乡村居民，乡村居民应该是发展乡村文化的主体。发展乡村文化，需要激发乡村百姓的消费热情和参与热情，通过完美套叠乡村文化场域和乡村居民的生活场域，让乡村文化成为乡村百姓的生活日常，最重要的是要让乡村居民在乡村文化发展中有充分的获得感，不但要让乡村居民从发展乡村文化中感受文化的"文以化之"和"化成天下"的力量，而且能够从乡村文化发展中获得经济收益，从而使得文化能够借助经济的平台得以拓展，经济也能够借助文化的力量得以发展。发展文化的目的在于通过文化的教化力将处于文化氛围之中的人转变成为文化需要的样态。从这样的逻辑上看，乡村公共文化就成为发展乡村文化的重要节点，通过发展乡村公共文化，让乡村居民感受到文化的力量，感受到文化给生活带来的变化，以及在文化影响下乡村居民生活质量提升所造成的乡村社会生活场景的整体变化，乡村居民从而受到参与文化建设的激励，并主动参与到乡村文化建设当中，从此前的"看客"转变为发展乡村文化事业的"主演"，于是乡村文化进入良性循环的发展轨道。

在乡村公共文化发展进程中，往往会存在乡村居民的"需"与行政指向下文化产品的"供"之间的矛盾，只有以充分了解村民的文化消费愿望为前提的文化产品的供给才能成为有效供给，才能在供给与需求之间有效对接的同时，激发村民参与文化建设的热情，从而助推乡村文化产业发展兴盛。就哲学意义而言，认识主体在发挥自身的主观能动性认识世界进而改造世界的过程中，由于客观条件的限制以及认识主体认识能力的限制，认识主体只能认识到其视野中的世界，同时也只能认识到认识能力以内的世界，同时认识主体在致力于与客体世界打交道的过程中，认识主体自身不在自己的视野之中。按照这样的逻辑，认识主体对进入视野中的客体世界的认识都会带有主观性，在发生认识误区的情况下，认识主体由于对认识客体的错误判断会导致错误的抉择。主体世界在将主观能动性加于客体世界之上时，总是希望以自我为中心改变认识客体，但最终的结果往往是被客体世界所改变。在发展乡村公共文化服务过程中，在行政力量主导下的文化发展模式下，乡村社会成为被改造的客体。乡村社会存在区域性特点，再加上村民的需求愿望在不断发生变化，乡村公共文化发展需要面对复杂环境和复杂群体，文化产品只有做到精准供给才能在文化的"供"与文化的"需"之间实现完美对接。这需要以乡村社会对文化需求的"发声"得到来自行政力量的"回声"的积极反馈。因此，行政力量应该是充分考虑乡村场域内复杂变量基础上的函数，该函数中纳入的变量越丰富，函数值就越大，行政力量主导下发展乡村文化的思想力就越能转化成为发展乡村文化产业的实践力。

乡村场域的文化长期以来存在供给不足问题，这与乡村社会的发展状况相关。考察乡村公共文化发展需要遵循历史的逻辑。改革开放前，集体经济是乡村社会经济的主要组织方式，乡村社会也将主要精力放在发展生产层面，文化形式比较单调，文化供给数量也相对欠缺。党的八大上提出当时社会的主要矛盾是：人民对于建立先进的工业国的要求同落后的农业国的现实之间的矛盾；人民对于经济文化迅速发展的需要同经济文化不能满足人民需要的状况之间的矛盾。当时社会状况下我国自然经济和半自然经济占相当大的比重、文盲半文盲人口占相当大的比重。虽然文化供给存在缺口，但由于乡村社会对文化消费愿望并不强烈，所以文化的供需矛盾并不突出。改革开放后，城乡二元经济结构被打破，乡村社会悄然发生变化。进城务工的农民不仅通过进城获得经济收入，而且开阔了视野，并将所见所闻传播到乡村，乡村居民"候鸟式"的就业方式不断将乡村与城市连接起来，乡村社会在城乡融合发展中获得了更多的文化信息，并不断被注入和开发出更多的文化资源，乡村居民的生存方式也在发生变化。当乡村文化资源能够给居民带来经济收入时，村民就会积极加入乡村文化产业的发展阵营当中，乡村居民成为乡村文化的生产者和共享者，同时社会力量也会将大量民间资本卷入乡村文化产业发展，乡村文化开始呈现多元化的发展样态，文化融入乡村居民的生活日常，成为乡村居民的生活方式。

需要注意的是，乡村社会发生的变化具有两个方向：一是文化繁荣的方向；二是文化萧条的方向。前者是与乡村社会的文化需求增加联系在一起的。行政主导下的有更多社会力量参与的乡村文化事业催生了丰富的文化产品呈现形式，在很大程度上满足了乡村居民的文化需求。后者是与"乡村空心化"问题联系在一起的。城乡二元经济结构被打破后，乡村居民进城务工可以获得更多收入，乡村的青壮年劳动力以及乡村的专业人才都相继流向城市，只要城市的边际生产力高于乡村，乡村就会存在指向城市的劳动力流动梯度力，"乡村空心化"问题就会继续，乡村社会的文化消费主体被削弱，乡村场域内的文化资源增量也会受到负面影响。除此之外，随着乡村居民文化水平普遍提高，居民对文化的需求已经远远超出单纯的量的积累阶段，居民对文化的质的提升的要求也在增加。居民在增加文化消费愿望的同时，也对文化产品有了更多思考，居民的文化消费异质化程度在增强，政府单向度的以行政力量为依托的单一呈现方式和缺乏丰富内容的文化供给形态开始受阻。但文化是区域经济得以长足发展的名片，乡村经济发展不能忽视文化张力的作用，为了彰显乡村社会发展的文化力，就需要在不减少文化存量和增加文化增量的同时，丰富文化产品的发展形式。

乡村社会的经济增长力最终通过文化张力体现出来，而文化在区域经济发展中发挥的作用依托于基层党组织的执政水平。文化是一种教化力，也是一种思维方式。为了充分利用乡村场域内的文化资源，基层党组织需要具有文化意识，并具有将文化发展与经济发展紧密衔接的能力。文化是祖宗馈赠给后辈的遗产，在村民生活日常中的物理空间、体化空间、制度空间、惯习空间、刻写空间等表现出来，祖先通过存储于实体空间或者虚拟空间内的文化符号以编码打包的方式将丰富的文化信息馈赠给后辈，后辈需要具备较高的解码能力，才能从文化空间内的文化符号中读出文化信息，通过解码文化信息，将其转化为拉动社会经济发展的动力。这就涉及文化的"承"与"继"之间的关系。乡村社会不但需要高质量的"承"，而且要在"继"中实现创新性发展和创造性转化，赋予既有的文化资源以现代化的表现形态，发挥文化资源的凝聚力、辐射力、教化力。目前，人们都在强调文化"软实力"，但这并非只是静态的文字表述，如果将文化软实力仅仅停留在理性思辨，文化就失去了改造乡村世界的力量。发展乡村公共文化，目的在于改变乡村社会，通过文化教化和文化熏陶，普遍提升乡村社会的文化素养，优化乡村居民的生存环境，使得乡村社会达到"产业兴旺、生态宜居、乡风文明、治理有效、生活富裕"的目标。因而，系统研究乡村公共文化服务发展具有充分的理论意义和现实意义。

孟祥林

2023 年 2 月于华北电力大学

# 目　录

# 第 1 章

# 乡村文化记忆空间发展的
# 向度、瓶颈与对策

留住乡村文化记忆才能发展乡村文化，物理空间是乡村文化记忆的基本支撑，体化空间、惯习空间、制度空间和刻写空间能够进一步强化物理空间的张力。公平的对话语境是拓展有效制度空间的基础，这样才能够保证制度空间建构过程中村民在场，在乡村场域内实现生活场与文化场套叠，激发文化主体在体化空间、惯习空间和刻写空间内的活跃程度，形成"政府 + 村民 + 社会"的多元主体治理构架。但是在乡村文化记忆空间拓展过程中，以物理空间为依托的多元虚拟空间正在被挤压，在探索乡村文化记忆的多种举措中，需要在保存社会网络、守住空间线索、形成文化意象、实现平等对话和壮大文化主体等方面做文章，才能够构建起乡村文化记忆的多向度表达方式，留住乡村文化记忆、记住乡愁和拓展乡村文化记忆空间。

## 一、引言

乡村振兴战略的提出使得学术界对乡村的关

注点发生了从产业视角向空间视角的转向。从产业角度审视乡村问题时，学术界关注更多的是乡村经济发展，这在一定程度上会降低对促进乡村社会发展的其他要素的关注度。从空间角度探索乡村振兴的发展问题，研究主体会从各要素均衡发展角度探寻乡村经济发展路径，并将乡村文化建设作为重要变量加入乡村社会发展的效用函数当中。乡村文化的发展质量在很大程度上决定着乡村经济的发展样态，文化决定着人们的行为方式，影响着乡村社会成员的关系状态。乡村场域内基于熟人社会生活在一起的群体成员在长期交往中守望相助又相互制约，形成了一致性的生活方式和价值取向，每个个体都需要在其他个体的预期内从事实践活动，并成为其他个体生存条件变得更好的前提，乡村社会只有在这样的氛围中才能迅速积累社会资本。乡村场域内的生存个体通过非纸面的制度约束形成强烈的内在约束，将不需要他人提醒的自觉变为行为习惯，作为乡村文化的一部分储存在记忆中传承下来，现实的文化空间就成为唤醒记忆的物质载体并成为连接过去与未来的纽带。因此，留住文化符号和保持记忆空间才能够在发展中传承文化和生产文化。但是在城乡二元结构被打破和乡村社会空心化过程中，乡村的生活场、文化场都在悄然发生变化，文化得以附着的物理空间的存在样态在变化，乡村文化的记忆空间也在被压缩，乡村居民缺少了文化的体化记忆和惯习记忆[①]。缺少了记忆空间，文化将无处安放，无法承接过去和生产未来，因此探索乡村文化记忆空间的存在形式并探索拓展记忆空间的发展对策就显得具有重要的现实意义。

## 二、乡村文化的空间载体：文化符码存储的实体空间与虚拟空间

研究认为，记忆与空间并存[②]，乡村文化附着于实体空间并在实体空间上增加乡村的文化记忆，实体空间是传承乡村文化的重要载体，在传承过去

① 秦炜棋. 历史记忆与空间生产——湖南江永勾蓝瑶传统武术文化演化研究 [J]. 重庆文理学院学报：社会科学版，2019（5）：85–93.
② 刘易斯·芒福德. 城市发展史：起源、演变和前景 [M]. 宋俊岭，倪文彦，译. 北京：中国建筑工业出版社，2004：33.

中将乡村社会引向未来①。乡村社会是基于血缘和地缘关系建立起来的具有熟人关系的社会网络，世代生活在一起的乡里在长期交往中得以价值同化，对乡村文化具有相同的体化实践和审美情趣。保罗·康纳顿（Paul Conner-ton）认为，现在的举止重演着过去，身体实践能够将认知记忆和习惯记忆结合在一起②，人们在既定场域内形成了一致性的群体性规则，在心中形成不需要他人提醒的自觉，并通过记忆以文化的方式将这种规则持续传承，人们在既定的社会空间内生存，通过记忆储存先祖创造的文化并通过文化符码重构既有文化和进行文化再造。习惯记忆促成记忆习惯并内化为人们的思维③，记忆成为乡村文化发展的纽带，因此研究记忆空间的存在方式和生产方式就非常重要。文化记忆就是要将文化内涵存储起来，可以将文化符码存储在一定的物理空间中，也可以存储在人们的记忆中并通过实践行为表现出来。阿莱达·阿斯曼（Aleida Assmann）认为，容器可以被看作狭隘的文化记忆图像④，记忆实际上就是在物质空间内留下印记。这说明物理空间是记忆的重要承载体，人们通过对文化信息进行编码，通过特定的文化符号将其留在物质空间内，后人再通过解码对文化信息进行翻译、解读、学习、改造，从而达到传承文化的目的。记忆空间不仅体现在实体的物理空间内，也体现在活动的虚拟空间内，仪式、风俗、庙场、社戏等都是文化记忆的具体表现形式，仪式远远超出了模仿的范畴，更重要的表现为对文化意义的传承。声音也是记忆空间的存在形式，哈拉尔德·韦尔策（Harald Welzer）认为，人们在谈话中构建着过去⑤。物理空间是居民生活场的实体依托，见证着有形建筑的变迁过程，实体空间的另一个层面就是社会空间，物理空间既是人们解决生活问题的物质手段，又是既定场内共同生活着的群体的一致性生活方式的符

① 刘东峰. 乡村振兴战略视域下传统村落内生动力的激活——基于记忆空间设计的视角 ［J］. 山东大学学报：哲学社会科学版，2019（5）：127–134.

② ［美］保罗·康纳顿. 社会如何记忆 ［M］. 纳日碧力戈，译. 上海：上海人民出版社，2000：90–108.

③ 周尚意，成志芬，夏侯明健. 记忆空间表达及其传承研究——以北京西四北头条至八条历史文化保护区为例 ［J］. 现代城市研究，2016（8）：11–17.

④ ［德］阿莱达·阿斯曼. 回忆空间：文化记忆的形式和变迁 ［M］. 潘璐，译. 北京：北京大学出版社，2016：121–122.

⑤ ［德］哈拉尔德·韦尔策. 社会记忆：历史、回忆、传承 ［M］. 季斌，王立军，白锡堃，译. 北京：北京大学出版社，2007：105.

号化表征，实体空间在此过程中自然就具有了记忆的属性。生活场作为居民活动的空间场域，见证着文化活动和民生形态，承载着文化记忆，成为存储文化信息符码的存储器。实体空间不可能与其中发生的事件相剥离，后人需要通过对物理空间进行考察，才能够还原尘封的历史并找到与该物理空间并存的那段历史记忆。从这个层面看，实体空间的记忆属性在于扮演了文化场角色，生活在其间的群体在社会实践活动中对实体空间产生影响。实体空间承载了丰富的文化信息，需要后人通过对相应的生活场还原后走进与其套叠在一起的文化场。记忆有多重存在形式，包括乡愁情感记忆、文化认同记忆和符号象征记忆①，古街、祠堂等都是富有乡愁记忆的真实场景，构成乡村记忆的文化符号。霍布斯鲍姆（E. Hobsbawm）认为，被发明的传统必然暗含与过去的连续性，通过重复来灌输一种价值观和行为规范②，重复具有仪式性和象征性特征的文化现象。虽然不同区域的乡土教化存在差异，但历史中形成的惯习及其在生活场中留下的印记会通过在实体空间留下不同方式的印痕得以传承下来，通过不同的文化表达方式进行展露。记忆文化信息的物理空间和虚拟空间相互穿插、相互依存，共同担负起发展和创造乡村文化的职责。

## 三、乡村文化记忆空间的多向度表达与多样态空间之间的联系

乡村文化从历史中走来，借助文化空间存储起来，并通过居民的文化实践唤醒记忆和创造未来。根据前文，存储文化的"容器"存在多样化的表现方式，传统意义上的以实物方式存在的物理空间只是众多表现方式中的基本手段，声音、动作、制度以及习惯等都可以成为记忆文化的存储器，在变化着的历史逻辑中展露文化的发展过程，并通过文化创造激发多样态的文化空间表现形式。文化的记忆方式正在发生从物理空间向虚拟空间的转向。既然记忆是传承和发展的基础，在乡村文化发展进程中，就需要对文化记忆的样态进行多向度考察，为发展乡村文化拓展记忆空间。如果记忆空间仅仅限制

---

① 袁同凯，房静静. 空间文化与博物馆：古村落历史记忆建构逻辑——以山东雄崖所村为例 [J]. 河北学刊，2018（9）：169-174.

② [英] E. 霍布斯鲍姆. 传统的发明 [M]. 顾杭，庞冠群，译. 南京：译林出版社，2004：2.

在实体的物理空间层面，空间范围就会被严重压缩，影响文化在空间上的拓展力和时间上的穿透力。物理空间为承载乡村文化构建起了基底，也是构成乡村文化景观的重要实体元素。居伊·德波（Guy Debord）认为，生命呈现为景观的堆积，直接存在的事物退缩为表象①，在单独强调承载文化的实体空间过程中，乡村文化的记忆空间就被压缩为物理空间，文化记忆就成了景观表象。因此，在探索文化记忆空间时，需要从物理空间拓展到体化空间、惯习空间、制度空间、思维空间，将与实体空间套叠在一起的虚拟空间整合在一起并且构筑起观念和感情②，将关注视角从实体空间移向虚拟空间。物理空间以文化景观方式将文化呈现出来，其目标也是记住文化，只有将有界的物理空间与无界的虚拟空间叠加，才能够在乡村文化发展进程中展示虚拟空间的优势，将文化场与生活场合二为一，文化发展与村民在场同步。

（一）乡村文化记忆空间的多向度表达

1. 物理空间向度：乡村文化的承载实体与记忆唤醒纽带

记忆就是同往昔建立联系，物理空间因与文化之间存在内在逻辑③，从而作为容纳文化资源的容器在存储乡村记忆过程中扮演着重要角色，人们可以根据需要在容器中翻找具有文化印痕的物质实体，在现实与历史间进行对话，因此留住储存文化信息的物理空间就显得非常重要。皮埃尔·诺拉（Pierre Nora）认为，记忆依托物理空间而存在，在历史长河中的意识往往被撕裂成为碎片，记忆的化身即记忆场是唤醒这些意识片段的关键，但记忆之场存在的前提是记忆的环境已经不存在了④。发展乡村文化的物理空间存在多种样态，既包括图书馆、文化室、展览馆、博物馆、纪念馆，也包括祠堂、庙场、遗迹、古屋、古树、壁画、廊桥、老街、雕塑等，这些能够承载信息的物质实体构成文化场，与村民的生活场叠加在一起。物理空间在历史过程

① ［法］居伊·德波. 景观社会［M］. 王昭风，译. 南京：南京大学出版社，2006：3-4.
② 赵世瑜. 狂欢与日常：明清以来的庙会与民间社会［M］. 北京：生活·读书·新知三联书店，2002：38.
③ 郑艳姬. 环境、空间与历史记忆——云南"一颗印"民居建筑类型的文化意涵探究［J］. 昆明学院学报，2015（2）：139-146.
④ ［法］皮埃尔·诺拉. 记忆之场——法国国民意识的文化社会史［M］. 黄艳红，等译，南京：南京大学出版社，2017：3-4.

中形成，通过印痕向现代人诉说历史，在现代与传统间搭建起桥梁①，这些印痕就是物理空间的文化记忆。物理空间以独特的景观呈现，通过回归文化发展的历史逻辑，唤醒现代人的文化情愫和体会文化享受。因此物理空间不但承载了文化记忆，也吸附了文化情感。实体空间以浓缩的文化信息成为乡村文化场的核心，强化了文化场的辐射力和凝聚力，也成为乡村社会的标志性景观。物理空间的存在样态在不同区域存在差异，需要通过恰当的方式融入乡村社会结构，在乡村社会营造追忆文化、传承文化和发展文化的场景，以物理空间为核心对居民的实践活动进行渲染，将物理空间承载的文化信息转化为村民的文化行为。

2. 体化空间向度：通过身体实践对文化再版和承载文化信息

人的根本性差异铭写在身体上②，因此在乡村文化发展过程中，需要将身体与文化融合，强化身体对文化的体化实践，以文化为先导指导身体做出有利于文化发展的实践活动，而不是像柏拉图（Plato）那样，将身体视为灵魂的对立面③。体化空间是承载乡村文化的虚拟空间，空间范围与居民对文化的体化实践程度呈正相关关系。扬·阿斯曼（Jan Assmann）认为④，文化记忆与交往记忆存在差别，文化记忆依附于客观外化物之上，而交往记忆是在体化实践中形成习惯的过程。体化实践要求实践主体充分参与到文化场当中去，具有较强的即时性和现场感，高度依赖对话语境对人的身心形成强烈的文化渲染，实践主体在心中播下文化种子，成为文化的承载者，通过消化吸收文化信息并加上亲身感受影响身边的人，提升传承文化的使命感与责任感，文化吸收者同时也成为文化传承者。在体化实践中，实践主体的身体和思维成为承载文化的空间，经由内化于心和外化于行将文化影响力从有限的个体传播到无限的群体，从有限空间辐射到无限空间。莫里斯·哈布瓦赫（Maurice Halbwachs）认为，不同年龄的人具有不同的回忆特质，在年龄变化过程中，记忆逐渐失去了曾经拥有的形式和外表，就像一本缺页的再版书，

---

① ［美］马歇尔·伯曼. 一切坚固的东西都烟消云散了——现代性体验［M］. 徐大建，张辑，译. 北京：商务印书馆，2003：15.

② 王民安. 身体、空间与后现代性［M］. 南京：江苏人民出版社，2005：3.

③ ［古希腊］柏拉图. 斐多［M］. 杨绛，译. 沈阳：辽宁人民出版社，2000：13.

④ ［德］扬·阿斯曼. 文化记忆：早期高级文化中的文字、回忆和政治身份［M］. 金寿福，黄晓晨，译. 北京：北京大学出版社，2015：11－12.

成年人因专注日常事务而使记忆变形，文化场赋予老人保存文化印痕的功能，并激励其不断贡献文化记忆的力量①。虽然乡村文化在不断复制和再版过程中拓展着文化的体化空间，但原味的文化中已经平添了更多"褶皱"。

3. 惯习空间：在生活场以多维度的文化活动承继文化基因

皮埃尔·布迪厄（Pierre Bourdieu）认为，"惯习＋场域＝实践"，这种惯习既是由存在着的物质条件所带来的完整结构，也是据此生成实践、信仰以及感知的基础②。场域是相互作用的位置间构建起的网络或者结构，一般不具清晰的外部边界，但其中一定蕴含着力量和生气。乡村文化发展的惯习空间即依托乡村土味形成的渲染氛围，处于其间的要素逐渐被同质化，通过代际传承和个体影响形成的乡村文化发展环境。乡村社会是基于血缘关系形成的熟人社会，在长期互动中形成一致性的价值观，乡村社会空间在这种惯性影响下世代传承，在惯习实践中记忆着乡土文化。因此，乡村文化记忆除了通过装进物理空间得以保存外，还需要通过恢复和强化乡村文化场，通过沿袭惯习和营造文化氛围，仪式、语言、习俗、制度、信仰、宗教等都是乡村居民的沟通方式③，成为村民惯习的多维表达向度。文化就是村民的生活方式。在乡村社会由熟人社会向半熟人社会变迁以及由同质群体向异质群体转化过程中，文化元素和文化主体逐渐从乡村社会的文化场中退出，惯习空间的维持和扩展正在面临挑战。惯习空间是通过村民的行为实践展露出的文化场，与物理空间展示的静态的陈列语言以及书本上呈现的刻写实践不同，需要通过村民的动作、表情、声音、情感等方式与先祖对话，在生活场中植入乡土文化，只有在惯习与村民生活质量提升之间建立起关联，惯习空间的扩大才能够从行政强制转为村民自愿。

4. 制度空间：克服理性无知和增加群体信任感

制度空间是制度的影响范围和影响能力，不同价值理念下的制度空间有较大差异，对空间内要素的聚合整合能力也存在较大差异。文化附着于习得

①　［法］莫里斯·哈布瓦赫．论集体记忆［M］．毕然，郭金华，译．上海：上海人民出版社，2002：82－85.

②　［英］迈克尔·格伦菲尔．布迪厄：关键概念［M］．林云柯，译．重庆：重庆大学出版社，2018：64.

③　杨丽嘉．文化记忆的体化实践：传统节日儿童传承的人类学基础与路径［J］．徐州工程学院学报：社会科学版，2019（3）：7－13.

制度和支撑这些制度的价值理念，文化是一套不可言传的规则系统，依托各种符号和有形提示得到巩固①。制度执行是制度设计者通过设计行为规范使行为对象在实践活动中践行的过程，制度设计的科学性会影响实践活动者的合作状态和参与积极性，在制度规范与约束对象的利益相左时，制度执行者在与制度实施者博弈过程中就会存在逆向选择问题，从而使制度的实施效果大打折扣，制度空间也会被压缩。在乡村文化发展过程中，制度空间就是文化发展制度对乡村场域内的文化资源、文化活动、文化主体的影响范围，鉴于乡村文化发展过程中公共选择的复杂性，制度空间会在不同程度上被压挤。在发展乡村文化的公共选择中会存在"阿罗不可能"问题，即个人偏好的混合不可能靠表决程序加总，个人偏好的选择不可能也被集体决策所选中，分散的个人选择间总会存在矛盾，因此集体意志也不能完美地得到实现。在进行公共选择的过程中，个体如果要得到全部个体选择的充分信息需要付出高昂的成本，因此更情愿停留在"理性的无知"中，但这种理性的无知会增加个体选择对群体团结的侵蚀，出现个人理性高于集体理性的问题，从而增加不信任感和不安全感，因而在建构制度空间过程中，增加信息对称程度、个体参与程度，会增加群体的内聚力，并使得个体增加对群体的信任感从而增加固守集体规则的信念。根据以上分析，只有在乡村场域内实现行政权力与村民、社会组织间的平等对话，乡村文化发展的制度空间才能得以巩固和拓展，也才能为记住乡愁提供制度支撑。

5. 刻写空间：通过碑刻和册本传承文化并唤醒后人

刻写空间是以书契记录和册本流传为主要表现形式的刻写实践呈现的记忆空间，以文字方式记录文化历史。文字能够使先人的声音产生回响，实现现代人与先人对话的愿望②。文本痕迹能够使先祖储存的文化能量释放出来并形成社会力量，在群体中形成感染力，后代人能够复原先辈的对话语境。文字作为永生的媒介和记忆的支撑，在乡村文化记忆过程中能够将风俗、轶事、名人、典故等文化信息以碑刻或者书册方式记录下来，对文化过程、文化事件、文化景观进行详细描画并以档案材料的方式传承下来，供后人学习、

---

① ［德］柯武刚，史漫飞. 制度经济学——社会秩序与公共政策［M］. 韩朝华，译. 北京：商务印书馆，2000：196.

② STEPHEN GREENNLATT. Shakespearean Negotiations：The Circulation of Social Energy in Renaissance England［M］. Berkeley：University of California Press，1988：1.

回味和复活。前面论及的体化空间将对文化的记忆存储在肢体语言中，刻写空间则通过文字记录文化内涵。前文论及，文化在代际传递中会不断变形，而文字记录则可以从变形的文化中将原味的文化萃取出来，因此刻写空间在一定程度上把控着记忆方向，保证了记忆的真实性、完整性和纯粹性。乡村社会在物质化变迁过程中，当文化对村民生活创造的红利抵不过商业浪潮冲击时，乡村场域内具有匠人精神的文化耕耘者就会被商业磁场所袭夺，从而清净的文化创造行为被喧闹的商业行为所捕获，文化记忆的刻写空间就会被挤压。因此保持和拓展刻写空间的关键是通过重构文化场，为具有匠人精神的文化耕耘者保持静谧的生存空间，并通过投资商在文化资源中品出商业味道，从而为传统文化资源走上现代化道路搭建平台和拓展路径，强化刻写精神、营造刻写氛围和产出刻写成果。刻写空间是文化记忆的前提，也是进一步拓展文化刻写空间的基础。刻写空间收纳和存储着乡村文化，将风景和记忆封存在碑刻或册本中，等待着传承者将其唤醒。

（二）乡村文化记忆多样态空间的分类依据与相互联系

1. 乡村文化记忆多样态空间的分类依据

实体空间和虚拟空间在传承乡村文化过程中均扮演着重要角色，但在论及乡村文化问题时，因物理空间能够看得见、摸得着而较其他文化空间的存在形式具有更多展露机会从而会更多地得到重视。随着乡村变迁，在城乡二元经济结构被打破后，乡村社会面临"空心化"的严峻形势，具有较高综合素养的乡村青壮年劳动力逐渐从农业产业中析出并通过离土离乡寻求更优的择业机会，乡村文化式微使得文化传承面临挑战。在乡村社会发展过程中，社会结构正在发生变化，文化记忆的样态也正在变迁。物理空间、体化空间、惯习空间、制度空间和刻写空间在现代生活方式的冲击下都在不同程度上被挤压，认识乡村文化记忆空间各种样态间的联系并正视发展中存在的问题，就成为推动乡村文化发展的重要前提。古街、古宅、古桥、古巷等物理空间将文化固化在物质实体中传承下来，后人通过触摸、观赏等方式感受文化的魅力；舞狮、龙灯、舞蹈、节庆等通过声音以及肢体语言将活灵活现的文化呈现出来，肢体动作成为存储文化的体化空间；风俗习惯、生活方式、价值理念等融入乡村居民的日常生活中，通过行为习惯表现出来，文化元素已经成为村民日常生活的一部分，惯习空间成为存储文化的载体；村规民约、法律制度、生活准则、道德标准等纸面的或者非纸面的规则约束规范着村民的行为方式，融入乡村文化家族中，成为承载乡村文化的制度空间。多样态的记忆空间之间相互穿插、相互促进，不断丰富乡村文化记忆的呈现形式，让作为乡村文化传承主体的乡村居民能够记忆、便于记忆、充分汲取和积极创造乡村文化。传承乡村文化的物理空间相对于其他空间存在方式受到冲击较小，在这种情况下，有必要在强调传承文化的物理空间的同时，进一步重视体化空间、惯习空间、制度空间和刻写空间的重塑，在乡村场域中形成多元化、立体化的持续发展的乡村文化存储方式，对文化空间的呈现方式进行分类才能提出有针对性的建构措施。物理空间、体化空间、惯习空间、制度空间和刻写空间按照文化载体的差异进行分类，分别从物质实体载体、肢体动作载体、风俗习惯载体、规则制度载体以及语言文字载体等方面对记忆空间进行刻画，也能够为更好地探索文化的不同存储方式间的联系通道奠定基础。

2. 乡村文化记忆多样态空间的相互联系

多样态的乡村文化记忆空间之间相互联系，各种样态都有其存在的区域环境，彼此之间通过相互支撑，可以在一种样态的充分发展中形成溢出效应，为其他样态的发展创造条件。物理空间扮演着文化信息存储器的角色，通过建筑、佛塔、祠堂、古街、庙宇或者博物馆、文化室等方式将文化存储起来，后人可以在物理空间内读取文化信息，通过体化实践和刻写实践承袭惯习，体化空间、刻写空间和惯习空间也会相应地得到拓展，乡村社会的生活场、文化场叠加，村民参与乡村文化建设的积极性也会得到提升，行政意志与村民意志均得到充分表达。文化供给侧和需求侧之间基于对称信息构建起平等对话机制，保证了乡村文化发展过程中村民在场和更多的社会力量在场，逐渐形成"政府＋村民＋社会"的文化多元建设主体，文化发展的制度空间经过重构能更多地体现村民和社会力量的参与愿望，通过自下而上的信息反馈系统进一步拓展制度空间。文化发展实现了从行政命令下的植入式供给到在乡村培育文化种子的转向，村民在乡村文化发展过程中有更多获得感，乡村文化记忆在行政意志、村民愿望和社会力量间得以协同。制度是调节村民行为关系的基本依据，在物质化的乡村场域内，既定时间和既定空间内文化资源的有限性决定了生活场与文化场叠加过程中，会出现村民基于利益博弈的冲突。因此，乡村文化记忆的制度空间拓展与对文化场内村民实践活动的适当限制并不矛盾，前瞻性地处理好个体行为的有限性与制度空间拓展的无限性之间的关系，拓展制度空间就能够避免因制度供给缺口而造成的物理空间发展滞后问题。因此，在乡村记忆空间的多种存在样态中，制度空间是将其他样态的记忆空间捆绑在一起的依据，物理空间是基本依托，体化空间、惯习空间和刻写空间是彰显制度空间和物理空间文化张力的衍生品。多样态的记忆空间在时间、情感等维度上满足了文化主体唤醒文化经历、感受文化体验的诉求①。

## 四、乡村文化记忆空间的拓展瓶颈

文化记忆是一个集体概念，包括了社会发展中形成的行为知识和经验知识，在反复的社会实践中获得②。体化空间、惯习空间和刻写空间都需要依托生活场建构文化场，将文化体验、文化传承和文化记录转化为常态化的生活方式，文化场与生活场才能够完美套叠。但是由于文化供给模式的路径依赖，文化供给制度场缺乏空间延展力和空间穿透力，物理空间的建构与惯习空间、体化空间和刻写空间之间的衍生链条有待进一步加固，乡村文化拓展记忆空间才能突破发展瓶颈和拓展发展空间。

1. 物理空间的扭曲和变形撕碎乡村文化记忆

物理空间见证着有形建筑的变迁，作为居民活动的物质载体，在场景的人化过程中附着了丰富的文化信息③。物理空间作为村民生活和活动的空间场域，反映着村民的生活形态，通过文化承载和文化传播承载着文化记忆，文化形态的演变、中断等历史过程都能通过物理空间得到展露。但伴随乡村社会结构变迁，乡村的物理空间格局继而文化景观也在发生变化，街道、建筑等反映淳朴乡村土味的物理空间逐渐被压缩，弱化了物理空间的历史感和文化感。现代化生活方式的诉求严重排斥着传统土味的物理空间。物理空间的扭曲与变形，导致乡村文化记忆停留在口口相传，当声音承载的文化记忆不能转化为体化空间、惯习空间和刻写空间内的文化记忆时，物理空间附着的文化场就会从生活场中淡出，乡土文化就会在物理空间被压缩而日渐式微。

---

① 吕龙，吴悠，黄睿，黄震方."主客"对乡村文化记忆空间的感知维度及影响效应——以苏州金庭镇为例 [J]. 人文地理，2019（5）：69-78.
② 陶东风. 文化研究（第 11 辑）[M]. 北京：社会科学文献出版社，2011：4.
③ 鲁西奇. 中国历史的空间结构 [M]. 桂林：广西师范大学出版社，2014：474.

刘易斯·芒福德（Lewis Mumford）认为，物理空间记录着生活场内群体的生活方式以及在这种生活方式下形成的一致性的象征符号①。这种象征性的符号会伴随物理空间淡出而消退或消失，物理空间的凝聚力也就不复存在，依托物理空间的记忆场也会被撕碎。不能破除物理空间的发展瓶颈，实体空间向体化空间、惯习空间和刻写空间的转化通道也会被阻塞，文化因缺乏得以附着的实体化载体而最终在记忆的内存中消逝。

2. 文化主体抽空与体化空间收缩

搜寻文化记忆，需要到相应的文化场中进行体验，只有动感的体化空间才能留存这种文化记忆。体化空间的存续和发展需要制度作支撑，并将文字表达转录为肢体表达。社戏、仪式、民俗、舞狮等文化形式都是承载文化信息的体化空间②，村民通过行为语言将世代相传的文化进行行为表达。村民传承乡土文化的体化实践在生活场与文化场中游走，生活场和文化场进而成为乡村社会空间的两个重要属性。从这个逻辑上看，体化空间将文化场完美地嫁接于生活场，体化空间的建构需要村民在场、制度在场，并通过生活场中的情味表现出来。只有在村民心中植入文化种子，文化元素才能通过体化实践得到话语表达。但是文化产业是长线产业，不但需要厚实的历史作依托，在前期发展过程中也需要在财政支撑下构建输血机制进而形成造血机制，体化空间的建构需要依托乡村文化场内生活主体的集体记忆，体化实践也需要成为大众化实践。乡村社会的原子化、乡村文化碎片化以及乡村文化发展空间逐渐变窄等问题，使得乡村文化人才逐渐被抽空。生活的关注点移向经济发展过程中造成的文化失忆问题，使得乡村文化空间的主体要素严重匮乏，大众化的发展预期与趋于小众化的发展现实之间存在较大反差，体化实践的氛围变淡、人群缩小，乡村文化产业的实体化动因被削弱，体化空间趋向干瘪。

3. 文化主体生活性向转向打碎惯习空间

在皮埃尔·布迪厄看来，场域是相对独立的社会空间，场域的独立性表现为每个场域都有不同的发展逻辑。场域是一个客观关系系统而非实体关系

---

① 刘易斯·芒福德. 城市文化［M］. 宋俊岭，李翔宁，周鸣浩，译. 北京：中国建筑工业出版社，2008：6.

② 张定贵. 地戏仪式与定向记忆：屯堡人的文化空间建构［J］. 广西民族大学学报：哲学社会科学版，2017（2）：22－30.

系统，场域也是一个充满斗争的空间，其中存在着各种积极活动着的力量，场域内各要素间的关系非常复杂，场域之间存在着模糊边界①。每个场域都有独特的性向系统即惯习，惯习是与客观结构存在紧密联系的主观性实践，在集体行为中体现出个性特点，具有历史性、开放性和能动性②。在发展乡村文化过程中，村民作为乡村场域内的文化主体，需要通过沿袭主观性向并通过张扬集体行为表现出来，前文论及的体化实践在其间也扮演着重要角色。但是体化空间和物理空间的压缩以及乡村文化主体被抽空，使得承载文化记忆的惯习空间失去承载主体。村民的生活方式以及思维方式的改变，也在一定程度上改变着乡村社会群体的思维方式，惯习成为无处安家的幽灵，村民在历史逻辑中形成的饱含文化韵味的生活方式不能复归，幽灵会随着时间延续而被冲散。惯习通过历史经验的积累对后代产生影响，乡村居民生活方式以及思维习惯的转向在挤压着惯习的存在空间，乡村居民缺乏在文化发展进程中与文化供给主体的对话积极性，文化场域内的次级场域的村民小众生活性向出现各向异性，惯习空间不但被挤压也被打碎，次级场域间的联系也被阻隔。

4. 行政植入忽略村民意愿表达进而挤压制度空间

前文论及，制度空间即制度的影响范围，当制度空间与乡村社会空间重叠并且能够辐射居民生活场时，生活场才能够成为文化场，制度对场域内的居民实践活动形成的外在他律才能够转变为内在自律，文化场域内的每个个体都能够因文化氛围的熏陶而被渲染成为具有共同生活性向和共同文化价值观的文化传承者和创造者，个体行为自觉通过帕累托改进形成有利于他人生存的社会环境，每个个体都能在其他个体的预期范围内从事实践活动，个人理性与集体理性达成一致，社会资本存量高速增长，制度空间内的正式制度以及非纸面的行为规范对群体活动实现全覆盖，行政意义上的制度影响范围与现实中的制度覆盖面得以完美叠加。但是长期以来，乡村文化实践着的是在财政支撑下以行政植入为主导的发展方式，村民主体处于被动接受状态，文化供给侧与需求侧存在严重的不对称。村民不具备参与乡村文化建设的话

① [法] 皮埃尔·布迪厄，[美] 华康德. 实践与反思——反思社会学导引 [M]. 李猛，李康，译. 北京：中央编译出版社，1998：140-145.

② 毕天云. 布迪厄的“场域—惯习”论 [J]. 学术探索，2004 (1)：32-35.

语权，表演式的文化植入不能真正地切入乡村生活场，制度发挥作用的有效范围被压缩。村民在乡村文化建设层面的话语表达权被忽略，能够支撑文化发展的乡村底层力量从乡村场域中流失。制度的影响力进而转化为单向的行政强制，效率较高的表象掩盖了效果不佳的问题。制度空间在转化为行政力量与村民活动的合作空间过程中缺乏高效的诱导机制，私人选择与公共选择间的不一致问题非常突出，制度内卷化问题与乡村文化发展内卷化问题同时存在①，激励乡村文化发展的有效制度空间变得狭小。"雷声大"的即时性的文化发展样态不能转化为续时性的文化发展张力。

5. 刻写空间的历时性和共时性能力降低

刻写空间以文字方式留住文化记忆，不但需要村民主体在惯习空间与体化空间内通过实践活动进行话语表达，还需要财政力量与社会力量的支撑。与物理空间、体化空间、惯习空间、制度空间以大众参与为前提不同，刻写空间需要具有专业水准的文化人将乡村文化进行文字表达，这需要对乡村文化记忆的主体在文化发展问题上充满热情并且具有留住文化记忆的强烈社会责任感。皮埃尔·布尔迪厄认为，语言与其富含的主导价值并存②，刻写空间以更加有保障的方式存储文化的主导价值，村民都是文化主导价值的受益者。乡村社会结构在变迁过程中，刻写空间逐渐被物化价值观所冲淡，文化场可能带来的长线收益与实体经济投资带来的确定性的短线收益之间，后者具有优先选择权，被挤压的刻写空间短时间内不具有再次膨胀的弹性。在刻写空间的制度支撑不充分时，具有文化坚守精神的乡村文化主场就会面临被边缘化的问题。刻写空间需要物理空间、制度空间、体化空间和惯习空间作支撑，繁荣活跃的乡村文化场据此才能够为刻写实践平添素材和激发匠人的创作情感，使乡村文化从"小众记忆"转向"大众记忆"。制度缺位导致物理空间、体化空间、刻写空间和惯习空间发展不足，刻写空间从而会缺失物质保障和实践经验，刻写空间在实体空间与虚拟空间之间的穿插能力、历时能力和共时能力降低。

---

① 孟祥林. 乡村公共文化内卷化困境与对策 [J]. 西北农林科技大学学报：社会科学版，2019 (5)：40 - 47.

② PIERRE BOURDIEU. Language and Symbolic Power [M]. Cambridge Massachusetts：Harvard University，1991：46 - 49.

## 五、乡村文化记忆空间的发展对策

留住乡村文化记忆才能够储存情感和记住乡愁，为此，需要以物理空间为依托，前瞻性地思考制度空间、惯习空间、体化空间和刻写空间，从保护自然环境、社会网络、空间线索和壮大文化主体队伍等多层面入手，为留住乡村文化记忆创造条件和拓展空间，在实体空间与虚拟空间之间形成高效互动的发展格局，依托乡村生活场发展文化场，处理好空间的存在形式与文化发展形式之间的关系，构建起乡村文化记忆的多维表达方式。

### （一）保存社会网络和营造基于物理空间的多元虚拟空间

根据前述内容，物理空间看得见、摸得着，在乡村文化发展进程中较其他空间的存在形式更容易受到重视，但是在乡村社会变迁过程中，物理空间也不断因扭曲和变形而被挤压，在乡村场域内需要创建多元投资主体融入文化发展的社会网络，复原、加固和唤醒文化得以传承的物理空间的激励制度，拓展乡村文化发展的实体空间。在重视物理空间发展样态的同时，也需要充分重视制度空间、体化空间、惯习空间、刻写空间等乡村文化记忆的虚拟空间，多元化的文化空间穿插和共存更有利于保存乡村文化记忆，形成虚拟空间对物理空间的现实关照。社会网络是支撑虚拟空间的基础，保存社会网络能为发展虚拟空间创造条件。乡村社会群体基于血缘网络和地缘网络建立起来，据此形成的乡村社会网络成了乡村文化记忆的基础，进而形成多种样态的正式或者非正式联系。乡村场域的物理空间发生变化会影响村民在地理空间上的存在方式进而改变群体内的交往方式，乡村文化记忆的力量也会发生变化。相对不变的社会网络能够使群体内个体之间的关系在循环累进中激励增强，在社会群体内形成强大的内聚力，在合作式交往中彼此都会成为心理寄托，从而更有利于形成一致性的非制度性的生活准则，并内化为个人素养和养成不需要他人提醒的自觉。在这种氛围中，乡村文化记忆由个体行为转化为集体行为，进一步提升了文化信息传承的安全性。稳定的社会网络不仅是乡村文化的记忆承载，也是创造乡村文化的平台，成为乡风文明建设过程中的文化名片，在行政力量与社会力量的平等对话氛围中，乡村文化主体的文化诉求能够通过话语表达共同拓展制度空间，并激励村民的体化实践、刻写实践，从而传统的乡土味得以传承，惯习空间得到拓展。

## （二）守住和复原储存乡村文化记忆的体化空间线索

乡村场域内的祠堂、寺庙、廊桥、碑刻、雕塑、老街、古树等都是乡村文化记忆的空间线索，留住文化印痕才能够长期保持记忆，沿着以物理空间为依托的文化线索实现当代人与先祖穿过时空的对话，用时间将碎片化的记忆条理化和逻辑化，在复习既往岁月过程中体味文化精神，感受空间线索的历史感、文化感，与历史文脉和风土人情联系在一起，历史以其特有的形态为人类留下文化记忆。土味文化平添乡村社会对村治规约的敬畏感，强化乡村文化主体对文化场的融入感和获得感。物理空间只是储存了静态的文化符号，只有通过生存在其间的文化主体将静态的文化符号转化为体化空间内的肢体语言和声音信息，才能强化文化的时间穿透力和空间上的拓展力，更好地守住和复原乡村文化记忆的空间线索，并将守住和传承文化的行政意愿转化为乡村社会的集体意识。空间线索在从静态线索向动态线索转化的过程中，关键在于土味和原味，破坏后就很难修复，后人也很难从复原的空间线索中体味历史感。守住空间线索就是守住思维方式以及乡村社会的交往方式。空间线索是乡村历史记忆的物质表达，在人化自然中表达生活向往，先辈精神成为后人的奋斗动力。守住空间线索并不排斥复原土味的文化表达，遗迹、故居、庙场等容易被破坏的空间线索，需要依托刻写空间内文字记录复原，为打造原味的乡村文化空间营造氛围。空间线索作为承载记忆的文化符号，只有制度在场并通过拓展体化空间才能得到保障。阿莱达·阿斯曼认为，历史化本身也是一种现象，受制于意识与价值变迁，包含着两个相反的发展方向即对拆毁的欲望与对保留的追求①，后者超过前者，才能够不断拓展乡村文化记忆空间，完善体化空间成为对后者进一步加固的有效路径。

## （三）瞄准惯习空间促使文化意象从生活场转向文化场

乡村文化记忆需要从整体意象中感知文化的存在，这种整体意象是乡村群体通过感知环境意义构建起的心理图式，将乡村文化场的发展预期与文化

---

① ［德］阿莱德·阿斯曼. 记忆中的历史——从个人经历到公共演示［M］. 袁斯乔，译. 南京：南京大学出版社，2017：112.

记忆进行对比和叠加，形成现实生活中的体化实践、刻写实践并成为惯习空间内的文化内涵。乡村居民的生活惯习融合了从先祖承继下来的文化信息，在发展乡村文化过程中，需要从"百姓日用而不觉"的生活惯习中分解文化信息和挖掘文化元素，从乡村居民的生活场中萃取出文化场，进而强化生活场中的文化元素，让富有特色的地方文化升级为村民生活场中的文化名片并成为拉动地方经济的动力，文化意象转录为文化符号并成为文化记忆的抓手，生活场向文化场的转化才能具备持续发展的诱导机制。实践表明，整体意象并非个体意象的简单相加，需要依托物理空间整合体化空间、惯习空间和刻写空间，历经感觉、知觉达到表象的过程，通过集体性向的生活习惯得到现实表达。乡村文化整体意象是在对环境线索和空间线索复合基础上形成，整体意象中的标志性文化要素成为抽取文化记忆的钥匙，进而成为联系记忆碎片并成为拓展文化空间的纽带，集体性向的惯习成为承载文化信息的活化石。记忆就是保留时间维度内承载的信息，时间因为记忆而具备可逆性①，保存文化意象，就是对文化进行时间管理，现代人在惯习中繁衍历史并还原历史中的文化场景。山川、河渠等自然景观，民俗、节庆等人文活动以及各种文化实体要素构成的空间形态等都是形成文化意象的构成要素，需要在保存中发展和在发展中保存，在惯习空间中实现完美整合，挖掘生活中的文化资源、保存和拓展惯习空间就能在历史、现在与未来之间构建起文化线索。静态的文化积淀和动态的人文活动促成承载文化信息的景观，进而形成乡村文化主体的思维形态。整体意象是一种群体惯习行为，是群体成员共享往事的实践活动②，留存整体意象就要保留住群体实践活动即集体记忆的惯习，在乡村社会生活场的基础上套叠文化场，从而实现生活场向文化场的转向。

（四）基于平等对话语境拓宽乡村文化发展的制度空间

乡村文化发展，需要将行政意志转化为村民行动，从而将文化的力量转化为实践的力量。因此，扩大村民的文化诉求意愿表达权，在自上而下与自

---

① ［法］雅克·勒高夫. 历史与记忆［M］. 方仁杰，倪复生，译. 北京：中国人民大学出版社，2012：2 - 3.

② 林琳，曾永辉. 城市化背景下乡村集体记忆空间的演变——以番禺旧水坑村为例［J］. 城市问题，2017（7）：95 - 103.

下而上的两种力量间寻找边界，在两种力量间构建起高效互动的过渡机制，才能够将行政控制力在乡村文化场全覆盖，形成发展乡村文化的有效制度空间，进而将发展乡村文化的行政意愿转化为乡村居民的生动实践，通过乡村居民的实践将发展乡村文化的思想力转化为发展乡村文化的实践力和执行力，乡村居民从发展文化的"看客"转化为"演员"甚至"主演"。从乡村文化发展的制度空间形成的实践逻辑看，制度空间并非基于行政力量进行单向度供给而形成，而是在行政力量与乡村居民平等对话基础上充分吸纳乡村社会的文化消费意愿后通过平等对话语境形成，村民不仅是制度空间的接受者也是制度空间的创造者。制度空间内存在制度实施和制度执行两个维度，当后者的力量弱于前者时，制度空间就会被压缩，只有将制度实施空间转化为制度执行空间，制度才会展示魅力。拓展乡村文化的记忆空间，关键是将符合文化发展的制度转化为村民行动。村民不仅是制度的执行者，也是文化发展的寻租人，从经济人角度出发，只有当个人理性与制度理性方向一致并且文化发展的利得超出村民的机会收益时，从事文化发展才是经济人的理性选择。除此之外，还要处理好即期收益与远期收益的关系。制度空间需要保证村民在场，并且留出发展余地，村民能够自愿参与其中并能得到持续发展，这样的制度空间涵盖了行政意志、村民意愿，也为社会力量介入留出入口，将发展文化的政府行为变为多元主体共同参与的集体行为，体化空间、惯习空间和刻写空间因制度空间的有效拓展而得以融合。

（五）壮大文化主体拓展乡村文化记忆的刻写空间

刻写空间的共时性和历时性能力降低的根本原因在于文化主体萎缩，只有扩大支撑刻写空间得以维系的文化主体规模，才能让刻写空间具有持续的未来，这需要基于刻写空间拓展文化主体的生存空间，并对刻写空间进行前瞻性思考。刻写空间通过小众化的文化群体将文化信息以碑刻和册本方式实现大众化的文化享受的发展目标，"小众化"与"大众化"的群体规模的不对称，要求担负文化传承责任的"小众"群体接受更加严格的长期的技能训练，让刻写空间的内容更加丰富和表现形式更加完美。既然"小众"群体是刻写空间的"主人"，就要将其支撑的文化空间与存在的生活空间实现完美融合，这不但需要以文化市场进一步繁荣为依托，也需要国家政策为其保驾护航，为刻写空间拓展发展空间。与物理空间、体化空间、制度空间和惯习空间之间具有较宽的穿插通道不同，刻写空间因与其他形式的空间融入方式单一而变得"孤独"。前文论及，刻写空间是保存文化记忆更加有保障的方式，以文字方式铭记历史，以叙事的方式凝固历史信息和还原历史事件，因此在发展过程中不能被忽视。拓展刻写空间的发展空间，除了需要政策支撑，还需要主动营造市场环境，通过发展多样化的文化实体经济为文化形式与文化创造牵线搭桥，创造乡村社会的文化消费愿望。刻写空间需要从宏大的碑刻和方志的撰写的传统思维定式中走出来，让刻写产品实现艺术化转向，将小众化的需求转变为大众化的需求，变"小众化"生活空间为"大众化"生活空间。刻写空间在产业化转型过程中，通过展示"刻写产品＋刻写过程＋刻写工艺"营造刻写文化，全方位地为刻写空间打造卖点，让曾经只为传承文化而存在的"寂寞"文化形式成为文化消费的新热点。

## 六、研究结论

乡村文化记忆是基于物理空间、惯习空间、体化空间、制度空间和刻写空间的有效套叠的集体行为。乡村社会群体通过集体记忆传承文化，守望相助又相互制约，每个人的存在都成为其他个体更好存在的前提条件。乡村文化记忆通过非纸面的制度约束在其他个体的预期范围内从事实践活动，不断积累社会资本，在乡村场域内形成生活共同体和价值理念共同体，通过承载文化的物理空间和虚拟空间展露文化张力。街道、建筑、寺庙、祠堂、庙场等承载时间记忆的空间线索是乡村记忆的物理空间，社戏、民俗、册本、传说、典故、节庆等以文字、体态等话语表达方式呈现的记忆空间是乡村记忆的虚拟空间，虚拟空间依托实体空间衍生出来，并在承载文化记忆中表现出更大的张力。物理空间是承载乡村文化记忆的容器，也是体化空间、惯习空间、制度空间和刻写空间得以存在的支撑。制度空间在拓展虚拟空间过程中发挥着重要作用，只有制度制定与制度执行高效对接，才能实现个人理性与制度理性相统一，在发展乡村文化过程中保证村民在场。乡村文化发展过程中多样态的记忆空间不同程度上存在着发展瓶颈：物理空间的扭曲和变形撕碎乡村文化记忆；文化主体抽空与体化空间收缩；文化主体生活性向转向打碎惯习空间；行政植入忽略村民意愿表达挤压制度空间；刻写空间历时性和共时性能力降低。只有打破这些发展瓶颈，才能持续推进乡村文化的记忆空间，需要采取的发展对策包括：（1）保存社会网络和营造基于物理空间的多元虚拟空间；（2）守住和复原储存乡村文化记忆的体化空间线索；（3）瞄准惯习空间促使文化意象从生活场转向文化场；（4）基于平等对话语境拓宽乡村文化发展的制度空间；（5）壮大文化主体拓展乡村文化记忆的刻写空间。

# 第 2 章

# 乡村公共文化空间的解构与建构：
# 理论基础、拓展瓶颈与发展对策

发展乡村公共文化需要在实体空间基础上拓展包括制度空间、生活空间、思维空间、对话空间等在内的虚拟空间。场景理论、公共选择理论以及社会结构理论等都为乡村公共文化空间的解构与建构提供了支撑。乡村公共文化发展过程中，面临着记忆空间被撕碎、生产空间被压缩和制度空间被扭曲等问题，这需要改变行政指向下单向度的文化植入模式，形成"政府＋社会＋村民"的文化生产多元主体，依托乡村文化发展的实体空间展露文化张力、拓展处境空间和形成多元发展动力。发展乡村文化不仅要重复过去，还要创造未来，乡村居民需要通过体化实践增加记忆空间、拓展生产空间和完善制度空间，改变乡村社会的几何图式和形成更加完善的文化图景。

## 一、引言

自乡村振兴战略提出以来，乡村公共文化服

务成为学术界关注的热点议题，对乡村问题的关注实现了从产业布局到空间拓展的转向，乡村居民在场问题、文化空间形塑问题、居民对话语境问题以及文化基础设施建设等成为建设乡村公共文化空间的关键点。乡村公共文化空间的质量是乡村居民生活质量得以提升的重要测度指标，在"乐民、育民和富民"过程中扮演着重要的支撑角色①。但是乡村公共文化服务对于乡村居民而言是否具有普适性，取决于乡村公共文化产品的供给与需求能否对称。乡村社会依托地缘关系基于血缘和情感网络联系在一起形成具有熟人关系的沟通网络，成为乡村场域内文化生产的重要支撑。文化网络与关系网络缠绕在一起，文化网络由乡村社会中多种组织体系以及塑造权力运作的各种规范构成②。列斐伏尔（Henry Lefebvre）认为，空间是历史的产物，也是一种社会关系，不仅是生产的结果，也是再生产者③，这就需要重视在文化发展中进一步生产文化的问题。列斐伏尔认为，空间是使用价值的函数，利害相关的各方需要充分介入空间生产和管理过程，形成"自下而上"的空间塑造秩序，克服工作空间与商品空间的分离④，为乡村文化的承继、重构与发展构建完善的实体空间和虚拟空间提供了前提。因此，不能将乡村文化发展空间仅仅理解成为基于建筑物和读书室建立起来的物理空间，附着于物理空间之上的虚拟空间扮演的角色不能被省略。改革开放以来，乡村公共文化服务经历了文化福利到文化权利再到文化治理的演化过程，乡村公共文化的发展模式也相应地经历了从文化统治到文化管理再到文化治理的发展过程⑤。公共文化服务政策的演进以实现村民的文化权益为立足点、以乡村文化资源整合为切入点、以推进文化治理现代化为着力点⑥，不断推进着乡村文化发展机

---

① 罗哲，唐迩丹. 农村公共文化服务的结构转型：从"城市文化下乡"到"乡村文化振兴"[J]. 四川师范大学学报：社会科学版，2019（5）：129 – 135.

② ［美］杜赞奇. 文化、权力与国家——1900 ~ 1942 年的华北农村［M］. 王福明，译. 南京：江苏人民出版社，1996：13 – 14.

③ HENRY LEFEBVRE. The Production of Space ［M］. Translated by Donald Nicholson. Oxford UK：Blackwell Ltd，1991：26 – 34.

④ ［法］列斐伏尔. 空间：社会产物与使用价值［M］. 王志宏，译. 上海：上海教育出版社，2003：53 – 64.

⑤ 吴理财，解胜利. 中国公共文化服务体系建设 40 年：理念演进、逻辑变迁、实践成效与发展方向［J］. 上海行政学院学报，2019（5）：100 – 111.

⑥ 李少惠，王婷. 我国公共文化服务政策的演进脉络与结构特征——基于 139 份政策文本的实证分析［J］. 山东大学学报：哲学社会科学版，2019（2）：57 – 67.

制和发展模式的变化。文化是乡村得以持续发展的灵魂，需要构建起覆盖全面的满足各个层次乡村居民需要的文化产品，让乡村公共文化服务成为每个居民都能唾手可得的精神食粮。研究认为，发展乡村公共文化需要重点考虑文化产品的公益性、个性化特点，在此基础上建构乡村公共文化体系[1]，在平等的对话语境内使得文化供需双方建立起对话平台，文化资源的供给侧在履行职责过程中必须保证乡村居民在场。区域经济的发展质量最终取决于文化的发展状态，因此乡村文化是乡村社会经济发展高度的最后决定因素，而乡村公共文化是乡村文化建设中的亮点，其发展水平能够直接测度乡村文化发展状态，前瞻性地探索乡村公共文化服务就显得非常重要，学界据此开始对乡村公共文化服务质量的指标体系进行思考[2]，也在公共服务均等化问题上进行了理论探索[3]，认为提升乡村公共文化服务的发展质量需要不断强化政府在公共文化服务方面的责任[4]，也要在民间力量参与建设的体制机制方面做文章[5]，形成"政府+社会+村民"的多元主体治理结构，加强文化治理理念的引领力[6]，也要通过推动示范项目不断推进乡村文化建设速度[7]。文化是激励也是约束，需要通过烘托氛围形成村民心中的文化自律，从而在个人主义与理性主义之间实现均衡。涂尔干（Émile Durkheim）认为，道德行为需要遵循预先确定的规范，依托纪律精神彰显道德力[8]，这与村民的内在素养和乡村管理体现出来的张力紧密相关。文化是在历史中形成的，因此乡村公共文化发展需要关照对话语境中的历史维度，重视区域文化遗产在乡村

---

① 刘建荣，冀景．乡村振兴视域下农村公共文化发展策略研究［J］．三峡大学学报：人文社会科学版，2019（4）：47–51.

② 王洛忠，李帆．我国基本公共文化服务：指标体系构建与地区差距测量［J］．经济社会体制比较，2013（1）：184–195.

③ 唐亚林，朱春．当代中国公共文化服务均等化的发展之道［J］．学术界，2012（5）：24–39.

④ 李国新．强化公共文化服务政府责任的思考［J］．图书馆杂志，2016（4）：4–8.

⑤ 马艳霞．公共文化服务体系构建中民间参与的主体、方式和内容［J］．图书馆情报工作，2015（12）：5–11.

⑥ 吴理财，贾晓芬，刘磊．以文化治理理念引导社会力量参与公共文化服务［J］．江西师范大学学报：哲学社会科学版，2015（6）：85–91.

⑦ 白雪华．以点带面，发挥示范效应推动我国公共文化服务体系建设科学发展［J］．国家图书馆学刊，2012（3）：32–40.

⑧ ［法］爱弥儿·涂尔干．道德教育［M］．陈光金，沈杰，朱谐汉，译．上海：上海人民出版社，2001：15–18.

文化传承中扮演的角色①，从而提升乡村公共文化的发展质量。公共文化空间的数量、内容和形式决定着村民的文化生活质量②。公共文化服务政策也经历了长时期的变迁过程③，专家认为，乡村公共文化服务需要在标准化和均等化两个层面下功夫④，从量和质两个层面刻画公共文化服务的内涵⑤。为此在构建公共文化服务体系过程中需要妥善处理基本与非基本、共性与个性、政府与市场以及建设与管理等多方面的关系⑥，差异化发展更能提升乡村文化质量，能够进一步提升专业与业余、城市与乡村之间的对话质量。随着研究不断深入，研究视角也开始从宏观转向微观⑦，在乡村文化建设的可操作性对策方面的文件逐渐丰富起来。从"消灭城乡差别"到解决"三农"问题，再到新农村建设、美丽乡村建设、风情小镇建设，再到现在的乡村振兴战略，国家在战略层面不断向农村倾斜，乡村公共文化服务水平的提升是乡村振兴战略的关键一步，因此需要在理论上进行充分准备，在实践上进行不懈探索，发现问题、弥补漏洞，为乡村文化振兴夯实基础。乡村公共文化服务能够深入影响乡村社会的精神状态，通过影响村民日常行为传播文化记忆⑧，在思想观念上影响乡村的社会样态。乡村社会是基于血缘网络和地缘关系形成的恒定群体组织，随着城乡二元经济结构被打破，乡村社会因青壮年劳动力进城务工导致乡村社会"空心化"问题，乡村传统生存观念和关系网络也正在被打破，乡村既有的价值理念在现代社会的个体交往方式变化过程中不同程度地被撕碎，并在传统与现代之间进行不间断地纠缠，但传统乡

---

① 周全明．区域文化遗产的文化创意产业发展模式——以中原根亲文化遗产为研究重心［J］．徐州工程学院学报：社会科学版，2016（6）：8－12.

② 张培奇，胡惠林．论乡村振兴战略背景下乡村公共文化服务建设的空间转向［J］．福建论坛：人文社会科学版，2018（10）：99－104.

③ 胡税根，李倩．我国公共文化服务政策发展研究［J］．华中师范大学学报：人文社会科学版，2015（2）：43－53.

④ 陈昊林．基本公共文化服务：概念演变与协同［J］．国家图书馆学刊，2015（2）：4－8.

⑤ 汪盛玉．标准化均等化：乡村基层公共文化服务体系建设的公正尺度［J］．安徽农业大学学报：社会科学版，2018（5）：1－6.

⑥ 祁述裕，曹伟．构建现代公共文化服务体系应处理好的若干关系［J］．国家行政学院学报，2015（2）：119－123.

⑦ 沈山，路邯淞，夏民治，韩汝雪．均等化理念下乡村公共文化服务设施建设研究进展［J］．江苏师范大学学报：自然科学版，2016（1）：1－6.

⑧ 杨丽嘉．文化记忆的体化实践：传统节日儿童传承的人类学基础与路径［J］．徐州工程学院学报：社会科学版，2019（3）：7－13.

村社会中居民内心深处的道德感和社会责任感并未消失，这也成为乡村公共文化服务得以深入发展和重新建构的基础。因此发展乡村公共文化服务，需要在行政指向的资源配置机制下使得文化产品供给与乡村居民的文化需求间实现对称，在文化建构中改变乡村居民的思维方式，在乡村文化氛围营造和文化空间建构过程中，每个居民能够自觉进行行为内敛，即在乡村社会群体内通过调整自身行为实现帕累托改进，个体的实践结果能更好地为改变他人生活状况创造条件，乡村社会以村为单位形成价值理念共同体和利益共同体。乡村公共文化服务质量的提升与村民生活状况的改善高效互动和同向同行，村民要成为乡村公共文化服务建设的主演而不应是观众，要从单纯的文化消费者转为文化生产者，从而使得乡村公共文化服务的建设从外生性促进转为内生性扩展。

## 二、乡村公共文化服务空间建构与拓展的理论基础

### （一）场景理论：突破实体空间和整合多元要素进行文化表达

丹尼尔（Daniel Aaron Siliver）与特里（Terry Nichols Clark）认为，场景是元素间集合在一起的产物，场景就是社会空间，文化和基础设施是该社会空间中的重要支撑①。场景是对生活的诗化表达，使社会空间和私人空间充满精神涵养。社会学理论认为，社会空间由人们的行动场所构成，既定场域内的人群拓展需要观众在场，在文化受众间不断渲染，使文化产品展露文化张力。在拓展观众过程中需要破除文化活动中的各种壁垒，并强化文化内容的可接近性，只有这样文化资源才能有更强的辐射力。场景是文化场域内个体间进行信息沟通、语言表达的社会空间，该社会空间依托实体建筑而存在，但主要存在于人们的内心深处。不同场景蕴含着差异化的价值取向，吸引着不同的文化生产者和消费者聚集，从而以不同方式形成差异化的文化空间②，既定生活空间在文化性、社会性和物质性等方面表现出不同的张力，从而成

① ［加］丹尼尔·亚伦·西尔，［美］特里·尼克尔斯·克拉克. 场景空间品质如何塑造社会生活［M］. 祁述裕，等译. 北京：社会科学文献出版社，2018：35－40.
② 吴军，特里·N. 克拉克. 场景理论与城市公共政策——芝加哥学派城市研究最新动态［J］. 社会科学战线，2014（1）：205－212.

为文化产业集群的发展支撑。场景理论认为，文化作为一种传导性举措，借助文化符号感知信息，使一定区域内的人群能够通过文化感染力受到文化熏陶，文化资源在此过程中彰显出强大的竞争力和吸附力。因此，场景既是文化汇聚与交互影响的结果，也是未来场景产生的前提。生活设施不仅与经济活动相联系，还为人们提供了孕育独立价值观和展现不同生活方式的空间。文化空间由人、活动和场所三个基本要素构成，场所是依托实体的物理建筑形成的文化空间，场景则是该文化空间的升级版本。相对于传统的物理空间，场景更多强调的是空间内人群的多样性特质。场景是要在实体要素基础上形成各种文化要素高效互动的文化价值混合体，这就要求通过不断修补和活化传统文化空间，强化文化辐射力，拓展文化渲染的维度和广度，使传统的文化空间绽放新活力，与此同时还要渲染人群进行层次划分，构建不同的文化符号空间，在如上基础上加强文化现代化与文化遗产无缝对接，处理好承与继的关系，而且要包含多元文化表达，不断拓展非主流文化的发展空间。

（二）公共选择理论：个人理性服从制度理性前提下的公共物品生产

公共选择理论认为，市场本身存在效率缺陷，这就需要政府充分介入[①]。但是由于信息不对称障碍，政府不能完全替代市场，不可能很好地解决"生产什么、怎样生产和为谁生产"的问题，因此公共选择过程就显得非常有必要。公共物品的提供方式、公共产权的界定以及明晰产权的公共决策等都离不开公共选择过程。公共选择理论采用经济学的分析范式，认为当经济人超出经济领域后，在政治领域也会从个人的效用函数出发按照自身的偏好，从个人效用最大化角度出发寻租，在选择过程中不同人的主观情况有差异，从而构造出来的效用函数也不同，进而会影响个人在政治活动中的表现。公共选择学派在采用经济学分析范式的同时坚持个人主义方法论，采用了经济人的分析范式和个人主义分析方法。它认为社会中只存在个人利益，社会利益都是个人利益的衍生品，这一点与集体主义方法论存在冲突。公共选择学派认为，政治决策过程需要集体行为与个人行为相结合，个人行为需要建立在集体行为基础上；个人主义方法论认为，社会中只存在个人利益，所有利益

---

① 宋小川．西方公共选择理论的内在缺陷与金钱政治［J］．马克思主义研究，2013（3）：97 – 103.

都是个人利益的派生，只有在平衡个人利益与集体利益的基础上做出的决策才能使决策反映公众意愿。穆勒（Dennis C. Mueller）认为，公共物品的特性构成了集体选择存在的理由①。布坎南（James Buchanan）认为，无论是在集体活动还是在私人活动中，无论产生结果的过程有多复杂，个人都是最终决策者、选择者和行动者②。因此，限制集体决策的个人意愿，强化理性制度的外在约束，使决策者能够基于集体利益让个人理性服从制度理性，形成不需要他人提醒的自觉，保证个人决策在他人预期之内，每个人的实践活动都能使得他人的处境变得更好，个人决策形成的结果成为他人进一步发展的福利。乡村公共文化服务是公共物品，具有非排他性和非竞争性。萨缪尔森（Paul A. Samuelson）认为，公共物品的特征在于该种产品的效用扩展到其他消费者时成本为零，从而无法排除他人参与分享③。只有在集体意志决策基础上反映村民集体的消费意愿，才能使文化供给唤醒文化消费需求。乡村公共文化服务具有公共物品特征，这需要政府在乡村场域内创造村民普遍享有的制度安排④，乡村公共文化服务的产品设计与供给，实际上就是完整意义上的公共选择过程。

（三）社会结构理论：群体活动效能是个量行动结果的函数

社会结构理论经由马克思（Karl Heinrich Marx）理论中的结构分析到涂尔干的结构社会学，再到齐美尔（Georg Simmel）的形式结构，最后完善于吉登斯（Anthony Giddens）的结构化理论和布迪厄（Pierre Bourdieu）的文化结构主义。社会结构分为机械团结和有机团结两种类型，由具有不同功能的多层子系统构成，该结构是人类为理解社会现实而构筑的理论分析模型⑤。社会结构理论强调在动态平衡中把握要素间的关系、坚持整体平衡思想和以人为中心：社会结构由相互联系的内在要素组成并按照一定的方式连接在一

---

① DENNIS C. MUELLER. Public Choice Ⅲ［M］. Cambridge：Cambridge University Press，2003：11 – 12.

② 文建东. 公共选择学派［M］. 武汉：武汉出版社，1996：18.

③ ［美］保罗·A. 萨缪尔森，［美］威廉·D. 诺德豪斯. 经济学［M］. 萧琛，等译. 北京：人民邮电出版社，2004：25 – 26.

④ 过勇，胡鞍钢. 行政垄断、寻租与腐败——转型经济的腐败机理分析［J］. 经济社会体制比较，2003（2）：61 – 69.

⑤ LEVI STRAUSS. Structural Anthropology［M］. New York：Basic Books，1963：35.

起，组成社会结构的要素也并非总是处于均质平衡状态，因此需要在动态变化中把握各要素间的关系，使各要素相互作用的机制进一步得到调节；社会结构是一个整体，因此完善的社会结构并非单纯强调某一方面，而是要对整个系统进行全面考察，整体效用大于各要素之和，社会结构整体的发展样态决定了各要素在结构中的位置；人在社会结构中是具有主观能动性的行为者，社会结构中的要素处于动态变化中，人的思维方式和在要素动态变化中会不断改变应对策略。罗伯特·K. 默顿（Robert King Merton）认为，社会结构中的共同目标成为群体中所有个体行为的参考框架，这个目标是"值得为之奋斗的东西"，虽然某些文化目标与人的生物冲动有直接关系，但并不由它决定①。因此，既定社会结构表现出来的效能是群体中所有个量的函数，个量自身的状态及其与其他个量的互动方式都会影响整个系统的发展样态。皮亚杰（Jean Piaget）认为，主体是功能作用的中心，如果将结构强加于主体，这样的结构只是形式上的存在而已②。结构的开端有三种方式：先天产生、主体褶皱或者构造过程，即预或论、偶然论、过程论。乡村居民是乡村文化振兴的主体，在经历了行政指令下的以政府为主导的单向度文化植入阶段后，乡村公共文化的发展需要通过供给侧改革实现供需对称，文化产品的供给也需要通过自上而下的单向植入变为唤醒村民文化需求基础上的双向互动，村民的角色由乡村文化场域内的文化消费者变为文化生产者、投资者、传播者，主体结构的变化会进一步促进乡村社会结构完善。

## 三、乡村公共文化服务发展空间的解构与建构

根据前述内容，乡村公共文化服务空间不能被挤压为物理空间。乡村居民世代生活在乡村场域中，其活动场景、生活方式、语言表达等都成为乡村文化的重要元素，在发展乡村公共文化服务过程中需要关注文化"植入"与文化"培养"间的关系。乡村公共文化服务空间的建构过程也是突破既定的实体空间在村民群体中营造文化表达氛围的过程。乡村居民希望充分参与公

---

① ［美］罗伯特·K. 默顿. 社会理论与社会结构［M］. 唐少杰，齐心，译. 南京：译林出版社，2008：185 – 186.
② ［瑞］皮亚杰. 结构主义［M］. 倪连生，王琳，译. 北京：商务印书馆，1984：48 – 49.

共文化建设的决策过程，使文化产品更符合乡村居民需求。同时既然社会结构效能是个量行动结果的函数，乡村居民的个体行动就需要在发展乡村公共文化服务的总体框架下进行，使得个量行动结果能够成为其他个量更好地进行意愿表达的条件。因此，乡村公共文化服务空间既要包括传统意义上的实体空间，如文化馆、文化室、文化场的设置，也要重视建设虚拟空间，如生活空间、制度空间、思维空间、培养空间、对话空间等。传统思维方式下，乡村公共文化服务的发展更多注重实体空间的建设，实体空间的"壳"与虚拟空间的"质"之间严重脱节，导致乡村公共文化服务建设出现"雷声大、雨点小"的问题，发展乡村文化成为行政指令下文化供给侧的"独角戏"，乡村居民的底层动力支撑缺乏唤醒机制，因此需要对乡村公共文化发展的空间进行解构和重构，才能为乡村公共文化服务拓展空间，形成"政府＋社会＋村民"的多元文化供给机制，将"独角戏"变为"大合唱"。

（一）乡村公共文化服务发展空间解构：透过实体空间看见虚拟空间

虚拟空间与实体空间如影随形，但其并非实体空间的附属品，虚拟空间能够再现乡村文化在空间上的拓展力和时间上的穿透力，文化的共时性和历时性特点在虚拟空间内可以得到完美表达。虚拟空间具有较实体空间更大的文化承载力，也是培养文化生产空间的孵化池。

1. 乡村社会空心化样态下的文化实体空间格局

乡村居民世代生活在一起，改革开放四十多年来，随着城乡二元经济结构被打破，乡村社会在"空心化"过程中虽然正在由熟人社会变为半熟人社会，但是世代传承下来的语言逻辑、思维方式以及对乡土民风的恪守精神犹存，村民既有留住乡愁的愿望，也有向现代社会进发的激情。因此发展乡村公共文化需要以乡村居民的话语表达方式，从乡村文化场域出发思考其发展样态，才能够理解传统乡村社会与现代元素之间的纠缠过程，也才能沿袭乡村居民的生活惯习①，在现代与历史的对话中吸收文化滋养和延续乡土文化情怀。乡村社会的变化不仅表现在包括建筑样式、道路格局、村容村貌等实体景观方面，还表现在市场经济冲击下居民思维方式的变化。生活在既定场

---

① ［法］皮埃尔·布尔迪厄. 科学的社会用途：写给科学场的临床社会学［M］. 刘成富，张艳，译. 南京：南京大学出版社，2005：13－14.

域内的个体通过信息沟通和相互学习会逐渐被同化，原子化存在样态的个体只有具备了共同价值观从而成为价值共同体后，才能通过群体行为展露为区域文化。因此，探索乡村公共文化的发展空间，需要在关注实体的物理空间之余，给予虚拟空间更多关注，探索实体空间与虚拟空间的互动机制，对乡村公共文化的发展空间解构，实现乡村公共文化空间认识方式的转向。乡村公共文化发展的实体空间主要是以"五馆＋室场园栏"等文化设施表现出来，"五馆"即陈列馆、图书馆、文化馆、美术馆、展览馆，"室场园栏"即农家书室、文化活动室、文化广场、健身广场、农民文化乐园、农民阅读乐园、农民故事乐园以及阅报栏等。基础设施是文化元素的载体，但文化实体设施提供的文化滋养只有转化为村民的文化涵养，才能够让村民浸润在文化语境中，通过文化思维进行文化表达，使行政植入的文化资源成为村民的文化享受。

2. 实体空间基础上虚拟空间的多种存在形式

在推进乡村公共文化服务进程中，需要将乡村公共文化空间结构分为实体空间和虚拟空间，虚拟空间包括制度空间、生活空间、思维空间、培养空间、对话空间等，只有实体空间与虚拟空间融为一体才具有灵魂，乡村社会才具有更高的文化品位，村民才有更多的文化表达愿望。实体空间是构建乡村公共文化服务空间的"先行官"，只有通过虚拟空间的广泛拓展和重叠，才能够将乡村公共文化实体空间进行建构，使文化产品的供给与乡村居民的文化再造紧密融合，在实体空间与虚拟空间之间进行高质量对话。制度空间能够将居民一致遵守的规范转化为村民语言习惯、行为习惯和常态化的思维方式，将对制度的敬畏感转化为个人的责任感、道德感，提升个体间的互动质量和对话质量；生活空间让文化转变为生活方式，村民在乡村公共文化发展中受益，将学术语言翻译为生活语言，消除政策与生活间的距离感，让公共文化资源成为下里巴人的生活内容；思维空间依托实体空间存在，文化消费者据此享受文化资源，挖掘文化资源，考证、辩论和生产文化资源，将乡村场域转化为具有文化感的生活场，思维空间也是文化传播空间，与实体空间缠绕在一起，提升村民的内在素养和对话质量；培养空间依托实体空间在文化的承与继、源与流间建立纽带，打造乡村公共文化生产空间，具有文化传播力和生产力的乡村文化个体成为生产文化的种子；对话空间是供与需、行政力量与民间力量、现代与历史之间的对话通道，使乡土社会与现代文化融合，构建起自下而上的对话机制，在乡村公共服务发展进程中更多的权重体现村民的文化意愿表达，基于行政意愿更多地体现乡土民风、文化传承以及村民生活的现实关照。

### （二）乡村公共文化服务发展空间重构：依托实体空间拓展虚拟空间

虚拟空间在乡村公共文化发展中扮演着越来越重要的角色，这与乡村基层管理将重点放在实体空间建设上形成强烈反差。在乡村公共文化建设过程中，村民的文化需求愿望与村民委员会的发展思路之间存在较大偏差，存在思维空间不对等问题。村民在文化基础设施层面希望对图书阅览室、公共无线网、文化活动室、体育运动场以及电影放映室等进行完善，但村干部思考的重点是农村的灌溉设施、道路设施、通信设施、供电设施、供水设施、防洪设施等，村干部所想与村民所需不易实现对接。虚拟空间能够同化村民的思维方式、价值观念，从而形成一致性的规范，非制度化的道德约束能在乡村社会中形成健康向上的生活生态。

1. 基于"场景 + 选择 + 结构"理论创新乡村公共文化虚拟空间

场景理论、公共选择理论和社会结构理论为创新乡村公共文化服务空间提供了理论支撑，在发展乡村公共文化空间过程中，需要构建文化场和尊重村民的文化消费选择，据此不断完善乡村社会结构。场景既然是人与周围景物的关系的总和，在乡村文化场构建过程中，就不能将虚拟空间省略掉。场景包括了以各种建筑为表征的实体空间以及基于实体空间的虚拟空间。场是一个整体性存在，并不等于场内各部分的简单相加，而是各种相互联系的要素互动和表达诉求的文化场域。场代表一个群体，在群体与个体的关系中，起决定作用的是群体而非个体，个体在相互影响中做出自身的抉择并促进社会结构进一步完善。场景理论强调场域内的群体作用，个体作用被群体作用所限制。文化场、舆论场、生活场等都是场景理论的衍生论题。罗伯特·斯考伯（Robert Scoble）和谢尔·伊斯雷尔（Shel Israel）认为，场景存在五大技术力量，包括移动设备、社交媒体、大数据、传感器和定位系统①。场景在现代生活中将发挥重要作用，成为提升公共选择水平和完善社会结构的基

---

① ［美］罗伯特·斯考伯，［美］谢尔·伊斯雷尔. 即将到来的场景时代 [M]. 赵乾坤，周宝曜，译. 北京：北京联合出版公司，2014：11 – 12.

础。在拓展乡村公共文化服务空间过程中需要得到足够重视，与实体场景联系在一起的虚拟场景往往被忽视，会在一定程度上阻碍文化场景的形成。美国学者特里·N. 克拉克（Terry N. Clark）在长期的文化空间研究中提出了场景理论，认为场景由"地域空间＋实体建筑＋特定人群＋特色活动"组成①，该理论认为场景并非封闭的空间，组成要素可以根据实践需要进行组合，进而形成多样化的场景。场景理论建立在大数据基础上，互联网数据全面记录着人们在购物、检索、阅读、兴趣等方面的生活习惯，在个人理性超越社会理性并引发社会困境时能够为决策者提供解决方案，从而在集体利益与个人利益的博弈中寻找均衡，通过集体利益的增长带来个人利益发展，社会决策者需要通过构建适合场景主体的移动场景、媒介场景，在群体交往中创新交往方式，提升决策质量和社会结构质量，在相互信任基础上实现实体空间与虚拟空间的完美融合，打造场景主体预期内的理想场景。

2. 乡村公共文化服务虚拟空间的多向度表达

场景理论、公共选择理论和社会结构理论为重构乡村公共文化服务空间提供了理论思考。既定场域内具有共同生活愿景和存在功能互补、信息沟通的群体，具有相互交往的愿望并在交往中形成价值共同体。根据克拉克（Terry N. Clark）提出的场景四要素模型，拓展乡村公共文化服务空间过程中，缺少的是"特色活动"，这就需要基于村民的文化诉求，形成完善的舆论场、生活场，进而促进乡村文化场形成，虚拟空间的发展质量就成为构建文化场的约束条件。行政化的文化植入不能保证村民在场，形式上的轰轰烈烈与实质上的冷冷清清就会存在较大反差。制度场的完善需要保障村民在场前提下在行政指令与村民愿望间实现平等对话，在制度场中体现生活场，并衍生出舆论场、媒介场，将乡村公共文化空间升级为制度空间、思维空间、生活空间、生产空间、对话空间的综合体，多向度的乡村公共文化空间可以附着实体空间得以建构并对实体空间的文化渲染力进一步强化，依托前文论及的"五大技术力量"，通过网络空间将村民整合在一起。形式上的空间与实质上的空间得以完美重叠。虚拟空间是实体空间衍生的结果，也是进一步生产多维度空间的条件，提升村民沟通网络的复杂程度，从而衍生出更大的

---

① ［美］特里·N. 克拉克，李鹭. 场景理论的概念与分析：多国研究对中国的启示［J］. 东岳论丛，2017（1）：16－24.

文化生产空间。基于网络的虚拟社交场景可以克服乡村社会因分散居住而在交往中存在的空间障碍，淳朴的乡土情怀可以通过线上展露增加村民间的亲切感，书面表达的正式性与口头表达的随意性无缝对接，实现现代感、新鲜感和情趣化的网络社交场景。村民个体在该场景中都能够进行自律从而增加相互信任，通过帕累托改进得以行为自觉并促进社会资本提升。高质量的对话空间能够提升村民间的对话质量，避免因信息不对称以及信息扭曲而导致的冲突，降低管理成本和提升村民间的合作愿望。对话空间不但能够缩短村民间的心理距离，也能做到下情上达和上情下达，成为强化虚拟空间推进乡村公共文化空间拓展张力的纽带。

## 四、乡村公共文化服务空间的拓展瓶颈

文化基础设施是发展乡村文化的基础①，但在发展过程中仍然存在着制约公共文化服务效能发挥的服务"融入性"困境以及多元主体参与的"协同性"困境等问题②，在形成共同价值判断和文化契合过程中存在着机制障碍③。

### （一）记忆空间被撕碎：乡村文化碎片化、文化主体空心化

乡村文化是在历史发展进程中形成的物质财富与精神财富的总和。乡村文化的记忆须以地域空间为基底，通过静态的文化符号和动态的文化活动在村民心中留下记忆印痕，使记忆与生产、生活紧密联系在一起，记忆空间也需要通过村民的生产空间、生活空间得以表达。空间承载和空间坐标成为记忆空间的重要元素，需要通过地域文化的共时性和历时性得以刻画。在乡村变迁过程中，随着村容村貌以及村民主体的变化，乡村文化会再被储存、被遗忘、被生产、被重构，记忆中的乡土情怀被置换，空间承载被碎片化，空

---

① 宣朝庆，韩庆龄. 文化自性与圈层整合：公共文化建设的乡村本位［J］. 学海，2016（3）：63－69.

② 胡守勇. 深度贫困地区公共文化服务效能建设的困境及其破解［J］. 中州学刊，2019（9）：81－86.

③ 疏仁华. 农村公共文化的场域、空间表达与结构再造［J］. 安徽师范大学学报：人文社会科学版，2019（1）：91－96.

间坐标也变得模糊，对乡土文脉传承造成阻力。文化记忆实际上就是随既定乡村场域内的文化基因通过文化符号、建筑特征、环境因素以及布局结构进行提取和拼接的过程①。因此，记忆空间依托实体空间得以成型，影响着文化记忆的延续、存储和表达，记忆空间所附着的文化信息量影响着后辈人对乡村文化的回忆和感受，进而影响着乡村文化的持续发展。在乡村社会发展过程中，熟人社会正在变为半熟人社会，传统的乡村景观也在为经济发展让路，老屋、古树、祠堂、街道、河渠、田埂等能够附着乡村特征符号的实体逐渐淡出视野，缺失了记忆中实体空间的乡村社会与长期在异乡生活的后裔间的心理距离逐渐拉大。在现代生活方式冲击下，庙会、村戏等文化形式也因长期尘封而被遗忘。乡村社会生活方式的物质化以及传统乡村景观重构，严重挤压了乡土文化的记忆空间，成为乡村文化得以持续发展的瓶颈。

（二）生产空间被压缩：村民的乡村文化建设主体作用被省略

人们的精神世界通过具体形式的文化产品表现出来，从而形成书籍、绘画、表演等艺术形式。在乡村社会变迁中，经济发展与文化发展水乳交融，后者对前者具有促进作用，但需要在长时期内才能见到成效。物质产品的消费过程也是人们吸收和消费文化的过程，各种消费品都被打上了文化印记和符码。因此，储存和传承乡村文化需要适度的生产空间，该空间会以"实体空间＋虚拟空间"整合在一起的方式在乡村社会中表现为不同样态的景观。德波（Guy Debord）认为，生命呈现为景观的堆积，直接存在的事物退缩为表象②，人与人之间的社会关系从以物为媒介转为以景观为媒介，在"物"到"景观"转变的过程中，人们的消费也从"物"的消费转化为了"文化"消费，从这个逻辑上看，生产"物"的存在空间就是在生产文化的存在空间，这个生产空间也是村民通过思维、生活、对话、参与而与文化的行政供给主体进行互动的空间，空间的广度决定了文化产品供给与需求的对称程度。生产空间由村民的思维空间、生活空间、对话空间、参与空间等构成，在构建对话机制、融入村民思维、体现村民生活、完善对话通道和激发村民参与

---

① 胡最，刘沛林，邓运员，郑文武．传统聚落景观基因的识别与提取方法研究［J］．地理科学，2015（12）：1518-1524.

② ［法］居伊·德波．景观社会［M］．王昭风，译．南京：南京大学出版社，2006：3-4.

过程中，让村民成为乡村文化的构建主体。但是单向度的政府植入式的乡村公共文化服务建设，省略掉了村民的主体作用，村民的参与空间被压缩，乡村公共文化服务的生产空间被严重压缩，文化建设更多体现行政意志，缺少了自下而上的生产动因。

（三）制度空间被扭曲：基于乡村聚落图式的发展秩序被忽视

制度空间是制度的影响范围，在这样的影响范围内，制度能够产生功能并发挥作用。乡村公共文化服务发展过程中，需要通过传播制度、整合制度，让文化资源在乡村社会生根和结果，因此制度空间中应该包括文化的传播、转化、吸收、再造等过程，文化发展的制度空间需要与乡村社会空间有效叠加，才能够达到发展乡村文化的目标。农村聚落的空间构成图解中可以看到几何学的秩序，在这样的秩序中，乡村居民形成聚落共同体并依靠制度得以存续。乡村聚落的形成包括两个关键因素：一是选址；二是秩序化，从而形成有序发展的空间图式。聚落的秩序化发展过程就是制度的形成过程，动力来自两个层面：一是源自行政力量的正式制度；二是源自乡土力量的非正式制度。前者以效率逻辑形成，后者以情感逻辑形成，正式制度需要通过非正式制度才能以村民熟悉的语言方式准确地表达行政意愿，并通过融入乡土文化借助村民的思维习惯转化为乡村社会发展的底层力量。因此，发展乡村公共文化需要基于历史场景实现文化传承并使现代文化包含乡土气息，在此基础上形成能够动员乡村文化元素的制度空间。根据以上分析，发展乡村文化的制度空间是个多元函数，在重植入的思维方式下，文化转化、吸收、再造制度空间就严重被扭曲，行政命令不易转化为村民的自觉行为，制度空间需要进行重构。

## 五、乡村公共文化发展空间的重构

（一）打造记忆空间：张扬实体空间的文化张力

实体空间和虚拟空间都是乡村文化中的载体，与之相联系的记忆可以区分为硬记忆和软记忆，前者即祠堂、庙宇、民居、遗迹或者有纪念性的场地等，后者即传说、庆典、绘画、服饰、名士、民俗等。通过村民积极参与在乡村社会中形成富有感染力的文化场。硬记忆与软记忆通过体化实践或者纪念仪式维持和传达文化信息，通过文化主体对其储存、消化传承历史和影响未来。保罗·康纳顿（Paul Connerton）认为，现在的举止重演着过去，身体实践能够将认知记忆和习惯记忆结合在一起①。因此，打造记忆空间需要将村民作为重要的参量进行考虑，通过身体实践感知文化意蕴、记忆文化符号并成为文化信息的携带者和传播者。记忆空间不仅被社会关系所支撑，也在不断生产着社会关系和被社会关系所生产。空间内事物的生产可以转化为对空间的生产。打造文化记忆空间，需要处理好乡村文化的承与继之间的关系。在唤醒乡村文化记忆从而拓展记忆空间过程中，实体空间既然扮演着无可替代的角色，就要留住乡村社会中的祠堂、庙宇、遗迹等村民能够触摸得到的文化符号，达到"见景生情"的目的。在乡村社会的现代化进程中，要通过软记忆和硬记忆储存原味的乡土文化，保住乡貌、记住乡愁、留住记忆、储存情感和延续文化寿命。

（二）营造生产空间：依托实体空间渲染村民的处境空间

发展乡村公共文化需要营造适度的文化生产空间，以实体空间为核进行渲染，通过解码和重构，在乡村场域内形成高质量的思维空间、生活空间、生产空间、对话空间，以乡村公共建筑为围合体将富有文化发展情况和勤于进行文化创造的村民整合在一起，营造乡村文化的生产氛围，通过辩论、思考形成文化共同体。文化与生活结合在一起需要时间，村民需要在生活中感知文化，并将文化融入生活，从而将生活空间逐渐转化为文化创造空间。对话空间与思维空间紧密联系，通过沟通消除信息不对称，凝聚力量形成一致性的目标并成为发展乡村文化的增长点。空间可以依托物质实体存在，也可以存在于村民的思维方式中，通过对话和生活场景体现出来，通过规范村民的交往方式和行动秩序在乡村场域中表现为特定的文化景观，因此，生产空间不仅表现为位置的空间性，也表现为处境的空间性②。营造生产空间就是要在处境的空间性方面做文章，通过多种样态的文化形式营造文化氛围和打

---

① ［美］保罗·康纳顿. 社会如何记忆［M］. 纳日碧力戈，译. 上海：上海人民出版社，2000：90 – 108.

② ［法］莫里斯·梅洛 – 庞蒂. 知觉现象学［M］. 姜志辉，译. 北京：商务印书馆：2001：137 – 138.

造文化景观，将乡村文化精英发展成为文化空间生产的节点，成为乡村文化的黏合剂和萃取剂，并依此形成发展乡村文化网络，铺展乡村文化的拓展面，变潜在的文化需求者为文化亲历者，在这样的生产空间中，村民作为多元化主体中的重要成员，将思文化、谈文化、乐文化成为常态生活方式，在乡村社会中形成民发展、民受益的氛围，文化生产空间与村民的生活空间、思维空间、对话空间得以完美叠加。

（三）重构制度空间：形成"政府＋社会＋村民"的多元发展动力

乡村公共文化发展过程中，存在行政影响下的多层制度空间，不同层级空间的制度积累机制与调节形态存在较大差异，制度重构过程中会产生摩擦、矛盾或者冲突，嵌入的制度在乡村场域内得以同化的过程中也会面临挑战，制度迟滞或者制度惰性会在一定程度上存在①。因此，在乡村公共文化发展过程中，需要通过制度重构形成"行政指向＋村民意愿＋社会参与"的多元互动的制度空间，扩大村民意愿和社会参与的权重。通过不同层级的制度空间套叠和演变促进乡村公共文化服务事业的景观变迁。随着城乡二元经济结构被打破以及"以城带乡、以工促农"发展措施深入推进，乡村社会结构在发生变化，村民的文化消费诉求正在上升。重构发展乡村文化的制度空间，通过优化行政服务环境提高行政服务质量。重构制度空间，就要将行政指导下的单向度植入模式改变为基于"政府—村民"对话机制下由村民参与制度设计的文化发展模式，在创新制度设计中加入村民参与制度、民间投资制度、文化挖掘制度、文化传播制度。在制度空间函数中加入非行政变量并扩大权重，让村民成为具有文化表达权和吸收文化滋养、培植文化土壤的生力军，强化文化发展的共时性和历时性，政府、社会和村民成为发展乡村文化的多元动力。

## 六、乡村公共文化服务空间建构的进一步思考

（一）将村民关心的项目作为切入点

乡村文化振兴过程中村民需要扮演主要角色，因此只有在政府的带动下

---

① 魏成，陈烈. 制度厚实、制度空间与区域发展 [J]. 人文地理，2009（2）：67 – 72.

充分调动村民的参与积极性，才能够提升乡村文化振兴的效率和效果。因此，在设置乡村文化振兴的实施项目之前，首先需要对村民进行调查，发现村民最关心的和操作性最强的文化项目，在文化的供与需之间实现对称。年龄和视野不同的村民对文化的发展诉求不同，能够将文化发展与村民的生活条件改善结合在一起的文化项目能够为村民所认可。因此，在乡村文化振兴过程中，可以通过"一村一品"或者"一乡一品"的方式，让文化项目能够很好地切入村民生活。根据公共选择理论，乡村文化项目的开发不应该完全是政府行为，而应该是在政府带动下的村民集体决策行为，村民不仅在乡村文化振兴过程中扮演主角，而且是乡村文化振兴的主要受益者，即使是完全有财政支撑的文化项目，也应该充分考虑村民的意见和建议。

（二）提升村干部的综合文化素养

村民对村干部的综合文化素养的要求逐渐提升，这实际上也是对乡村发展预期的提升，只有村干部具有格局意识、创新精神，乡村才能具有更强的发展动因。年轻村民较老一代村民具有更加宽广的视野，在城乡一体化快速推进进程中，评价乡村发展质量的文化权重占比越来越高，但村干部的综合文化素养成了乡村文化建设的瓶颈。因此，在推进乡村文化振兴过程中，首先需要瞄准村干部文化素养的提升。文化对乡村发展的影响力是村民能够摸得着和看得见的，村民能够在乡村文化的氛围中享受到更多的福利[1]。乡村的文化软实力不但能够促进乡村经济发展，而且能够改变村民的精神状态。为了提升村干部的综合文化素养，不但要让村干部系统地接受理论熏陶，还要让其进行实地考察，切实感受乡村文化的穿透力，同时也需要让新乡贤在管理者与村民之间更好地发挥信息传输纽带作用[2]。

（三）乡村文化建设需要"分步走"

"文化"是促进乡村发展的"精神营养"，在短时期内进补会造成消化不良，因此让乡村进补"精神营养"需要因地制宜地按照"分步走"的原则稳

---

① 吕龙，黄震方，陈晓艳. 乡村文化记忆空间的类型、格局及影响因素——以苏州金庭镇为例 [J]. 地理研究，2018（6）：1142 – 1158.

② 刘玉堂，李少多. 论新乡贤在农村公共文化服务体系建设中的功能——基于农村公共文化服务供需现状 [J]. 理论月刊，2019（4）：125 – 131.

步推进。不同村庄的历史文化基础不同，其他村庄发展乡村文化的成功经验不能盲目复制。乡村发展不能一步到位，需要在发展中不断创造条件，在发展基础提升后发展目标也需要做出相应调整。因此，乡村文化振兴需要遵循"阶梯步骤"，科学地设计阶梯并带领村民在规定的时间段内登上相应的台阶是村干部的职责。乡村文化振兴在实践过程中容易将"分步走"错解为"齐步走"，于是容易发生盲目跟风问题，不但会造成政策与实践"问题"，而且也会造成村干部所想与村民所行"两张皮"问题，只有按照"分步走"将村民逐渐领上文化振兴的轨道，村民才能够发自内心地品味文化、享受文化、创造文化，并逐渐从"观众"变为"群众演员"进而成为"主演"，乡村文化建设的优秀人才会更多，文化的底子会变得更厚。

（四）重视文化产品的公共选择理论前提

在分析农村公共文化服务产品时以公共选择理论作为依据，是因为公共选择理论分析问题的前提与农村公共文化产品产生的前提一致[1]，主要表现在：乡村公共产品的供给过程是政府领导下的公共决策过程；公共文化产品属于公共物品；完善农村公共文化服务属于经济行为。农村公共文化服务虽然是在政府主导下得以建设，但由于农村地区范围广大，不同区域的农村发展状态存在较大差异，农村公共文化服务产品的产权形式应该多元化[2]，其中的主体部分应该是政府财政扶持的纯粹公共物品，如图书馆、博物馆、文化馆等，政府与村民共建或者村民独立投资建设的文化基础设施，则属于准公共物品或私人物品。纯公共物品的思考前提是社会收益最大化，准公共物品的思考前提是要结合个人收益最大化。采用不同运行机制活化文化的过程要充分考虑资源的配置效率[3]，在乡村社会中形成可持续公共文化服务供给体系[4]。

---

① 叶敏. 乡村公共物品内生型供给存在的问题与解决对策 [J]. 广东行政学院学报，2010 (1)：30 – 32.

② 印子. 乡村公共文化的面孔、式微与再造——基于湖北农村老年人协会建设实践的分析 [J]. 南京农业大学学报：社会科学版，2015 (2)：1 – 7.

③ 李佳. 乡土社会变局与乡村文化再生产 [J]. 中国农村观察，2012 (4)：70 – 75.

④ 朱冬亮，朱婷婷. 乡村社区公共文化建设路径探析——以社区能力建设为视角 [J]. 厦门大学学报：哲学社会科学版，2019 (3)：129 – 137.

## 七、研究结论

乡村公共文化发展需要拓展虚拟空间的建设。场景理论、公共选择理论和社会结构理论等为乡村公共文化空间的解构与建构提供了充分的理论基础。实体空间是以建筑物为核心构建起来的物理空间，为乡村公共文化的发展提供了外壳。传统思维方式下，乡村公共文化的建设是在政府行政影响下自上而下的单向植入模式，社会和村民的参与愿望被省略。在乡村文化振兴过程中，不能忽视虚拟空间在乡村公共文化服务建设中扮演的角色。记忆空间、生产空间和制度空间是虚拟空间的重要参量。记忆空间是存在于村民心底的存储空间，须以地域空间为基底，通过静态的文化符号和动态的文化活动在村民心中留下记忆印痕；生产空间是乡村场域内村民通过思维、生活、对话、参与等打造出来的乡村文化再生产的空间，这是基于实体空间通过套叠虚拟空间而打造出来的文化场；制度空间是制度的影响范围，通过行政力量、社会力量和村民参与，使得自上而下的行政意志与自下而上的文化欲求碰撞，形成有利于乡村文化再造和拓展的制度场。为了推进乡村公共文化发展，需要打造记忆空间、营造生产空间、重构制度空间，使实体空间与虚拟空间实现完美叠加。城乡二元经济结构被打破，青壮年劳动力进城务工，乡村社会也正在经历从传统文化与现代文化转向的纠缠，乡村社会正在面临空心化的挑战，乡村文化的记忆空间被撕碎、生产空间被压缩、制度空间被扭曲。因此，建构发展乡村文化的虚拟空间迫在眉睫，虚拟空间的多样态特点也增加了进一步完善的难度。打造虚拟空间就是在为乡村文化发展未来铺路搭桥，据此可在乡村文化发展进程中使村民增强志气和增长智慧，为乡村文化拓展精神空间，使物质生产与精神生产同向同行。

# 第3章

# 乡村振兴背景下乡村公共文化
# 服务建设的调查与思考

乡村公共文化服务建设的公共选择需要将集体决策与村民个人行为进行有效整合，公共选择理论的经济学分析范式为乡村文化振兴提供了理论支撑。乡村文化振兴需要从硬实力和软实力两个层面加强，硬实力即乡村文化基础设施，软实力即村干部的综合文化素养。调查结果表明，在硬实力方面存在严重的供需不对称，即村干部所想与村民所需之间并未实现有效对接，村干部的综合文化素养已经成为乡村文化振兴的瓶颈。村干部方格图表明，村民对村干部的综合文化素养预期逐渐增强，在多项调查指标中，村民对村干部的"格局意识"更为看重，村民认为村干部的格局意识决定乡村的发展状态和乡村的资源布局方式。因此，在乡村文化振兴过程中，需要将提升村干部的综合文化素养和村民关心的文化项目作为切入点，同时要按照"分步走"的原则有序推进。

## 一、引言

在乡村振兴战略提出以来，乡村公共文化服务成为学术界关注的热点议题，乡村文化是乡村社会经济发展高度的最后决定因素，而乡村公共文化是乡村文化建设中的亮点，其发展水平能够直接测度乡村文化发展状态，因此前瞻性地探索乡村公共文化服务就显得非常重要，学界开始对乡村公共文化服务质量的指标体系进行思考①，也在公共服务均等化问题上进行了理论探索②，需要不断强化政府在公共文化服务方面的责任③，同时也要在民间力量参与建设的体制机制方面做文章④，加强文化治理理念的引领力⑤，也要通过推动示范项目不断推进乡村文化建设速度⑥。乡村居民要实现"美丽生活"的目标，文化质量是不可或缺的重要元素，公共文化空间的数量、内容和形式决定着村民的文化生活质量⑦。公共文化服务政策也经历了长时期的变迁过程⑧，专家认为，乡村公共文化服务需要在标准化和均等化两个层面下功夫⑨，从量和质两个层面规定了公共文化服务的公正性内涵⑩，在构建公共文化服务体系过程中需要妥善处理基本与非基本、共性与个性、政府与市场以

---

① 王洛忠，李帆. 我国基本公共文化服务：指标体系构建与地区差距测量［J］. 经济社会体制比较，2013（1）：184－195.

② 唐亚林，朱春. 当代中国公共文化服务均等化的发展之道［J］. 学术界，2012（5）：24－39.

③ 李国新. 强化公共文化服务政府责任的思考［J］. 图书馆杂志，2016（4）：4－8.

④ 马艳霞. 公共文化服务体系构建中民间参与的主体、方式和内容［J］. 图书馆情报工作，2015（12）：5－11.

⑤ 吴理财，贾晓芬，刘磊. 以文化治理理念引导社会力量参与公共文化服务［J］. 江西师范大学学报：哲学社会科学版，2015（6）：85－91.

⑥ 白雪华. 以点带面，发挥示范效应　推动我国公共文化服务体系建设科学发展［J］. 国家图书馆学刊，2012（3）：32－40.

⑦ 张培奇，胡惠林. 论乡村振兴战略背景下乡村公共文化服务建设的空间转向［J］. 福建论坛：人文社会科学版，2018（10）：99－104.

⑧ 胡税根，李倩. 我国公共文化服务政策发展研究［J］. 华中师范大学学报：人义社会科学版，2015（2）：43－53.

⑨ 陈昊林. 基本公共文化服务：概念演变与协同［J］. 国家图书馆学刊，2015（2）：4－8.

⑩ 汪盛玉. 标准化均等化：乡村基层公共文化服务体系建设的公正尺度［J］. 安徽农业大学学报：社会科学版，2018（5）：1－6.

及建设与管理等多方面的关系①。随着研究不断深入，理论体系在不断完善，研究视角也开始从宏观转向微观，但还有很大的发展空间②。从"消灭城乡差别"到解决"三农"问题，再到新农村建设、美丽乡村建设、风情小镇建设，到现在的乡村振兴战略，国家在战略层面不断向农村倾斜，乡村公共文化服务水平的提升是乡村振兴战略的关键一步，因此需要在理论上进行充分准备，在实践上进行不懈探索，发现问题、弥补漏洞，为乡村文化振兴夯实基础。

## 二、公共选择理论：乡村公共文化服务产生的基础

### （一）公共选择过程：集体行为与个人行为的有效整合

公共选择理论被公认为是研究公共物品产生和运行机制的理论依据。在公共选择理论看来，市场本身是有缺陷的，因此在效率方面总会存在一定问题，这就需要政府充分介入从而弥补市场存在的效率问题③。但是政府不能完全替代市场，因为信息不对称问题总是存在的，政府因为不能充分掌握信息，不可能很好地解决"生产什么、怎样生产和为谁生产"的问题，因此公共选择过程就显得非常有必要。除了以上两点外，公共物品的提供方式、公共产权的界定以及明晰产权的公共决策过程等都离不开集体行为即公共选择过程。公共选择理论采用经济学的分析范式，认为当经济人超出经济领域后，在政治领域也会从个人的效用函数出发按照自身的偏好从个人效用最大化角度出发寻求获益，在选择过程中不同人的主观情况有差异，从而构造出来的效用函数也不同，进而也会影响个人在政治活动中的表现。公共选择学派在采用经济学分析范式的同时坚持个人主义方法论，认为社会中只存在个人利益，其他利益包括社会利益都是个人利益的衍生品，这一点与集体主义方法

---

① 祁述裕，曹伟. 构建现代公共文化服务体系应处理好的若干关系 [J]. 国家行政学院学报，2015（2）：119 – 123.

② 沈山，路邯淞，夏民治，韩汝雪. 均等化理念下乡村公共文化服务设施建设研究进展 [J]. 江苏师范大学学报：自然科学版，2016（1）：1 – 6.

③ 宋小川. 西方公共选择理论的内在缺陷与金钱政治 [J]. 马克思主义研究，2013（3）：97 – 103.

论存在冲突，集体主义认为群体行为的研究结论对于集体决策具有重要意义。公共选择学派认为，政治决策过程就是集体行为与个人行为相结合的过程，公共选择虽然是集体行为但不能离开个人行为，个人行为是需要建立在集体行为基础上的。

（二）产品供给过程：政府领导下的公共决策

在分析农村公共文化服务产品时以公共选择理论作为依据，是因为公共选择理论分析问题的前提与农村公共文化产品产生的前提一致①，主要表现在：乡村公共产品的供给过程是政府领导下的公共决策过程；公共文化产品属于公共物品；完善农村公共文化服务属于经济行为，从属于公共选择理论的经济学分析范式。虽然农村公共文化服务是在政府主导下得以建设，但由于农村地区范围广大，不同区域的农村发展状态存在较大差异，农村公共文化服务产品的产权形式应该是多元化的②，其中的主体部分应该是政府财政扶持的纯粹公共物品，如图书馆、博物馆、文化馆等，除此之外由政府与村民共建或者村民独立投资建设的文化基础设施，则属于准公共物品、私人物品，在分析过程中需要以经济学方式为依据，政府在影响个人投资行为时也需要基于经济规律进行考虑。无论是纯公共物品还是准公共物品都需要经过公共决策过程确定更加有效率的供给方式。纯公共物品的思考前提是社会收益最大化，准公共物品的思考前提是要结合个人收益最大化。前文论及，乡村文化振兴是乡村文化资源效用最大化过程，采用不同运行机制活化文化的过程要充分考虑资源的配置效率进行文化再生产③，准公共物品在运行中需要充分介入政府行为，否则会因市场失灵问题造成乡村文化资源效率损失。

---

① 叶敏. 乡村公共物品内生型供给存在的问题与解决对策［J］. 广东行政缺员学报，2010（1）：30 – 32.

② 印子. 乡村公共文化的面孔、式微与再造——基于湖北农村老年人协会建设实践的分析［J］. 南京农业大学学报：社会科学版，2015（2）：1 – 7.

③ 李佳. 乡土社会变局与乡村文化再生产［J］. 中国农村观察，2012（4）：70 – 75.

## 三、农村公共文化服务基础设施建设的调查与分析

文化基础设施是发展农村文化的基础①，为此要在"五馆"的基础上加快"室场园栏"的建设，同时要辅以"车"和"团"，在广大农村地区形成立体的文化氛围，让农民时时处处都能感受到文化②。"五馆"即陈列馆、图书馆、文化馆、美术馆、展览馆，主要分布在中心城市，"室场园栏"的发展需要基于"五馆"，"室场园栏"即分布在广大农村地区的农家书室、文化活动室、文化广场、健身广场、农民文化乐园、农民阅读乐园、农民故事乐园以及阅报栏等。在如上论及的"五馆 + 室场园栏"的基础上还要辅以"车 +团"，"车"即流动文化车，"团"即农民业余剧团。"五馆"是发展核心、"室场园栏"是基础、"车 + 团"是延伸。从动与静的角度看，"五馆 + 室场园栏"都是基于固定基础设施进行建设，需要固化在既定区位上吸引村民，从外形上看是静态的文化设施，"车 + 团"则是流动的基础设施。静态的文化基础设施可以常规化地为较小范围内的村民服务，而动态的文化产品可以为不同区位的村民服务，通过流动服务将更多的农村区域通过文化主线串联在一起。

### （一）村民对农村公共文化服务的需求愿望

在对村民和村干部的问卷调查中，两成的村民表示不知道什么是农村文化基础设施，绝大多数村民都希望增加农村文化基础设施，图书室、无线网络、文化活动室以及体育设施等排在了所有调查项目的前面。在调查村干部时，发现调查结果与村民之间出现较大差距，发现几乎全部村干部都不关心农村文化基础设施的建设，而将全部精力放在了农村经济发展方面，村干部比较关心的是农村灌溉设施、道路设施以及通信设施，而对文化基础设施建设的关心程度不够。调查结果表明，村民与村干部对待农村文化基础设施建设的态度是存在差异的，加强农村文化基础设施的建设，首先需要将村干部的积极性调动起来，农村公共文化的发展环境才能够得到根本改变。在调查

---

① 宣朝庆，韩庆龄. 文化自性与圈层整合：公共文化建设的乡村本位 [J]. 学海，2016（3）：63 – 69.

② 邵佳. 以公共文化空间为形态的乡村文化地标研究 [J]. 中共宁波市委党校学报，2015（2）：111 – 114.

中发现，部分村民虽然对农村公共文化服务具有消费的愿望，但没有投资愿望，绝大多数人认为农村文化基础设施的建设应该是政府行为，后期的维护也应该是财政支撑。村民认为，农村公共文化基础设施与个人生活水平的提升没有关系，文化基础设施的作用只是消遣娱乐。从调查结果看，村民与村干部在发展农村基础设施层面的愿望存在着严重的不对称。从图3-1可以看出，村民在文化基础设施层面希望在图书阅览室、公共无线网、文化活动室、体育运动场以及电影放映室等方面进行完善，但村干部思考的重点是农村的灌溉设施、道路设施、通信设施、供电设施、供水设施、防洪设施等，这些都与农业生产和农民生活相关，相关方面如果出现问题就会影响乡镇正常运转，村干部的管理能力也会大打折扣。从图3-1可以看出，村干部所想并非村民的文化所需，而村民的文化所需很少纳入村干部的考虑范围，只有村干部考虑范围之内的"通信设施"与村民文化所需的"公共无线网"之间实现了对接，在图3-1中，两个方向的箭头在期望线处实现了对接，而其他各个指标都没有到达期望线。通过调查结果可以看出，村干部的各个供给指标到期望线的距离远近是有差异的，其中防洪设施距离最远，通信设施距离最近；在村民的各个指标中，电影放映室距离期望线最远，公共无线网距离最近。实际上在调查过程中，与被访者谈及的内容都是涉及乡村公共文化设施建设方面的，但村民相对于村干部回答文化设施方面的问题相对更多，也许在通信设施和公共无线网这两个指标方面同时达到了期望线属于巧合，但也说明在乡村公共文化设施建设方面，村干部与村民之间是存在共同关注的问题的，但总体上看，人们对文化发展的愿望并不高。

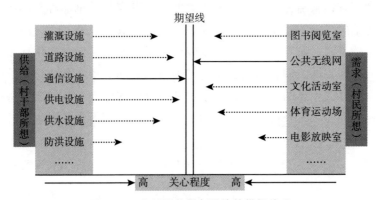

**图3-1　乡村公共服务设施的供需关系**

## （二）移动网络对公共文化服务发展状况的影响

大多数村民认为，在农村经济普遍处于中低端的情况下发展农村公共文化服务有些超前。尤其是多数农村地区的青壮年劳动力都外出打工，农村公共文化基础设施缺乏体量较大的消费群体，因此认为投入大量资金建设公共文化服务基础设施在一定程度上就是浪费。由于多数村民都将精力放在了经济建设层面，很少有人顾及文化发展，文化活动室的活动内容贫乏，农村图书室的读物也比较单调，在移动网络普及的情况下，这种发展状态的公共文化服务资源水平不能满足青年人的需要，因此无论是图书室还是文化活动室都成了老年人活动的乐园。在电子媒体环境下成长起来的村民获取文化资源的方式都是移动网络，这对农村公共文化资源的发展无疑形成了挑战，这需要政府在农村公共文化资源的发展方式、发展方向和发展内容方面进行充分论证，在发展过程中需要按照村民的需求划级分类，通过创新农村公共文化服务产品，让所有村民都能够找到自己需要的文化产品。在调查中，几乎所有村民都认为，发展农村公共文化服务不能局限于传统形式，即局限于在固定场所播放电影或者演出队给农民演唱文艺节目，因为现在通过卫星电视和无线网络，村民可以接触到更多丰富的文艺节目。村民普遍希望尽快降低无线网资费，并尽快建立起村子的官方微信平台或者其他的信息传输平台，村民可以在这个平台上方便地表达思想，村务工作也可以在这个平台完成，不仅能方便村民联系，也能够尽量节省时间。在被访者中，85% 的人认为成立文化室没有必要，95% 的人认为成立文化室后会存在资源闲置问题，100% 的人认为文化室会成为人们拉家常的地方。对已经有农家书屋的村庄，90% 的村民对书屋的现状不满意，认为书籍品类单调，100% 的村民认为书屋实际上与村民生活没有关系。在被访谈的小学生中，几乎所有被访者都认为书屋书籍陈旧，对提升学习成绩没有帮助，认为书屋中应该多购买些与学生学习有关的书籍，但当相同的问题问及成年人时，被访者认为书屋应该以小说书籍为主。这说明在书籍的内容方面村民的要求存在很大差异，不同人群对书籍的诉求不同，导致书屋运行成本很高。在问及书屋的维护方式时，所有村民都认为政府应该委派专职人员维护，村民不愿意腾出时间值班，否则会影响村民日常生活。村民虽然对传统文化资源以及基础设施没有太多愿望，但在无线网方面的要求非常强烈，这不但可以方便村民间联系，而且将附近村庄的村民都可以通过无线网连接在一起，可以帮助其方便地寻找工作机会。

### （三）现有农村基础设施的使用效率

调查中发现，农村现有的公共文化基础设施使用频率较高的是村图书室和文化活动室。但是调查结果也是远远出乎意料（见表3-1）。村民中从来没有去过这些活动场所的人占到被调查人数的五成以上，只有两成的被调查者到文化室去过，没有人能够保证每天去或者一周去一次，这说明农村公共文化基础设施存在严重闲置浪费问题。在调查中发现，为了繁荣农村文化，经常会有文化宣传队、文艺演出团体以及电影放映队等进行文化下乡，在村干部没有事先组织的情况下，这样的文化下乡活动基本流于形式。在农民看来这样的文化活动层次较低，不能对村民形成较强的吸引力。在调查中发现，在卫星电视和移动网络出现前，由于农民能够获得的文化信息非常有限，文化下乡对于村民而言是新事物，村民对这样的文化下乡充满了期待，尤其是文艺演出和电影放映这两种文化形式，对村民具有很强的号召力。在卫星电视、无线网络普及后，村民的文化欣赏水平在提升，常规化的文化活动对村民已经不再构成吸引力。通过调查发现，被调查者绝大多数人很少到已经建立起来的公共文化服务设施光顾，被调查者无人能够保证每天都能到文化室等去一次，绝大多数人从来不去。被调查村民反映，农民与城市人的工作性质有很大差别，每天都是很早出门，在外面忙碌一天很晚才回家，到家后一般都是匆忙吃过晚饭后就睡觉，第二天又开始重复生活。平常没有节假日，因此每天的生活方式几乎相同。村子里的文化设施一般都是暂时没有找到挣钱门路时才会光顾一下，平时很少有心情做一些文化熏陶的事情。

表3-1　　　　　　　　　村民到公共文化设施光顾情况调查　　　　单位：%

| 种类 | 一天一次 | 一周一次 | 一月一次 | 半年一次 | 一年一次 | 从来不去 |
|---|---|---|---|---|---|---|
| 文化室 | 0 | 0 | 0 | 10.00 | 0.05 | 80.00 |
| 图书室 | 0 | 0 | 12.00 | 25.00 | 30.00 | 52.00 |
| 体育场 | 0 | 6.00 | 15.00 | 27.00 | 57.00 | 28.00 |

### （四）文化资源与村民日常生活的联系

文化活动与村民的日常生活联系程度越高，公共文化服务产品对村民的感染力就会越强。因此，当公共文化服务产品在供给与需求方面出现不对称问题时，公共文化产品服务就不能达到预期效果。在农民看来，与其日常生活联系程度高的文化产品就是好的文化产品，文化活动一定要与村民的经济收入提高联系在一起。在被调查的村民中，所有村民都认为将文化活动与文化产业联系在一起，能够让村民置身文化产业当中，从中能够得到经济实惠的公共文化服务，这样的文化活动才能够受到村民的喜欢。专门从文化角度谈论文化，从理论层面给村民讲授文化以及单纯的文艺演出或者放电影等，已经不是村民预期享受的文化大餐中的菜品。村民喜欢电视连续剧《刘老根》中的文化形式和文化表现力，希望在这种有质感的文化氛围中融进去，将自身发展与乡村文明建设紧密整合在一起。

村民认为，乡村公共文化服务的这种发展状态涉及村干部的领导思路和领导水平，一定要给村子选好将"乡风文明"与"生活富裕"紧密整合在一起的当家人。被调查村民认为不是对文化不感兴趣，只是对那些与自己的生活距离较远的文化内容和文化形式不感兴趣，而目前正在发展的一些文化项目大多距离生活很远，所以希望文化项目能够更加贴近生活、贴近实际。被调查村民希望通过具体的文化项目将农产品整合在其中，最好将乡村的特色文化资源融入产业链条当中去。在调查过程中发现，不同年龄段的村民对同一项调查指标的态度也存在较大差别，当然不同文化程度的村民对同一项指标的态度也是有差别的，一般而言，年轻村民的文化程度较年老村民的文化程度高，这里在调查过程中只对年龄段进行划分。通过表 3－2 列出的调查结果可以发现，在调查的 5 项指标中，不同年龄段在同一指标上持有的态度是不同的，年长村民对乡村文化基础设施的态度并不积极。年轻村民希望将农副产品最先融入乡村文化建设当中，而年老村民则希望将地方文艺首先发展起来，前者是创业的态度，后者是养老的态度，多元化的需求也进一步增加了乡村文化建设的复杂性[①]。在问及目前的文化状态与村民日常生活的联系

---

① 刘淑兰. 乡村治理中乡贤文化的时代价值及其实现路径 [J]. 理论月刊, 2016 (2): 78 -
83.

程度时，年轻村民认为无联系，而年长村民则认为有联系，由此可以看出，年龄差造成了认识能力差别从而也影响了判断结果。调查结果显示，年轻人参与文化建设的愿望远远高于年长村民的参与愿望，这也在很大程度上影响了乡村文化发展的动力。在问及村委会宣传栏是否属于文化项目时，绝大部分年长村民认为是文化项目，而年轻村民则持否定态度。这些调查结果说明文化基础的差异影响了对文化内涵的理解，而这种状况会进一步影响文化管理部门的决策，从而会在一定程度上造成文化供给与文化需求不对称，影响文化资源在乡村的布局状态，文化资源的配置效率受到影响。

表 3 – 2  乡村公共文化设施调查结果

| 调查项目 | | 年龄段（X） | | | | |
|---|---|---|---|---|---|---|
| | | $10 \leqslant X < 20$ | $20 \leqslant X < 30$ | $30 \leqslant X < 50$ | $50 \leqslant X < 60$ | $X \geqslant 60$ |
| 乡村公共文化基础设施完善程度 | 较完善 | | | | ☆☆☆ | ☆☆☆☆ |
| | 不完善 | ☆☆☆☆☆ | ☆☆☆☆☆ | | | |
| | 不关心 | | | ☆☆☆☆☆ | | |
| 文化与生活的联系程度 | 有联系 | | | | ☆☆ | ☆☆☆ |
| | 无联系 | ☆☆☆☆☆ | ☆☆☆☆☆ | ☆☆☆☆☆ | | |
| 最先与文化融合的内容 | 农副产品 | ☆☆☆☆☆ | ☆☆☆☆☆ | ☆☆☆☆☆ | | |
| | 民间工艺 | ☆☆☆ | ☆☆☆ | | | |
| | 地方文艺 | | | | ☆☆☆☆☆ | ☆☆☆☆☆ |
| 参与文化建设的愿望 | 强烈希望 | | | ☆☆☆☆☆ | | |
| | 不太希望 | ☆☆☆ | ☆☆☆☆ | | ☆☆☆ | ☆☆☆ |
| 村委会宣传栏是否属于文化项目 | 属于 | | | | ☆☆☆☆ | ☆☆☆☆ |
| | 不属于 | ☆☆☆☆☆ | ☆☆☆☆☆ | ☆☆☆☆☆ | | |

注：☆的数量表示被调查村民对调查内容持有相应观点的程度，一个☆相当于20%。

## 四、村民对村干部的文化素养预期与乡村文化振兴

### （一）村干部方格图与村干部类型划分

在乡村振兴的五项要求中强调"治理有效"与"产业兴旺、生态宜居、

乡风文明、生活富裕"紧密联系在一起。为了达到"治理有效"的目标，不但需要治理方法得当，还要村干部素养很高。在调查中发现，九成以上的村民对现任村干部不满意，认为村干部考虑问题并非从村民利益出发，而是以个人利益最大化为中心。最重要的问题是村干部的文化素养不高，这不仅表现在村干部的理论水平不够高，而且村干部不具有较高的文化鉴赏力。村民认为，现在的村干部都是从村民中选拔出来，没有受过系统教育，视野不够开阔，在考虑农民发展问题时缺乏格局意识。村民认为，发展农村公共文化事业的首要条件是村干部需要具有较高的文化素养。村民普遍认为《刘老根》中的刘老根就是理想的村干部，这样的村干部做事很务实，最重要的是将所有村民都纳入了"龙泉山庄"的文化项目当中，为村子的发展规定了文化方向，文化定位非常明确，将富有地方特色的文化产品融入文化产业当中，每个村民都将其特长与文化产业的发展恰到好处地整合在一起，文化产业的发展与个人生活水平的提升紧密联系在了一起。

如图 3-2 所示，根据十年的跟踪调查统计结果，发现村民在对村干部的道德涵养、领导能力、格局观念、服务意识以及学历水平等五个指标方面都有不同程度的变化。为了方便说明问题，大概每三年规定为一个阶段，根据图中五条曲线描述的发展趋势可以判定，在三个阶段内一直变化不大的指标是学历水平，村民对村干部的学历水平没有过高的要求，在村民看来只要村干部有领导能力就行，学历不是很重要的事情。在五条曲线中，一直保持较高水平的是道德涵养，村民普遍认为道德涵养较其他方面更重要，较高的道德涵养是保证村干部能够为村民更好地进行服务的前提条件。在五条曲线中，代表服务意识的曲线一直呈直线上升态势，说明村民对村干部的服务意识的要求越来越高，在村民看来村干部的职责不是发号施令，而是要为村民服务，让村民感到村干部是一个可以说知心话的人。从图 3-2 中可以看出，领导能力和格局观念这两条曲线具有相似的变化轨迹，即在经历了一个较长时期的缓慢维持状态后突然开始变得陡峭起来，领导能力曲线从第二阶段开始变得陡峭起来，格局观念从第三阶段开始变得陡峭起来。这说明近两三年以来村民对这方面的要求越来越强烈了。根据调查结果为了比较方便地对村干部进行分类，可以将如上五条曲线所在的坐标平面划分为九个区域，分别命名为 A 区、B 区……I 区，这九个区域可以分为五类：P 类村干部集中在 A 区，村干部的综合文化素养较低，该类村干部的领导能力与道德涵养是不达标的，基本不能胜任村干部一职；Q 类村干部集中在"B 区 + C 区"，村干部的综合文化素养有所提升，但距离村民的要求还有较大距离；R 类村干部集中在"D 区 + E 区 + F 区"，这些村干部的综合文化素养较高，已经能够达到村民的要求，能够胜任村干部职务；S 类村干部集中分布在"G 区 + H 区"，该区的村民都位于第二阶段和第三阶段，村干部的综合文化素养都比较高，村民对村干部的要求也相对较高，但从调查结果看，这种类型的村干部占比为零；T 类村干部集中分布在 I 区，村干部的综合素养已经达到很高水平，这样的村庄在乡村振兴的五项指标方面都已经达到要求，当然这样的村干部在调查结果中占比为 0。从调查结果得出结论，P 类村干部占比在 10% 以下，Q 类村干部占比接近 80%，10% 左右的村干部为 R 类村干部，S 类和 T 类村干部占比为 0。

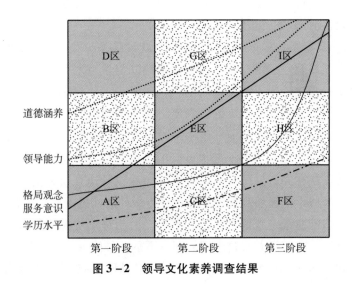

图 3 - 2　领导文化素养调查结果

## （二）村干部综合素养五要素的变化趋势分析

前文论及，村民在村干部的道德素养、领导能力、格局观念、服务意识、学历水平等方面的要求都在不断变化（见表 3 - 3），但各个指标变化的幅度存在不同程度的差别。村民对村干部的道德素养和领导能力方面的要求一直保持在较高水平，并且预期目标稳定提升。这说明在乡村文明建设过程中，村民逐渐意识到村干部的道德素养以及领导能力的重要性。改革开放后村民不断迭代，新一代农民出生和成长在电子媒体时代，有更方便的条件了解外面的世界，相对更加开阔的视野使得新一代农民具有更加理性的思维方式，认识到"德"和"能"在村干部的基本素养中应该排在前面。在被调查的村民中，很多村民知道华西村、蒋巷村、武家嘴村、三元朱村、大寨村、西沟村、刘庄、南街村等，一些村民拿出到这些村庄旅游的照片，并且谈了很多对这些村庄的感受，认为这些村庄以较快的速度富裕起来并且具有高水平的文化氛围的重要原因就是有非常出色的"当家人"，一些健谈的村民谈起了华西村的吴仁宝、南街村的王宏斌、三元朱村的王乐义、西沟村的申纪兰、刘庄的史来贺等，在论及这些农村当家人时，村民的眼中充满了羡慕，这说明村民对农村的未来发展非常关心并充满了期待，村民希望有更加符合其要求的当家人成为发展乡村经济、文化的领路人。被调查地区的很多农村实际上并不缺乏资源，缺乏的是发展思路和村干部的工作能力。在被访村民中，一些村民认为，村干部的"德"很重要，越是贫穷地区村庄的村民在这方面的反响越发强烈，村民认为只有当村庄的经济稳步跟进，农村的公共文化事业才能够上档次，村民才能够在政府搭起的台子上唱戏。这样的调查结果反映出的问题就是，贫穷落后的村庄村干部的"德"与"能"两项指标与村民的预期之间存在着较大差距。在"格局观念"和"服务意识"两项指标方面，从表 3 - 4 可以看出，对格局观念的要求呈加速变化趋势，对"服务意识"的要求也是稳步提升。被调查的村民公认，村干部有无格局意识决定了村庄的未来发展和发展速度。被访村民普遍认为，目前的村干部在很大程度上都表现为缺乏远见卓识，绝大部分村干部都将眼睛盯在了眼前利益层面，于是村民不能看清村庄的未来发展，本来具有一定投资能力的村民也不会选择在家乡投资。村民认为，农村公共文化服务的发展涉及农村的未来发展，只有在农民对农村的预期发展轨迹具有清晰的判断时，才能真正做到"安居"和"乐业"。村民认为，前面论及的发展状况很好的村庄的村干部都具有非常好的格局意识，例如华西村的吴仁宝在 20 世纪 60 年代规划华西村时，就为半个世纪后的华西村规划好了发展格局，而这样的格局需要付出两代人的努力，华西村之所以具有目前的发展格局是因为村干部曾经具有很好的前瞻性意识，目前华西村的村民都能够享受这种格局意识带来的福利。因此，村民将"格局意识"定为村干部综合文化素养的核心指标，村民的潜在要求是在这种"格局意识"中，所有村民都应该成为完善这种格局的"男主角"或者"女主角"，在农村经济、文化发展进程中没有人愿意做观众，在乡村文明发展进程中，村干部的作用应该是所有村民"一个都不能少"。村民对村干部的要求越来越高，说明村民的权利意识越来越强。自村民自治委员会成立以来，农村发展本着"自我管理、自我教育、自我服务、自我决策、自我发展"的原则发展农村经济文化，在此过程中农民越来越觉得随着农村产业结构变化以及"互联网＋"时代的到来，村民需要有更好的合作意识，单打独斗的个体经营时代已经成为历史，只有高质量的合作才能够让农村、农民和农业变得更加强大。除了以上四个要素外，村民对"学历水平"的要求变化不大，村干部都是从村民中选拔出来的，对村子的情况了如指掌，便于处理村民之间的事情。但是在被调查的村民中，为数不多的村民认为，虽然在一定程度上对村干部的"学历水平"表示默认，但并不排除具有引进大学生村干部的愿望。村民认为，大学生村干部具有较好的理论素养，专业知识扎实，并且见多识广，能够依托熟练的互联网技术将山村与外面的世界联系在一起，能够让农村的经济文化发展步入快车道。因此，一些村民认为通过"空降兵"的方式引入大学生村干部可以在短时间内改变农村的文化氛围，从而尽快地调整农村发展轨迹，这是村民的福利。

表3-3　　　　村干部"综合文化素养五要素"指标环比增长率　　　　单位：%

| 指标 | 2008年 | 2009年 | 2010年 | 2011年 | 2012年 | 2013年 | 2014年 | 2015年 | 2016年 | 2017年 | 2018年 | 2019年 | 2020年 | 2021年 | 2022年 |
|---|---|---|---|---|---|---|---|---|---|---|---|---|---|---|---|
| 道德素养 | 25.00 | 27.00 | 30.00 | 32.33 | 34.83 | 37.33 | 39.83 | 42.33 | 44.83 | 47.33 | 49.83 | 52.37 | 54.88 | 57.39 | 59.91 |
| 领导能力 | 5.00 | 7.00 | 8.00 | 15.00 | 25.54 | 36.08 | 46.62 | 57.16 | 67.70 | 78.24 | 88.78 | 96.23 | 105.91 | 115.58 | 125.26 |
| 格局观念 | 6.00 | 8.00 | 10.00 | 30.00 | 41.80 | 50.62 | 61.43 | 72.69 | 85.16 | 97.63 | 111.23 | 120.91 | 132.56 | 144.21 | 155.86 |
| 服务意识 | 25.00 | 26.00 | 26.00 | 26.67 | 27.17 | 27.67 | 28.17 | 28.67 | 29.17 | 29.67 | 30.17 | 30.63 | 31.12 | 31.61 | 32.09 |
| 学历水平 | 5.00 | 6.00 | 7.00 | 8.00 | 9.00 | 10.00 | 11.00 | 12.00 | 13.00 | 14.00 | 15.00 | 16.00 | 17.00 | 18.00 | 19.00 |

注：本表数值是在2007年估计值的基础上根据村民对村干部在"五项要素"方面的预期，结合图3-2的变化趋势进行估计得出。

表 3 - 4　　　　村干部"综合文化素养五要素"环比增加值　　　单位：%

| 指标 | 2009年 | 2010年 | 2011年 | 2012年 | 2013年 | 2014年 | 2015年 | 2016年 | 2017年 | 2018年 | 2019年 | 2020年 | 2021年 | 2022年 |
|------|--------|--------|--------|--------|--------|--------|--------|--------|--------|--------|--------|--------|--------|--------|
| 道德素养 | 2.00 | 3.00 | 2.33 | 2.50 | 2.50 | 2.50 | 2.50 | 2.50 | 2.50 | 2.50 | 2.54 | 2.51 | 2.51 | 2.51 |
| 领导能力 | 2.00 | 1.00 | 7.00 | 10.54 | 10.54 | 10.54 | 10.54 | 10.54 | 10.54 | 10.54 | 7.45 | 9.68 | 9.68 | 9.68 |
| 格局观念 | 2.00 | 2.00 | 20.00 | 11.80 | 8.82 | 10.81 | 11.26 | 12.47 | 12.47 | 13.60 | 9.68 | 11.65 | 11.65 | 11.65 |
| 服务意识 | 1.00 | 0.00 | 0.67 | 0.50 | 0.50 | 0.50 | 0.50 | 0.50 | 0.50 | 0.50 | 0.46 | 0.49 | 0.49 | 0.49 |
| 学历水平 | 1.00 | 1.00 | 1.00 | 1.00 | 1.00 | 1.00 | 1.00 | 1.00 | 1.00 | 1.00 | 1.00 | 1.00 | 1.00 | 1.00 |

注：本表是在表 3 - 3 的基础上计算得出的。表中的数值是当年较上年增加的百分点，例如本表 2009 年栏中对应的数据是用表 3 - 3 中 2009 年栏对应的数据减去 2008 年栏中的数据得出，本表 2010 年栏中的数据是用表 3 - 3 中 2010 年栏中的数据减去 2009 年栏中的数据得出，其他依此类推。

## 五、乡村公共文化服务设施建设的进一步思考

### （一）将村民关心的项目作为切入点

乡村文化振兴过程中村民需要扮演主要角色，因此只有在政府的带动下充分调动村民的参与积极性，才能够提升乡村文化振兴的效率和效果。因此，在设置乡村文化振兴的实施项目之前，首先需要对村民进行调查，发现村民最关心的和操作性最强的文化项目。正像前面论及的，只有这样才能够在文化的供与需之间实现对称。年龄和视野不同的村民对文化的发展诉求不同，通过前面的调查分析可知，只有将文化发展与村民的生活条件改善结合在一起的文化项目才能够为村民所认可。因此，在乡村文化振兴过程中，可以通过"一村一品"或者"一乡一品"的方式，让文化项目能够很好地切入村民生活。文化项目实施的早期应该主要将乡村文化能人整合到项目当中，让文化能人在乡村起到示范带动作用，激发更多村民参与到文化项目建设当中。根据公共选择理论，乡村文化项目的开发不应该完全是政府行为，而应该是在政府带动下的村民集体决策行为，村民不仅在乡村文化振兴过程中扮演主

角，而且是乡村文化振兴的主要受益者，即使是完全有财政支撑的文化项目，也应该充分考虑村民的意见和建议。

## （二）提升村干部的综合文化素养

根据前述分析，村民对村干部的综合文化素养的要求逐渐提升，这种要求的提高实际上也是对乡村发展预期的提升，村民越来越清楚，只有村干部具有格局意识、创新精神，乡村才能具有更强的发展动因。年轻村民较老一代村民具有更加宽广的视野，在城乡一体化快速推进过程中，评价乡村发展质量的文化权重占比越来越高，但调查结果表明村干部的综合文化素养成为乡村文化建设的瓶颈。因此，在推进乡村文化振兴过程中，首先需要瞄准村干部文化素养的提升。蒋巷村的常德盛、西沟村的申纪兰、刘庄的史来贺、三元朱村的王乐义等，在推进乡村发展过程中无不是从"五位一体"总体布局的全方位进行考虑的，文化对乡村发展的影响力是村民能够摸得着和看得见的，村民能够在乡村文化的氛围中享受到更多的福利①。乡村的文化软实力不但能够促进乡村经济发展，而且能够改变村民的精神状态。为了提升村干部的综合文化素养，不仅要让村干部系统地接受理论熏陶，还要让其进行实地考察，切实感受乡村文化的穿透力。

## （三）乡村文化建设需要"分步走"

"文化"是促进乡村发展的"精神营养"，在短时期内进补会造成消化不良问题，因此让乡村进补"精神营养"需要因地制宜地按照"分步走"的原则稳步推进，这样的发展措施才能更加贴近农民实际。不同村庄的历史文化基础不同，其他村庄发展乡村文化的成功经验不能盲目复制。乡村发展不能一步到位，需要在发展中不断创造条件，在发展基础提升后发展目标也需要做出相应调整。因此，乡村文化振兴需要遵循"阶梯步骤"，科学地设计阶梯并带领村民在规定的时间段内登上相应的台阶是村干部的职责。乡村文化振兴在实践过程中容易将"分步走"错解为"齐步走"，于是容易发生盲目跟风问题，不但会造成政策与实践"问题"，而且也会造成村干部所想与村

---

① 吕龙，黄震方，陈晓艳. 乡村文化记忆空间的类型、格局及影响因素——以苏州金庭镇为例 [J]. 地理研究，2018（6）：1142-1158.

民所行"两张皮"问题，只有按照"分步走"将村民逐渐领上文化振兴的轨道，村民才能够发自内心地品味文化、享受文化、创造文化，并逐渐从"观众"变为"群众演员"进而成为"主演"，乡村文化建设的优秀人才才会更多，文化的底子才会变得更厚。

# 第 4 章

# 乡村公共文化服务发展的主体
# 结构、服务逻辑与发展动力

乡村公共文化发展需要从供给主体、需求主体、治理主体和投资主体等多个视角进行分析，从而能够更加科学地对乡村公共文化这个复杂系统进行解构和建构。推进乡村公共文化服务建设，需要遵循政治逻辑、消费逻辑、治理逻辑和历史逻辑，科学处理彼此间的关系才能够快速提升乡村公共文化服务质量。乡村基层党组织在乡村文化建设中扮演着信仰引领、能力引领、创新引领、氛围引领和德行引领角色，在理顺乡村发展秩序以及复归趋于碎片化的乡村道德规范过程中发挥着重要作用。官德决定民德，德是乡村公共文化发展的根基。文化氛围的养成能够降低村民交往的信息交换成本，通过常态化的行为自觉实现帕累托改进，从而积累乡村社会资本存量，在循环累积效应中积累诚信和扩展文化辐射力，提升乡村振兴的进步效率。

## 一、引言

乡村文化的发展质量是乡村社会发展样态的

最终决定力量，文化状态与村民的思维方式、谋生能力、就业状态等相关，进而与村民的现代化水平联系在一起。在乡村社会经济变迁中，农村文化的发展机制也从计划经济时期的以行政管理为主导的单向度发展方式转变为多元化发展格局，文化消费群体的结构和鉴赏力也在变化，这要求乡村社会场域内的文化供给主体、文化生产主体和文化参与主体趋向多元化，在文化管理主体与管理客体之间通过平等对话，完善乡村发展的文化生态。① 卢梭（J. J. Rousseau）认为，共同体内每个个体的自由是有限制的自由②，这种限制表现为个体需要通过自律谋求与其他个体合作，从而实现个人理性服从集体理性。在这一点上，马克斯·韦伯（Max Weber）认为，社会关系构建过程的本质就是"共同体化"③，共同体的本质就是通过有限制的自由基于群体的力量实现个体目标，个体间的关系调节是建立在基于理性动机的利益平衡基础上的。改革开放 40 多年以来，乡村社会的文化样态也在发生变化，经历了从衰落到异化再到自觉的变化过程④，农民的精神文化也经历了从一体化到多样化的过程⑤。乡村文化发展离不开多元主体、服务逻辑以及核心引领。研究认为，村民是乡村文化建设的重要参与主体，参与的积极性直接影响着农村文化的内容、形式和业态。⑥ 为了提升乡村文化的发展质量，需要构建起文化的供与需间的平等对话语境，在文化传输逻辑中实现高质量编码和高效率解码，疏通从"权力的文化网络"到"资源的文化网络"的转化⑦，发展公共文化需要遵循基层软治理与公共性建构相契合的逻辑⑧，同时也需要

---

① 孟祥林. 公共文化服务：发达国家的经验与我国的发展选择 [J]. 贵州社会科学，2019（9）：91 – 97.

② [法] 卢梭. 社会契约论 [M]. 何兆武，译. 北京：商务印书馆，2003：18 – 19.

③ [德] 马克斯·韦伯. 经济与社会（上卷）[M]. 林荣远，译. 北京：商务印书馆，1976：69 – 70.

④ 高静，王志章. 改革开放 40 年：中国乡村文化的变迁逻辑、振兴路径与制度构建 [J]. 农业经济问题，2019（3）：49 – 60.

⑤ 鲁小亚，刘金海. 乡村振兴视野下中国农民精神文化生活的变迁及未来治理——基于"社会结构—精神方式"分析路径 [J]. 农业经济问题，2019（3）：61 – 69.

⑥ 陈德洋. 乡村振兴战略的农民主体性探析——基于安徽农村公共文化服务体系建设的视角 [J]. 安徽农业大学学报：社会科学版，2019（1）：7 – 11.

⑦ 苑丰，金太军. 从"权力的文化网络"到"资源的文化网络"——一个乡村振兴视角下的分析框架 [J]. 河南大学学报：社会科学版，2019（2）：41 – 48.

⑧ 严火其，刘畅. 乡村文化振兴：基层软治理与公共性建构的契合逻辑 [J]. 河南师范大学学报：哲学社会科学版，2019（2）：46 – 51.

转变原来的思维方式，在文化发展的物理空间、制度空间、价值空间、生活空间等方面实现转向，为乡村公共文化打造出更加合适的发展平台。乡村文化是构建乡村社会秩序的"根"与"魂"，在此基础上才能建构理想生活的版图①，发展乡村文化就是要记住乡愁，让乡村文化发展具有持续动力②。乡村文化有别于城市文化，有其产生的独特的文化生态环境和传播途径③，复原碎片化的乡村道德样态，在村民间构建起乡村文化共同体，培养村民的社会责任感和乡村文化认同感，通过非制度性的规则建设，对村民行为形成强烈的外在影响④，并通过环境影响将这种外在的行为自律变成内在素养提升情况下的发自内心的行为自觉，使得每个个体都有与他人合作的愿望，并通过行为改变实现帕累托改进，将自身存在变成他人存在环境变得更好的条件。因此，在乡村文化发展问题上要在体制和机制的建设层面下功夫，增加文化产业发展的内生动力，通过内涵式发展提升社会效益⑤，正确处理乡村发展过程中现代文明因素增加与乡村传统文化失传间存在的矛盾⑥。很多研究文献重点强调了乡村文化发展的重要性，将乡村振兴定格在文化振兴层面，认为乡村社会持续发展的关键在于文化发展⑦，夯实乡村文化发展的基础，需要在文化的发展秩序和发展功能等方面做文章⑧。布尔迪厄等（Pierre Bourdieu et al. ）认为，乡村场域不仅是乡村居民生产生活的地理场所，也是彼此

---

① 赵旭东，孙笑非. 中国乡村文化的再生产——基于一种文化转型观念的再思考 [J]. 南京农业大学学报：社会科学版，2017（1）：119－128.

② 赵建军，胡春立. 美丽中国视野下的乡村文化重塑 [J]. 中国特色社会主义研究，2016（6）：49－53.

③ 吕宾. 乡村振兴视域下乡村文化重塑的必要性、困境与路径 [J]. 求实，2019（2）：97－108.

④ 孟祥林. 乡村公共文化空间建构的困境、向度与方向 [J]. 华南理工大学学报：社会科学版，2019（6）：102－110.

⑤ 詹绍，文李恺. 乡村文化产业发展：价值追求、现实困境与推进路径 [J]. 中州学刊，2019（3）：66－70.

⑥ 张翼，崔佳慧. 城乡一体化背景下乡村文化发展的特点及对策 [J]. 河北工程大学学报：社会科学版，2018（4）：50－51.

⑦ 田云刚，张元洁. 乡村振兴的乡村文化产业化路径探析 [J]. 山西农业大学学报：社会科学版，2019（1）：9－15.

⑧ 李国江. 乡村文化当前态势、存在问题及振兴对策 [J]. 东北农业大学学报：社会科学版，2019（1）：1－7.

交往和升华人生价值的场所①，因此在论及乡村公共文化发展问题时，研究热点不但集中在发展什么、怎样发展以及由谁发展等问题上②，而且在乡村公共文化的社会功能方面的研究也需要强化。近年来，很多专家更多地倾向于乡村文化发展的理性反思，构建公众化的文化平台成为集中考虑的论题。③乡村文化发展需要结合具体时空进行考虑，强调具体场域内的文化体验，处理好开发、保护与传承之间的关系④，让村民在乡村文化建设中体验乡土本真的田园意象和家园美感⑤，发展乡村文化既要体现政治意志，也要表达村民的消费愿望。除此以外，文化发展的体制机制设计也非常关键，要重新建构国家行政力量介入乡村文化发展的方式⑥，变行政控制为疏导治理，才能提升乡村文化的发展实效⑦。乡村公共文化的发展样态与乡村基层组织的管理能力直接相关，管理主体与管理客体之间的关系需要从"你就是你，我就是我"逐渐转变为"你就是我，我就是你"，让文化服务更加贴心，可以使乡村公共文化服务建设走上快车道。⑧ 乡村基层党组织在乡村文化发展过程中发挥着信仰引领、能力引领、创新引领、氛围引领和德行引领的作用，可以改善乡村社会的精神面貌。综上所述，探索乡村文化的发展出路，不能单纯强调某一方面，需要从主体建构、服务逻辑和核心引领等多角度进行审视，构建起支持乡村社会发展的鼎足支撑，协调文化供给主体、需求主体、治理主体、投资主体间的关系⑨，理顺文化发展的政治逻辑、消费逻辑、治理逻

① ［法］皮埃尔·布尔迪厄，［美］华康德. 实践与反思：反思社会学导引 [M]. 李猛，李康，译. 北京：中央编译出版社，1998，2：133 – 134.

② 冯蕾. 乡村价值生产能力及其对乡村文化构建的启示 [J]. 长春师范大学学报，2018 (1)：14 – 19.

③ 庄龙玉. 中国乡村文化的理论反思与现实检视 [J]. 学术交流，2017 (11)：156 – 161.

④ 方文. 城乡转型中乡村文化的解构与重塑 [J]. 岭南学刊，2018 (5)：33 – 39.

⑤ 路璐，朱志平. 历史、景观与主体：乡村振兴视域下的乡村文化空间建构 [J]. 南京社会科学，2018 (11)：115 – 122.

⑥ 孟祥林. 美丽乡村建设：从法日韩的成功经验论我国的发展选择 [J]. 中共南京市委党校学报，2017 (2)：59 – 64.

⑦ 张晓琴. 乡村文化生态的历史变迁及现代治理转型 [J]. 河海大学学报：哲学社会科学版，2016 (12)：80 – 87.

⑧ 谢开贤. 乡村文化传统与农村基层党的建设 [J]. 中共郑州市委党校学报，2009 (4)：117 – 119.

⑨ 孟祥林. "离土中国"背景下乡村文化发展的力量组合与发展对策 [J]. 合肥师范学院学报，2019 (5)：26 – 33.

辑和历史逻辑，强化文化发展过程中农村基层党组织的核心引领作用，为乡村文化发展提供有力支撑。

## 二、乡村公共文化发展的主体结构

随着乡村振兴战略的提出，乡村公共文化服务建设成为学界的思考热点。在"产业兴旺、生态宜居、生活富裕、乡风文明、治理有效"的发展目标中，乡村文化建设是贯穿其中的决定乡村社会发展样态的精神引领。为了改变乡村文化的发展样态，首先需要从文化的供给主体、需求主体、治理主体、投资主体等多个视角进行审视，探索多元主体高效互动的行为方式，实现乡村社会的文化场、生活场、制度场有效套叠，强化发展乡村公共服务的主体支撑。

### （一）供给主体

传统分析逻辑下的乡村公共文化服务的供给主体就是政府部门，这种行政力量主导下的单向度的文化服务供给方式，由于介入了政府行政力量而提升了运作效率，该视角下的研究侧重于公共文化服务供给方式的现实关照，因此将研究的着力点放在了公共文化服务产品的供给路径、供给方式等方面，致力于求证公共文化服务的最佳方案。政府供给主导文化涉及商业性供给和志愿性供给两种方式，无论哪种供给方式，供给主体都是要在既定场域内与文化受众建立平等协商的对话平台，形成高效的交互性意愿表达机制，在体现供给主体意愿的同时也能表达文化受众意愿，从而使文化供给变为有效供给，各种非政府主体要素参与乡村公共文化服务建构的积极性也得到提升，多元化主体间基于竞争增加合作愿望，提升乡村社会资本存量，同时也会在行政主导下的制度性规范基础上促成多样化的非制度性规范形成，供给主体互动中会更加理性①，降低信息搜寻成本和信息交换费用，形成整合协同效应。改革开放以来，乡村文化供给的市场机制正在形成，但以行政为主导的植入方式仍占主导，乡村居民多层次、多向度的文化需求愿望不能得到真实

---

① 李少惠. 公共文化服务体系建设的主体构成及其功能分析 [J]. 社科纵横，2007（2）：37 - 39.

表达，非政府主导的文化供给主体需要进一步扩展。

### （二）需求主体

乡村文化供给需要与文化需求主体耦合，才能够增加文化供给的有效性。因此，在有关乡村公共文化服务的消费视角研究中，将乡村居民的消费权利上升到较高层次，致力于在乡村公共文化服务的研究场域中放大村民的话语权，在公共文化服务的供给过程中融入乡村居民的需求愿望，以体现乡村居民的文化依规为切入点实现乡村场域的文化供需对称，同时对乡村居民的需求权解构，将传统思维状态下的相对较为抽象的文化需求权分解为受益权、创造权、建构权、决策权、保护权等。单纯行政指向的文化供给模式需要转化为文化供求双方高效互动，让文化需求的愿望表达得到有质量的回声。研究乡村文化发展需要尽量加入乡村居民文化需求愿望方面的参数，在村民需求愿望的表达通道、表达愿望、表达能力、表达时限等方面进行详细锤炼。深入了解乡村文化需求主体的存在样态，需要深入村民中间以调查问卷的方式进行调查分析，借助现代信息提取技术获得大样本支撑，使调查结论更具可靠性。需求主体视角的研究在一定程度上改变了村民作为乡村文化需求主体长期处于无语、无位状态，为乡村文化发展夯实了底层支撑。城乡二元经济结构被打破后，乡村居民的就业状态与生存方式已经发生变化，居民对物质资源的追求愿望强于对精神文化资源的追求，乡村"空心化"不断压缩文化需求主体规模，乡村文化发展的场域空间被挤压。

### （三）治理主体

管理能力的发展状态决定了乡村公共文化服务的发展质量，以行政为主导的文化植入式的文化发展模式，虽然有执行效率，但由于管理主体与管理客体之间缺乏沟通，管理者的意志不能全部转化为管理客体的行动，因此管理效果会打折扣。发展乡村文化，不仅要强调"正确地做事"，也要强调"做正确的事"，治理方式要从行政控制转型为理性对话，在行政主导与社会支撑、村民参与间形成交互理性的对话格局，实现乡村文化从"缺位"到"复位"的转型，从而理顺乡村精神文化秩序和道德秩序，将乡村场域内面临的碎片化危机的乡村道德整合为基于共同价值规范基础上的乡村价值共同体，在这种氛围中促进治理主体从传统经济发展格局下的政府单一治理主体转化为"政府＋社会＋村民"的多元复合治理主体，从而文化供给主体与消费主体的契合程度会更高。治理主体的转向能在乡村场域内通过培养公共精神强化乡村文化整合力，乡村文化生产者也由政府唱独角戏的格局转变过来，由此前的"政府搭台、群众唱戏"升级为"政府指导、共守阵地"的大众参与格局，在乡村文化场域内构建起"共建共享、全面共享、全员共享、渐进共享"的发展格局。在搭建多元治理主体发展平台过程中，乡村居民由观众变为主演，文化场成为村民的生活场，政府与村民成为乡村文化建设共同体，从"你就是我，我就是你"的"你与我同在，你与我同行"升级为"你与我共治，你与我共享"。

（四）投资主体

投资是乡村文化发展的起搏器，繁荣乡村文化需要经历从"输血"到"造血"的转型，于是"谁来投资"和"怎样投资"就成为热议的话题，只有在投资者与受益者之间建立直接联系，并且将投资与乡村发展预期紧密整合在一起，投资才能够从单纯的利益窠臼中挣脱出来，制度场、生活场和文化场才可能实现完美套叠。在乡村振兴过程中，需要尽快转变以财政为依托的单一投资主体格局，形成"政府指导＋商业介入＋民间参与"的多元投资主体格局。长期以来，由于乡村的资金积累厚度不够高，乡村文化建构在政府的单向度支撑基础上，随着乡村社会形态变化，村民处在乡土文化与离乡谋生的纠缠中，传统经济形态下村集体扮演组织角色的乡村文化也逐渐被撕碎。"一刀切"的依托文化项目且带有行政色彩的乡村文化服务未对乡村居民进行细分，为乡村居民提供的文化菜单缺乏精心打造，就很难满足多样化、多层次需求。由于政府扮演主要角色的单一投资主体下的文化服务产品的"送"与乡村居民的"吃"之间不对称，资金的边际效用降低，投资主体的努力与乡村公共服务内卷化伴生。[①] 因此，发展乡村文化的投资主体需要扭转"自上而下"的思维惯性，养成"自下而上"的思维习惯，挖掘乡土本真文化基因，筛选对乡村文化发展发挥重要影响的乡俗、仪典、故事、人物、事件、遗迹、传说，变规划乡村文化发展的"时间表"为落实乡村文化服务的"课程表"。

---

① 孟祥林. 乡村公共文化内卷化困境与对策 [J]. 西北农林科技大学学报：社会科学版，2019(5)：40－47.

## 三、乡村公共文化服务建设的服务逻辑

### (一) 政治逻辑

文化属于意识形态范畴，因此文化内容以及表现形式必须服从政治任务，文化服务的意愿表达需要与主流意识形态发展要求相一致。乡村公共文化的表现形式需要大于文化内容。在传统经济条件下，乡村公共文化是在政府的行政力量指引下进行的单向度供给，文化供给主体相对单一。乡村公共文化发展是在行政力量管控下的单向植入，该种文化发展机制与乡村文化资源匮乏的状况相适应，这时期的乡村文化发展以文化灌输为主导形式，供给主体容易把握文化内容、表现形式以及价值观念。随着乡村社会经济结构变化，村民的文化需求水平在发生变化，文化鉴赏力也在提升，乡村居民对具有浓厚乡土情怀的文化元素具有更多诉求，传统经济背景下的乡村文化发展样态开始转向，文化供给主体向多元化方向发展，除了政府部门外，民间组织的参与度也开始提升，文化管理部门在文化内容和文化形式方面的把控能力面临新的挑战。文化资源丰富化与文化生产主体多元化加大了文化管理部门对文化内容的鉴别工作量，增加行政管控就成为文化管理部门的理性选择，严格政治逻辑下的乡村公共文化场域就出现了文化服务的供与需之间博弈的僵局：供给侧与需求侧因未在同轨同频上实现对话，导致大量无效的文化供给。文化资源的政治教育意蕴增强和娱乐消遣功能降低，使得文化场与村民的生活场相脱离，文化资源的存在空间无法与村民的惯习空间重叠，村民由乡村文化的守望者、守护者演变为观望者，乡村公共文化存在内卷化问题。

### (二) 消费逻辑

村民是乡村公共文化的消费主体，只有在供需对称基础上进行的文化供给，才能在乡村场域内形成有效供给。虽然公共文化是免费资源，但消费过程中需要消耗消费主体的精力和时间，消费主体需要对文化资源进行筛选。因此，乡村公共文化服务在遵循政治逻辑的前提下需要遵循村民的消费逻辑，文化供给主体需要将资源送到村民嘴边并且符合村民的胃口。城乡二元经济

结构被打破后，"富口袋"成为乡村社会的发展逻辑，文化作为乡村社会的文化家园不同程度上被冲淡，只有与发展经济相联系并且有助于发展乡村经济和改善村民生活质量的文化资源才能成为村民的消费品，投资与受益已经成为村民的文化消费逻辑前提。只有与村民实际生活发生紧密联系的文化内容、文化形式才能够激发村民的消费愿望，使得以行政思维为切入点的单向度的植入方式的文化供给方式进行转向，这需要在村民与文化管理部门间建构有效对话机制，从文化消费入手探索合理的文化产品、文化内容，文化供给顺应乡村居民的文化消费逻辑。消费逻辑导向下的乡村文化发展，不能将乡村居民视为单纯的文化消费者，村民消费是建立在创造性转化和创新性发展基础上的。村民是文化产品的生产者和乡土本真文化的传承者，消费逻辑在一定程度上就是生产逻辑。生产决定消费，为了促进文化消费，首先需要有高质量的生产，村民是乡村文化生产函数中不能省略的因素，要将消费动力转化为消费能力，推进乡村文化扩大再生产。

（三）治理逻辑

传统经济背景下的乡村，文化资源非常匮乏，村民的文化需求意愿不能得到充分表达，治理局限于行政命令下的单向度管控，文化资源下乡带有浓厚的行政指派味道，治理逻辑与效率逻辑具有同等含义。但这种治理逻辑是以乡村社会经济结构不变为前提的，改革开放前的长时期内行政管控性质的治理方式在乡村场域中扮演主要角色。改革开放以来，乡村社会结构在快速变化，但这种变化呈现不均衡状态，传统经济时期固定管理模式的路径依赖仍然在乡村文化发展中居主导地位。乡村社会结构的变化以及乡村居民文化消费愿望的增加，要求乡村文化的治理逻辑实现从行政逻辑向服务逻辑的转向。随着城乡二元经济结构被打破，乡村居民的流动性提升和视野拓宽，文化鉴赏力在不断提升，对文化资源丰富化程度的诉求在提升，发展乡村文化需要突破路径依赖，自上而下的单向度治理逻辑需要向"自上而下＋自下而上"的双向度治理逻辑转化，以政府为主导力量的单中心治理主体逻辑需要向"政府＋企业＋村民"的多中心治理主体逻辑转变；治理的理念也需要从传统思维方式下的行政管控向"疏导＋服务"方向转变；文化服务内容也需要从单向度的自上而下的"文化植入"向依托乡土本真文化的"文化再造"方向转化。通过重构乡村公共文化服务的治理逻辑，在文化管理者与文化消费者之间建构平等对话的语境，避免因信息不对称造成文化无效供给而形成无谓损失。

### （四）历史逻辑

发展乡村文化实际上是通过静态和动态的文化符号，在现代人与先辈之间形成的穿越时空的对话，文化符号能够唤醒文化记忆[①]，让承载文化的物理空间展示强大的辐射力，从而成为后辈的精神家园。因此，乡村文化发展需要遵循历史逻辑。不同的乡村历史文化资源存在较大差异，乡村公共文化服务具有差异性、个性化、动态性特点，需要准确定位并且量身定做，乡村公共文化发展才能做到多样化、丰富化。"履不必同，期于适足"，针对性强的乡村文化发展策略能够更好地与百姓需求契合，让村民从文化发展的观众变成主演。激发历史逻辑下的乡土文化元素不但节省文化建设成本，也能够基于乡土文化元素打动消费者。隔断乡村文化的历史文脉，相当于缺失了文化发展主体与历史对话的平台。乡村居民是基于历史文化、血缘关系和地域环境建立起来的熟人社会，村民在这种既定的网络体系中建构文化共同体、价值共同体，在既有的文化生态环境下建立起互通、互信的信息沟通平台，每个行为个体在交往中都会通过内敛行为实现村民互动中的帕累托改进，村民之间以及乡村与文化管理部门之间在正和博弈过程中实现效用放大，乡村公共文化发展进程中的社会资本存量得到提升，达到良性的循环累积效果。因此，乡村公共文化发展过程中遵循历史逻辑实际上就是文化认同，基于乡村既有的文化网络可以激发村民参与文化建设的积极性，强化其文化发展的认同感、责任感和荣誉感。

## 四、乡村公共文化服务建设的发展动力

乡村基层党组织是乡村文化的发展动力，专业化程度高和致力于服务乡村文化发展的较高素养的党建队伍，能够更好地多视角切入乡村公共文化服务建设实践，并在遵循乡村公共文化发展规律的基础上遵循政治逻辑、消费

---

① 樊友猛，谢彦君. 记忆、展示与凝视：乡村文化遗产保护与旅游发展协同研究 [J]. 旅游科学，2015（1）：11 - 24.

逻辑、治理逻辑和历史逻辑。在乡村公共文化服务问题上构建起多变量函数，在文化的供给与需求之间进行有效对接，建构文化供需共同体。党建引领除了能够把握乡村公共文化发展方向外，还能够在文化服务的供给数量、结构、步骤、方式、分布等方面进行详细设计，在更大程度上保障乡村公共文化服务的政治性、服务性和实用性，将乡村居民的生活与文化发展、经济发展紧密联系在一起。研究认为，基层党建的引领作用主要表现为平台引领、主体引领、机制引领和行动引领①，形成乡村公共文化发展的动力基础。乡村公共文化服务建设需要以乡村党组织为依托逐步展开，只有乡村基层党组织信得过，村民才有跟随的愿望和信心，因此乡村党组织需要在信仰引领、能力引领、创新引领、氛围引领、德行引领等方面下功夫，成为乡村振兴的"领头雁"。

（一）信仰引领

"讲政治有信念、讲道德有品行、讲规则有纪律、讲奉献有作为"是对党政领导干部的要求。对于基层党组织而言，村民看重的不是怎样说而是怎样做。马克思主义信仰表现为实际行动，基层党政领导干部就是村民行动的标杆，务实肯干的基层党政干部用实际行动在村民面前将马克思主义信仰具体化。村党委决定着乡村文化发展方向，在实际工作中需要处理好公与私、义与利、是与非、正与邪、舍与得等关系。乡村公共文化建设说到底是以氛围托底，村干部是形成良好村政氛围的基础，村干部行为就是村民行为的标准。风清气正的乡村文化生态要从村干部的日常行为中表现出来。社会变迁过程中的乡村社会生活趋向原子化状态，传统经济状况下的熟人社会向半熟人社会方向转变，村民间的交往密度逐渐降低，乡村文化也由先前的大众化和狂欢化局面转为小众化、家庭化，与之相伴随的是村民价值观念多元化和生活诉求多层次化，村民参与公共事务的社会感、道德感趋于下降，传统的乡土社会的伦理道德、乡风民俗以及价值观念等趋于碎片化和日渐式微，各种迷信思想以及低俗的生活方式正在占据村民的行为空间和思维空间，在这种情况下通过降低乡村居民个体的寻租行为从而增加彼此间的合作愿望的难度增加，乡村居民的信仰缺失为村民间合作愿望增加了阻力，村基层党组织

---

① 刘建军. 党建引领缔造中国基层治理的政治逻辑［N］. 社会科学报，2016 - 12 - 29.

在乡村发展中的引领作用也相应被削弱。因此，乡村公共文化服务建设的前提是规范村民信仰，以民间信仰为基础强化乡村居民的信仰引领，充分挖掘道德、伦理、信任、互助、合作、理解等自觉形成的规范资源。[①] 在具象化的物理空间内将村民组织在一起，引导村民关注和参与乡村公共文化生活，建构价值共同体和文化共同体，在村党委的信仰引领下在村民群体中形成信仰共同体。

（二）能力引领

能力是让村民信服的筹码。乡村公共文化服务与村民生活结合在一起，就能将村民改变生活质量的愿望转化为参与文化建设的积极性。因此，乡村文化建设的能力也就是乡村经济发展的引领力。能力引领的过程就是村民共享村干部的智慧从而将智慧转化为生活现实的过程。在乡村振兴的能力引领方面，华西村的吴仁宝、蒋巷村的常德盛、西沟村的申纪兰、南街村的王宏斌、三元朱村的王乐义等都是典型代表，这些村干部在引领乡村建设过程中将穷村变成富村，能够以前瞻性的眼光发现机会并捕捉机会，为村庄的发展规划蓝图。前文"四讲四有"中有关"讲奉献有作为"的论述，将"讲奉献"和"有作为"紧密联系在一起，在引领乡村发展过程中村干部需要有强烈的使命感，乡村党委自然也应该成为使命型党组织，要针对乡村发展瓶颈进行自我提升、自我革命，带头进行能力提升。党组织自身能力提升是强化党组织凝聚力的关键。吴仁宝在 20 世纪 50 年代就带领村民率先走上了乡村工业化的道路；常德盛以"天不能改，地一定要换"的豪情壮志，走出了"农业起家、工业发家、旅游旺家"的乡村发展道路；申纪兰凭着闯劲将昔日的穷山沟变成了现在的花果山，走出了产业化的旅游富村道路；王宏斌发扬"傻子精神""实干精神"建设红色南街村，进行共产主义伟大尝试；王乐义通过发展冬暖大棚蔬菜实现了菜篮子革命，三元朱村的经济状况也因此发生了转变。如上村干部的闯拼能力以及研究探索能力，在村民中间形成了强大的号召力，这就是显性教育与隐性教育相结合的魅力。村干部的能力并非天然拥有，只有多看、多想、多学、多练才能够将他山之石变为自身的修

---

① 郑秋凤. 乡村社会治理视域下民间信仰的规范与引导 [J]. 深圳大学学报：人文社会科学版，2018（3）：5 – 12.

养，有能力的党组织能够更好地将学问写到村民的心窝里，村民追随这样的村干部就会觉得有信心、有干劲、有盼头。

（三）创新引领

创新是发展的动力，也是引领乡村社会发生全方位变化的增长点。乡村文化发展过程中更需要创新，通过创新体制和机制，能够发展村民喜闻乐见的文化形式和文化内容。乡村文化内卷化的根本原因在于缺乏创新，创新需要突破思维惯性和路径依赖，在发展过程中因掺入未知变量而增加失败风险，这就需要村干部在不断提升能力的情况下增加对事物发展趋势的判断能力和把控能力。前文论及的三元朱村，20世纪80年代末当王乐义号召将长势正旺的玉米砍掉试种冬暖大棚菜时，没有人能够预想到年底会有双万元的纯收入，而在此过程中，改变长期以来传统农业作业方式就是王乐义的创新出发点，而这正是三元朱村经济转型的起点。长江中下游高淳县的武家嘴村，借力上海黄浦区开发的机会，通过发展长江航运得以致富，从而改变了"鱼花子村"的发展形态，人类学家费孝通也据此得出"无工也能富"的观点。河南省辉县市回龙村的张荣锁，发扬愚公精神在太行山上带领村民凿出一条挂壁公路，打通了山村与现代文明的联通路径。创新引领使回龙村走上了不一样的致富道路，"恒德正心，永不放松"是村干部能够不断提升能力从而保持强劲创新能力的根本。创新是基层党组织的使命感和担当意识的反映，只有善于和敢于突破既有秩序并有足够把握建构更加合理的新秩序，才能够使得创新具有更强的感召力和现实转换力，从而整合村民建构创新共同体，基于新的平台在村民与村干部之间增加对话效率。创新需要依托人才，选择德才兼备者走上管理岗位才能为乡村具有创新力装上"起搏器"。因此，需要进一步弱化乡村基层管理的行政色彩，通过海选方式让村民选择理想的当家人，缩短村干部与村民间的沟通距离，让村干部在村民间更好地扮演创新引领角色。

（四）氛围引领

良好的氛围能够让行为个体形成不需要他人提醒的行为自觉。前文论及，在乡村社会经济结构变迁过程中，乡村空心化、传统的乡村伦理被碎片化，以及乡村公共文化得以发展的物理空间载体缺失等，导致乡村居民弱化了对乡村集体的情感依赖，这对开展乡村公共事务形成了阻力。因此，增进村民在公共的物理空间内的交往机会，强化乡村社会的情感依赖，通过增加社会资本复归传统乡土社会的道德伦理从而营造文化氛围，就成为乡村振兴战略下实现"乡风文明"和"治理有效"的关键。乡村基层党组织需要发挥氛围引领作用。村干部需要在"做力""听力""看力""脚力""写力"等方面下功夫，做到"实意做事、真心求学""听到真实声音和汲取群众智慧""看到问题的本质、查出实情和研出实效""走到田间地头体察群众呼声""善于总结经验和降低试错成本"。村干部的行为习惯决定着村民的思维观念，从而决定着乡村文化的走向。华西村的老书记吴仁宝当年为了纠正村民的行为习惯，规定凡在村民公园中揪一朵花就要罚款 1 万元，村干部参与赌博就要罚款 100 万元。严格的制度成为村民整体修养的重要组分，科学的制度为村民搭建了健康的对话平台，不会因负和博弈造成制度损耗。氛围引领是显性教育与隐性教育的统一，当武家嘴村出现了第一条大木船因贩运黄沙而致富后，更多的村民开始跟进，船的质量和级别也开始提升，从原来的木船变成铁船，从原先的普通船只变成集装箱船。运输已经成为武家嘴村村民的生活方式。第一个使用木船运输从而改变武家嘴村村民命运的人在氛围引领中扮演着重要角色。同样，三元朱村建立第一个暖棚时很多村民持怀疑态度，但是当这种生产方式切实能够改变村民的生活状态时，种植冬暖大棚蔬菜成为三元朱村村民的生活方式。基层党组织的氛围引领决定了乡村文化发展方向和乡村产业结构样态，只有将学问写在村民心坎上，氛围引领才会成为现实生产力。

（五）德行引领

"为政以德，譬如北辰，居其所而众星共之"。官德决定民德，因此基层党组织在乡村发展的道德引领方面扮演着重要角色。村民的德行决定了乡村社会的文化氛围，从而影响着乡村公共文化服务的发展样态。华西村的老书记吴仁宝在村民都住进欧式别墅中时，自己仍然住在 20 世纪 70 年代盖的老房子中，老书记认为这样能够发挥无声语言的感染力，对年轻人形成激励，将"艰苦奋斗"嵌入灵魂中。在村民眼中吴仁宝不是干部而是慈祥的老人，老书记看重的是村民的口碑，"严于律己、严以修身"已经成为习惯。前文论及的诸多村干部在乡村发展进程中都成为德行引领的标杆。文化是经济发展的最终决定力量，德是乡村文化建设的根基。基层党组织发挥德行引领作用需要以自律为前提，"人无德不立，官无德不为"，村干部需要在政治品德、职业道德、社会公德和家庭美德等方面都要过硬，其中政治品德是核心。村干部需要明白为谁服务和对谁负责。"德不孤，必有邻"，乡村发展需要丰厚的道德资源，因此坚守伦理规范和切实履职尽责就成为良好的乡村社会风气养成的关键。自律、自制是一种通过长期修炼养成的道德修为，据此才能够做到"道德修身，不以物惑"和"干净、担当"。村干部具有高尚的德行品质在村民中间就会具有较高的号召力，"天地之间有杆秤，老百姓就是定盘星"，"心中有责、心中有民"就能够做到"守土负责、守土尽责"，而这些都是道德函数中发挥重要作用的变量。德是乡村文化的核心，强化德的凝聚力和辐射力，可以在乡村场域内画出最大同心圆，乡村场域内人的要素间的高质量对话能够迅速增加乡村社会资本存量，充实乡村公共服务的内涵。

## 五、乡村公共文化发展思路的进一步思考

根据前文，发展乡村公共文化，需要在主体结构、服务逻辑和核心引领等方面进行不懈探索，尽快改变行政指令下以政府财政为支撑的管控发展格局，实现从单一主体向多元主体、单一逻辑向多元逻辑、单一引领向核心引领的变化。主体结构决定着服务逻辑进一步决定了核心引领，核心引领又进一步助推主体结构，从而决定着乡村文化的发展样态和进步速度（见图4-1）。

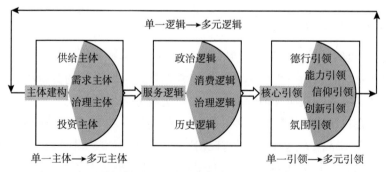

图4-1　乡村公共文化发展的主体建构、服务逻辑与核心引领

### （一）主体结构决定着服务逻辑

发展乡村公共文化需要瞄准乡村文化消费主体。长期以来以行政管控为主导的路径依赖，使得乡村居民缺乏文化消费意愿的表达权。因此，理解发展乡村公共文化的主体需要从供给主体、需求主体、治理主体和投资主体等多层面进行考察，主体的身份角色可以相互交叉：文化的供给主体可以是治理主体或投资主体，需求主体同时也应该是治理主体和投资主体，当前的供给主体也可能成为未来的需求主体。当从动态过程对主体进行考察时，乡村文化的服务逻辑就会在遵循政治逻辑的基础上，更多考虑消费逻辑、治理逻辑和历史逻辑。在传统思路方式下，发展乡村文化过程中，主要从供给主体角度考虑问题，从而忽视了需求主体、投资主体、治理主体等在其中扮演的角色，乡村公共文化主体的思维带宽决定了服务逻辑的发展样态。乡村社会在不断发生变化，城乡二元经济结构被打破后，城乡一体化进程的速度在加快，乡村居民的视野在拓宽，网络空间穿插到乡村居民的生活空间，这就更需要立体化、多侧面理解发展乡村文化的主体结构，并重新建构乡村文化的服务逻辑。

### （二）服务逻辑影响着核心引领

行政指向下的乡村文化建设以"执行"为服务逻辑，乡村基层管理组织的责任在于将行政任务完成即可，在乡村文化资源极度匮乏的状态下，稀缺的文化产品能为村民接受。在乡村社会结构发生变化的情况下，村民可资接触的文化资源正在向丰富化、多样化方向发展，基于市场机制的服务逻辑要求文化资源供给主体转化思维视角，从需求主体角度思考治理措施和投资方式，使得文化产品更能符合乡村居民的消费需求。从单一服务逻辑向多元服务逻辑的转化，要求乡村基层党组织充分发挥核心引领作用，需要不断创新工作方法，乡村文化发展需要与村民的生活习惯、历史传承等结合在一起。乡村基层地方组织需通过创新工作方法实现从供给导向向需求导向的转变，通过乡村村民萃取发展文化的智慧，让乡村文化的形式和内容成为村民所需；"自下而上"的服务逻辑，要求乡村文化内容和形式作出变化，让村民能够在碎片化的时间内得到系统的文化服务；服务逻辑的转向，让乡村基层党组织更能感到责任与担当。

### （三）核心引领决定着主体结构

主体结构决定着服务逻辑，服务逻辑决定着核心引领，核心引领又进一步决定着主体结构。乡村基层党组织发展乡村文化的思维方式，从而决定着"怎样发展""谁来发展"和"发展什么"的问题。服务逻辑转向后的乡村基层党组织，更能基于市场机制发现文化资源和开发文化资源，乡村文化在体现行政意志的同时，能够更好地贴近村民生活，乡村文化发展的物理空间、生活空间和制度空间更能完美套叠。"天下大事必作于细"，发展乡村文化更需要在"细"上做文章。乡村基层党组织就此将引领与服务紧密衔接，在优化供给主体、关注需求主体、激励治理主体、激发投资主体等方面精耕细作，决定着乡村文化发展的主体结构。核心引领决定着乡村文化发展的方向、路径、质量。乡村振兴战略从空间角度对乡村社会进行整体性建构，文化是乡村发展的精神支撑，决定着发展供给主体的工匠精神、需求主体的表达意愿、治理主体的敬业水平和投资主体的发展诉求，从而决定了乡村文化的发展样态，也决定了乡村文化是在平面上打转转还是螺旋式上升。

## 六、研究结论

在乡村文化发展问题上需要进行多视角审视，从政治逻辑、消费逻辑、治理逻辑和历史逻辑等多种行为逻辑出发进行思考，才能明白乡村公共文化建设的复杂性程度。不同行为逻辑下的乡村公共文化发展出发点不同，彼此之间相互磨合并在同一轨道上运行才能在乡村公共文化发展问题上取得好的效果。乡村是一个复杂的系统，乡村居民对于乡村社会的发展存在多元化诉求。乡村基层党组织建构乡村公共文化服务系统，需要从乡村文化的社会功能入手考虑，才能够更好地发展文化所具有的聚德聚心功能，在乡村社会中扮演好价值引领角色，能够使乡村居民增加互信从而降低彼此间交往过程中的信息交换成本，在道德水准普遍得到提升的前提下增加乡村社会资本存量，复原趋于碎片化的乡村道德体系。通过非制度化的规则养成，让行为自律成为生活习惯。在新的氛围中克服路径依赖在长期中造成的动力损耗，村民通过行为自律增加相互理解，增加沟通的愿望，强化村民对乡村社会的情感依赖。乡村公共文化在重塑乡村社会秩序过程中扮演着重要角色，乡村基层党组织需要通过信仰引领、能力引领、创新引领、氛围引领和德行引领，为乡村社会树立发展的方向标。村干部的行为引领说到底是"德"的引领，官德决定民德，乡村文化建设本质上是民德的塑造过程。德行样态与乡风民俗同向同行，高水平的德行能够依托乡村场域的物理空间、价值空间和制度空间使得村民的生活空间实现转向，影响村民生活样态的健康程度，并通过循环累积效应影响乡村的文化氛围。乡村场域是一个复杂的系统，不同发展基础、不同文化底蕴、不同管理状态的乡村的文化发展空间存在差异，一些乡村在社会经济转型过程中文化的发展空间被严重挤压，文化氛围复归、挖掘乡土本真文化元素以及激励村民参与文化建设热情难度相对较高，在这种情况下单纯从文化角度挖掘乡村公共文化发展动因的难度更大，在此基础上进行思维转向，从基层党组织的引领功能角度入手，实现底层管理与政治逻辑、消费逻辑对接，就能够提升乡村公共文化服务建设的实效。

# 第 5 章

# 乡村振兴战略：国外的成功实践与我国的发展选择

乡村振兴战略是提升农村发展速度和质量的重要举措，日、匈、韩、美、德、澳等国家在这方面取得的成功经验值得借鉴。从消灭三大差别到"三农"问题的提出再到新农村建设，为实施乡村振兴战略奠定了基础。乡村振兴需要以经济发展为基础，同步发展其他方面。为了持续促进乡村发展，首先需要选好乡村的当家人，而后要在资源整合、资金支撑、理念创新、设施构建、技能培训、村民参与等多方面下功夫。乡村振兴是以村民为主体的持久战，政府要从基础工作做起，夯实基础设施和提供相应服务，处理好当前发展速度"慢"与未来发展速度"快"之间的关系，让乡村振兴有长足后劲，要在产业凝聚力、乡村治理力、文化整合力、人才创造力、精神引导力等方面做文章。

## 一、从消灭"三大差别"到"乡村振兴战略"

农村的发展状况关系到国家经济文化整体水平的提升，因此新中国成立以来农村经济文化发展就成为重点议题。第一代领导人在提出的消灭"三大差别"中就包括了消灭"城乡差别"。但由于长期以来的制度壁垒导致城乡二元经济结构长期存在，城乡之间的差距并没有被消灭。从体制机制入手考虑问题，才能够找到消灭城乡差别的制度保障。从计划经济向市场经济的转轨，使得资源基于边际收益递减规律，在城乡间合理布局创造了更加广阔的空间。市场经济运行机制为资源高效配置创造了环境。改革开放以后，由于长期以来城乡间存在的较大经济梯度，农村资源开始涌入城市谋求边际生产率递增，新一轮的发展不对称使得农村资源被抽空并且在很多方面出现了发展空白，农村在经济社会发展过程中被边缘化，以"农民富、农村稳、农业丰"为发展目标的"三农"问题的解决开始成为讨论的重点，为了解决长期以来存在的城乡发展不对称问题，国家开始实行反哺农业的政策，这包括取消农业税以及对农业实行补贴政策，也包括随后采取的阳光工程、科技惠农、文化下乡等具体政策，在此过程中逐步完善了包括新农合、新农保等关乎农民切身利益的惠农工程，"三农"问题不断得到解决，农民充分感受到了惠农政策的实惠。在不断深入推进"三农"解决对策的同时，"新农村建设"作为发展农村的一个具体的对策提了出来，其目标在于"生产发展、生活宽裕、乡风文明、村容整洁、管理民主"，这是"五位一体"总体布局在解决"三农"问题上的具体展示，新农村建设不仅强调农村经济发展，更强调农村文化建设，不断推进城乡文化一体化建设。党的十九大提出的"乡村振兴战略"着眼于"生态宜居、产业兴旺、乡风文明、生活富裕、治理有效"。从新中国成立后到现在，国家的综合经济实力不断提升，经济文化发展环境在不断完善，对农村的发展要求也在不断提升。如果说此前更多强调的是结果，那么目前更多强调的是效果，惠农政策不断做细。在农村走向富裕的征程上"一个都不能掉队"，扶贫政策由原先的大水漫灌精细化为精准滴灌。随着城市化水平不断提升，虽然城乡间的发展差距仍然存在，但农村的总体发展状况在发生改变，农村的造血功能正在稳步提升。在"消灭三大差别"、解决"三农"问题、新农村建设、乡村振兴的一路发展中，开始逐渐形成了一定规模的"爱农民、懂农业、懂农村"的专业化队伍，虽然对农村采取的措施主要还是"帮"和"扶"，但原先单纯地给予财物救济的方式正在转向扶志与扶智相结合的农村发展策略。乡村在这样的发展轨迹中由"输血式"的被动发展转为"造血式"的主动发展，在此过程中乡村振兴就完全具备了经济基础、产业优势、人才支撑、发展机制、文化氛围和管理措施。在乡村振兴过程中，乡村经济发展只是一个重要侧面，要想使其得到持续发展，就需要做好体制机制方面的设计，尤其是居民素质需要普遍得到提升，以便能够在市场经济环境中具有足够强的竞争能力，农业资源能够取得最佳边际效用。

## 二、城市化进程中的乡村衰落与国外的典型做法

### （一）城市化进程中的乡村衰落现象

改革开放以来随着城乡二元经济结构被打破以及城市化进程逐步加快，城市发展创造了更多就业岗位，于是大批农村人口开始涌入城镇。能够到城市中就业并且能够留在城市中定居的农村人口都是具有一技之长的乡村人才，这些农村人口虽然通过在城市打工挣得了收入，但实际上是支持了城市建设，与此同时则疏远了农村，在城市中打拼越久对农村的印象就会变得越模糊，回到农村的愿望就会越淡。因此，城市化实际上是对农村人才的虹吸过程。农村人才被抽空，农村的年龄结构、性别结构也严重失衡[①]，与此同时出现的留守儿童、留守老人、留守妇女等问题很严重。农村教育也面临严重挑战，在城市化进程中，由于城市人口自然增长和人口机械增长两方面的原因，城市基础教育规模在不断扩展，但乡村的基础教育处于萎缩态势，农村教育投入在减少的同时农村家庭在子女教育方面承担了较大的成本（家长的心理负担、孩子的安全隐患）。农村常住人口数量减少和农村人口流动性增加，使得农村文化建设也面临挑战，农村的风俗习惯、邻里亲情、传统手艺等都在走下坡路，村民间的交往带有很大程度上的功利色彩，淳朴的乡村文化正在受到侵蚀。这些问题也进一步与乡村生态环境问题、社会治理问题等缠绕在

---

[①] 姜德波，彭程. 城市化进程中的乡村衰落现象：成因及治理——"乡村振兴战略"实施视角的分析 [J]. 南京审计大学学报，2018（1）：16-24.

一起，每个问题之间都在相互影响并不断放大，这些都正在成为乡村振兴的重要障碍。乡村振兴是基于"五位一体"总体布局的战略设计，需要在政治、经济、文化、社会、生态等多方面有长足进步，但目前的问题是很多乡村在发展过程中在突出经济发展的同时，舍掉了其他方面，而其他方面是使经济得以持续发展的重要基础。乡村振兴需要全面振兴，因此首先需要遏制这些导致乡村衰落的诸多问题。

（二）国外实施乡村振兴战略的典型做法

城市优先发展继而带动农村发展，然后推动城乡一体化进程，是城市化进程的一般脉络。乡村发展滞后最终会拖慢城市的发展速度。发达国家的城市化进程走在了我国的前面，在乡村振兴战略方面也有很多成功做法，虽然各个国家在推出的具体策略方面会有重合，但各个策略的轻重缓急以及实施秩序方面还是存在一定差距的。

1. 日本：实施"基地工程"

为了推动农村发展，日本推出了一系列的惠农政策，鼓励农村根据自身优势发展具有本地特色的农村发展模式，推出"一村一品"工程[①]，农村根据自身条件打造专业化的农产品生产基地，并且在农产品深加工层面下功夫，延长农业的产业链。在此过程中尤其加强专门针对农民的培训机构的建设，免费向农民传授技术，将农民培养成具有一技之长的专业化的产业队伍。"基地工程"使日本农村以较快的速度发展起来，很多村庄由于具有了品牌化的农产品很快在市场上站稳脚跟。日本的"基地工程"实际上是在"扶智"方面下功夫，为乡镇振兴打下牢固的根基。

2. 匈牙利：成立"市镇联合体"

在乡村振兴方面，匈牙利在乡村公共物品的提供方面取得了不少成功经验，其中最具特色的方法就是"市镇联合体"[②]。"市镇联合体"是由邻近的村镇整合在一起的组织，附近较小的村镇在合作的基础上整合成为一个规模较大的行政机构，共同解决单个自治村所不能解决的问题。由于规模很小的

———————

① 沈费伟，刘祖云. 发达国家乡村治理的典型模式与经验借鉴［J］. 农业经济问题，2016（9）：93 - 103.

② 刘承礼. 匈牙利乡村治理的模式解读与经验借鉴——基于乡村公共品提供机制的研究［J］. 经济社会体制比较，2016（1）：107 - 113.

社区在提供公共物品方面会存在较大困难，管理效率也不会高，公共物品运转过程中的维修费用也相对较大。在"市镇联合体"建立后，乡村公共物品的供给取得了规模经济效应，乡村发展具备了基础条件，乡村振兴进入了发展的快车道。

3. 韩国：开展"新村运动"

韩国在 20 世纪 70 年代推进"新村运动"的初衷是缓解城乡矛盾。与其他过程相类似，在城市化进程中出现了城乡间的发展落差，为了改变这种局面韩国政府在实施乡村振兴战略过程中主要采取了如下手段：通过加强启蒙教育改变农民的精神面貌，强化农民的自强和自立意识；加强农村基础设施建设改善村民的生活条件，例如自来水供给设施、公共游泳设施、交通设施和水利设施等；增加对农业的直接补贴和技术支持，保护农民利益；调整农业产业结构，增加非农产业就业，例如发展特色农业和兴办新村工业①。如上四个方面都是乡村振兴的基础，这说明韩国在实施乡村振兴战略过程中非常注重从根本上解决问题。

4. 美国：推进"基础服务"

美国的常年务农人口占总人口的2%②，发达的农业生产与高端的基础服务是紧密联系在一起的，这表现在很多方面：农田地表看不到水渠，农田下面铺设了水管，灌溉变得非常方便；乡镇企业非常发达，这在很大程度上方便了农产品就地加工，这为农产品走上百姓餐桌奠定了基础；美国有规模很大的专门为农业生产进行服务的人群，从育苗、施肥、收割到销售的各个环节都有服务到位的专业化公司为农业发展做支撑，还有为抗御自然灾害做担保的保险公司，到位的基础服务使得美国农业运转有序。从这里可以看出，乡村振兴并不单纯是乡村自身的问题，乡村永远不能与其他产业相隔离。倾斜性的乡村振兴战略可以促进乡村发展速度，但乡村的持续发展需要依托相关行业和服务整体推进。

5. 德国：强化"公众参与"

公众参与是德国在乡村振兴过程中的典型做法③，同时要加强规划，村

---

① 何磊. 韩国乡村转型发展的背景、路径及其经验 [J]. 农业经济，2014（12）：28 – 30.

② 罗懋澜. 管窥美国的新农村建设 [J]. 云南农业，2008（7）：9.

③ 常江，朱冬冬，冯姗姗. 德国村庄更新及其对我国新农村建设的借鉴意义 [J]. 建筑学报，2006（11）：71 – 73.

民有权参与有关村子发展的整个规划过程，在政府的带动下，村民能够与专业机构进行充分互动，农民参与村庄振兴的积极性得到激发。在对村子进行规划的过程中，社区政府会通过讲座、集会等各种传播信息的手段与村民适时进行互动，规划方案中将村庄的经济发展、生态环境保护与人文环境建设等整合在一起，使得多个因素相得益彰，立足当前着眼于未来。这样的发展措施深入人心，农民在乡村振兴过程中积极性很强，乡村的发展状况很快得到了改变。

6. 澳大利亚：完善"职业培训"

澳大利亚在乡村振兴过程中，除了强调科技惠农以及加强基础设施建设外，在加强职业培训方面取得了很好的社会效果①。传统的农耕业都是通过"父传子"的方式进行，这种基于经验的农耕作业方式有时并没有遵循科学，于是农业资源没有发挥最大效用。改变这种状态的基本方法就是加强对农民的"职业培训"，由政府出资和通过行业推动使得"职业培训"这项工程持续不断地进行，具体工作由相关大学和职业学校完成，培训以提升农民的作业能力为目标，每隔一段时间对农民进行一次培训。"职业培训"工程使农民都成为具有一技之长的专业人才，农产品的质量和规模化生产水平都得到了提升。这项工程需要政府有较大投入，但由农业发展带来的收益会远远高于成本，使得农村面貌从整体上得到了改变。

（三）国外乡村振兴的成功经验分析

前文论及的日、匈、韩、美、德、澳等国家在乡村振兴战略实施过程中采取的经典做法，取得了很好的效果。我国在城市化进程中"正在走近世界舞台的中央"，为了进一步提升我国的发展质量和发展速度，就需要不断推进乡村振兴战略，中国的农民不富中国就不会从根本上富裕起来，这需要从整体上改变"三农"状况，需要将眼前发展与长远发展密切结合在一起，需要对国家乡村振兴的策略进行理性思考。

1. 夯实基础服务和基础设施

九层之台起于垒土，乡村振兴的关键点仍然在于夯实基础，这样才能够逐渐形成较强的循环累积效应。前文论及的各个国家虽然在做法上有差异，

---

① 杨继承. 有感于澳大利亚农业和新农村建设［J］. 决策探索，2007（11）：14 –125.

但基础工作都不曾被忽视。美国为推动农业发展所构建的农业灌溉基础设施、澳大利亚推出的职业技能培训体系、韩国对农民实施的启蒙教育等，都充分体现在政府实施的乡村振兴战略过程中，底层工作做得很到位，政府的责任在于将好的发展理念变为科学和可操作的做法，让村民能够预期具体做法的成果。但是将"怎么说"转化为"怎样做"，需要基层管理者具有较强的做事能力和愿望，由此体现出基层管理者的政治态度和政治品格。"慢"与"快"之间的关系需要处理得当，基础服务和基础设施建设需要较长时间，在乡村振兴的前期会拖慢速度，但基础工作一旦完成，乡村发展就会进入快车道。因此，需要区别"形式"与"形式主义"间的关系，乡村振兴战略需要选择合适的推进"形式"，但形式需要以内容为依托，需要用成果和成效加以证明，离开了内容和效果的"形式"就是"形式主义"。前文论及的各种做法都体现了有想法和有作为，也是乡村振兴战略的思维基础。

2. 激发村民广泛参与

乡村振兴战略是以村民为主体的"持久战"，政府在夯实基础工作的同时需要让村民成为实施主体。德国的"公众参与"经验为我国的乡村振兴战略提供了范本。乡村振兴战略在实施过程中针对具体村庄需要量体裁衣，怎样做、做什么、谁来做以及按照什么样的顺序做等问题需要事先制定详细的规划。村民长期生活在农村，虽然对乡村的发展状况很了解但不明白问题产生的原因，农民的视野以及认识问题的高度决定了其思维局限性。工作人员的理论水平较高，但在乡村振兴实施过程中过多注重理论研究，就会与农民的发展预期相左。工作人员的责任在于将理论思考的成果转化为村民能够听得进去的朴素语言，让农民能够有参与激情并逐步地体会有更多获得感的操作方法，这就是马克思主义大众化。工作人员需要认真研究工作方法，以核心问题为突破口选对解决问题的切入点，将村民关心的问题排序，关键的问题得到解决或者在一定程度上得到解决后，村民的参与积极性就会提升，乡村振兴的其他工作也可顺利展开，这就是乡村振兴过程中的"乘数效应"。

3. 专业化运营和规模化生产

前文论及，日本在乡村振兴过程中实施了打造基地工程，匈牙利也实行了市政联合体，目标都在于将分散经营的小规模的农业生产过程整合成为规模化经营的联合生产组织。经济学理论认为，可变要素在向不变要素持续投入时，在未达到一定点之前存在边际生产力递增效应，这是因为资源在聚集过程中可以造成成本节省，农业经营过程中需要技术支持、设备支持、人才储备，小规模的土地经营很难在如上这些生产要素方面进行大量投入，但是规模化经营就可以尽量分散成本。规模化经营是农业作业方式的发展方向，20 世纪 90 年代在很多农村地区开始出现的产业化经营，实际上已经为农业规模化作业积累了经验。但规模化经营并非单纯追求数量，质量的提升也是其应有内涵。规模化经营会导致农产品数量剧增，农业与市场合理对接就成为目前关注的焦点，只有能够与市场对接的农产品供给才是有效供给，也才能有效避免农业增产而农民不增收的问题。发达国家已经度过乡村振兴阶段，农村与市场对接的成功经验能够让我国的乡村振兴少走弯路，让农民在实施该项战略过程中有更多的获得感。

4. 能人贤士为乡村振兴掌舵

从纵贯发达国家的乡村振兴实践角度看，存在多个不可或缺的要件，如规模化经营、政策支撑、资金援助、公众参与等。在所有这些要件之外还应该注意到另外一个很重要的元素即作为乡村管理者的能人贤士。这些乡村管理者是将好政策、好想法转化为乡村振兴现实生产力的支柱。因此，在乡村振兴过程中，应该将选择当家人放在所有事情之前，当家人决定了"乡风文明"的发展状态，也决定了"治理有效"的程度，最终决定了村民能否达到"生活富裕"的目标。官德决定民德，乡村的发展方向以及政策的执行力等都与乡村当家人相关。前文论及的发达国家的成功做法，虽然未曾论及乡村当家人在其中的作用，但可以想见缺乏了得力的当家人，乡村治理的卓越成果就很难实现。因此，在我国实施乡村振兴战略过程中，首先要拟定选择农村当家人的基本标准，同时需要完善鼓励城镇的有识之士到乡村任职的支持政策，同时要建立着眼于乡村振兴的智库。能人贤士为乡村振兴掌舵，能为乡村发展带来清新空气，也能为乡村振兴创造出更多的智慧营养，让乡村在富于创造和创新的体制机制中获得可持续发展的动力。

## 三、我国乡村振兴的对策："六力"同心提升竞争力

### （一）产业凝聚力：乡村合并与产业支撑

经济基础决定上层建筑，乡村振兴的基础首先是经济发展，因此只有乡

村具有稳定的产业支撑才能保证可持续发展。在经济转轨过程中，由于城乡之间存在经济梯度，乡村的人才以及各种经济资源都向梯度较高的城市聚集，乡村由于被"空心化"而导致发展动因被削弱，产业支撑是乡村振兴的关键，富有凝聚力和拉动力的产业能够为农村留住资源和人才。传统的农耕经营模式下土地在单位面积上很难获得较高收益，这就需要通过对土地进行规模化作业获得规模经济优势。很多专家认为，农户以责任田为经营单元的分散作业方式不能明显提升农民高收入的预期。同时由于大量农民离乡创业导致土地撂荒以及各种原因造成无地农民等问题，导致农民身份与农地收益之间并无确切联系，因此需要在"耕者有其田"和"耕者有其权"两个问题上进行深入思考，让农地产出更高，让农民收入更多。"合并乡村"和"引导农业产业自立经营"是日本在乡村振兴过程中的成功经验，这一点在我国实施乡村振兴战略过程中需要进行充分吸收和采纳。乡村合并即以发展基础较好的乡村为核心通过整合周边村镇，以优势产业为依托强化产业的辐射力和凝聚力。通过出让土地经营权让种田大户经营土地，通过规模化经营促进产业化经营，完善土地雇佣劳动的多种机制。

（二）乡村治理力：营造政治生态环境

乡村振兴需要以村民自治委员会为龙头，因此，只有加强农村基层组织的社会治理能力才能为乡村振兴营造环境。江苏省江阴市的华西村、河南省临颍县的南街村、河南省新乡县的刘庄、江苏省常熟市的蒋巷村、山东省寿光市的三元朱村、河北石家庄栾城区的岗上村等发展的成功经验表明，在村子当家人的带领下强化社会治理能力的建设为农村发展创造软环境，是农村得以可持续发展的基础。完善有效的治理措施让村民有章可循和遵规守矩，在整个村子中形成健康发展的合力。华西村的吴仁宝在治理华西村过程中规定：乱采一朵花罚款 1 万元；村干部赌博罚款 100 万元。正像老书记曾经提到，在社会主义初级阶段，虽然老百姓的生活水平已经提高，但在某些方面思想意识还未跟上，这就需要用严格的制度对其进行约束。① 严格的村规民约使得华西村实现了环境美、行为美、语言美、生活美。吴仁宝认为，华西

---

① 孟祥林. 美丽乡村建设：从法日韩的成功经验论我国的发展选择 [J]. 中共南京市委党校学报，2017（2）：59–64.

村发展的标准应该是"美丽的华西村，幸福的华西人"，"美丽"和"幸福"都是没有止境的奋斗目标，这也充分体现了老书记的奋斗精神，这种精神自然也会成为让村规民约富有号召力的重要精神支撑。严格的管理制度和让人信服的发展成果使得老书记的名字与华西村紧密地融合在了一起。以上论及的这些典型乡村在发展过程中无一不以完善的乡村治理制度为前提。经济学理论认为，私人产品在履行其经济职能过程中具有排他性和竞争性，在农村经济还未进入稳定发展轨道之前，发展空间、发展机会都相对狭小，经济资源所具有的竞争性和排他性的特点会导致恶性竞争，这就更加需要通过完善乡村治理有序和合理地对竞争性资源进行分配，这需要乡村基层管理者具有高度责任感、较高水平的乡村治理能力和较强的人格魅力，将农村带上乡村振兴的快车道。

### （三）文化整合力：张扬文化魅力

乡村振兴的基础是经济发展，但经济可持续发展则表现在文化整合力方面。前文论及的各个乡村，实际上文化软实力都发挥了重要作用。村民都是这种文化的创造者也是文化的共享者。乡村当家人的目标就在于以乡规民约为龙头在乡村发展过程中形成健康向上的文化氛围，通过张扬文化魅力展示文化张力。河北石家庄的岗上村在几十年的发展进程中一直保持着记"好事流水账"的习惯，事情不分大小全部记录在档案中，"好事流水账"让村民做好事成为一种习惯，并不是为了得到表扬，而是成为生活中一个必需的元素。这种能量被无限放大，每个村民都是这种正能量的创造者也是其受益者。文化软实力不仅体现在国家竞争力层面，也体现在乡村振兴层面。人类学家费孝通认为，无工不富、无农不稳、无商不活。农业是国民经济的基础，农产品的量和质是支撑国民经济发展的两条腿。乡村振兴在发展农产品量的同时需要质同步跟进，这是"三农"发展过程中体现文化整合力的重要层面。农业发展过程中"种什么""怎样种""种多少"以及"怎样经营"等这些微观问题都应该成为管理重点，这就是能够充分体现农业经营过程中"工匠精神""绣花精神"的地方，也是乡村振兴过程中让农产品持续保持竞争力的重要条件。在论及乡村文化时，更多的人会聚焦在乡村旅游方面，主要涉及戏曲、民俗、美食、风景、特产等方面，实际上乡村的创业发展经历、典型人物以及能够体现农产品经营工匠精神的保证产品具备高品质的措施等都是乡村文化中不可或缺的重要组成部分，后者强调得越充分，乡村振兴的底气就会越足。单纯强调前者，乡村发展就会缺少根基，乡村文化魅力就会缺乏长足后劲。

（四）人才创造力：乡村振兴的"芯"

人才是乡村振兴的原动力。优秀的人才能够给乡村带来新技术、新方法、新理念、新产品，从而创造出新的发展局面。山东省寿光市三元朱村的王乐义，在丰富居民菜篮子过程中做出了巨大贡献，电影《永远是春天》就是以王乐义为原型拍摄的，寓意着在雪花飘飘的数九隆冬时节冬暖大棚内却是春意盎然，冬暖大棚能够把春天留住，也让所有人充分享受着冬暖大棚菜带来的实惠。现在这项技术已经变得很成熟，但王乐义当时只身到异地闯荡学得技术时却是另外一番景象，当时的技术仅仅局限于种植叶菜，即韭菜、青菜等只长叶不长果的蔬菜，王乐义经过认真研究终于找到了种植果菜，即黄瓜、西红柿等能够长出果实的蔬菜。王乐义基于带领村民共富的耐心、热心、诚心、爱心，带领三元朱村村民开始了冬暖大棚蔬菜的种植热潮，在丰富了消费者菜篮子的同时，三元朱村的百姓也富裕了起来。农村基层需要更多像王乐义这样的人才，这就是"讲政治、有信念；讲奉献、有作为"。乡村的当家人要有让村民富裕起来的追求，更要有能力，不但要着眼于村民口袋富裕，还要着眼于乡村文化建设。王乐义给三元朱村的村民留下了创新创业的精神。同样，山东省单县朱楼村的朱之文，凭借自身努力几十年如一日不断历练唱歌才能，终于因在《我是大明星》这档草根选秀节目中出彩而成为红遍大江南北的"大衣哥"，朱之文的名气也带动了朱楼村的全面发展。朴实厚道的朱之文为朱楼村的乡村振兴事业打开了局面。人才是乡村文化振兴的"芯"，在乡村振兴过程中要构建吸纳人才和留住人才的体制机制，让优秀人才扎根乡村。

（五）自我革新力：突破既有思维条框

乡村振兴需要在当家人的带动下形成浓烈的学习氛围，学习其他乡村的成功经验自然是不可或缺的途径，勇于进行自我革新也应该是学习的应有之义。乡村在长期发展过程中会遵循路径依赖，思维方式总是不能打破旧框架，这会使乡村失去很多发展机会。在华西村不断发展过程中，周边更多的村庄被并入华西村，华西村已经从一个原来只有 0.96 平方千米的村庄整合周边村庄形成了大华西。当三余巷村被整合到华西村时，三余巷村原来的当家人认为，如果不并入华西村，我也穷、村子也很穷，留着这个村子有什么用？乡村基层管理者是乡村的当家人，进行自我革新不仅需要能力还需要勇气，三余巷村原来的当家人就具备这种能力和勇气。三余巷村并入华西村，不仅能够从华西村得到资金支持，更重要的是引入发展理念，三余巷村从而进入发展的快车道。乡村振兴虽然需要资金支持，但发展理念是最重要的发展基础，乡村发展不能总是依靠外部援助，通过扶贫方式改变发展状态，"智"和"志"才是乡村振兴的支撑，前者强调的是能力，后者强调的是勇气，乡村振兴在这两个条件基础上才会将好的想法变成实际行动，并且能够持续地做下去。自我革新能够让思想富裕起来，这才是乡村振兴的源头。乡村振兴需要发掘既有资源和引入优质资源，三余巷村通过嫁接的方式让村子具有了强大的发展基因，从而快速从既有思维条框中挣脱了出来。三余巷村的原当家人的另外一个优秀素质在于能够急流勇退、选贤任能，主动推掉既有行政职能，让更优秀的人作当家人，自己会由穷变富，整个村子的发展局面也迅速得到改变，这就是"讲政治，有信念；讲道德，有品行"。

（六）精神引导力：用正确的舆论引导人

走进河南省临颍县南街村，在很多居民楼的墙壁上都可以看到醒目的口号，其中有一句是"傻瓜种瓜，种出傻瓜，唯有傻瓜，救得中华"。南街村在进行共产主义社区的伟大尝试，村民的基本生活用品都是实行配给制，村干部领到的工资一直规定为 250 元。250 是"傻瓜"的意思，目标就在于让村干部发扬"傻子精神""奉献精神"，为南街村注入持久的发展动力。"傻子精神"就是南街村得以持续发展的精神引导力。任何一个已经取得了突出发展成绩的农村，都需要有这样的精神引导力，前文论及的三元朱村的王乐义、华西村的吴仁宝，在灵魂深处都无时无刻不在为全村百姓释放着这种精神引导力。除此之外，像河南刘庄的史来贺、江苏省蒋巷村的常德盛、山西省西沟村的申纪兰等，通过不断奋斗将此前的穷山恶水变成了世外桃源，生活在这些村庄中的村民都切实感受到了幸福的真正内涵。我国现在的主要矛盾是"人民日益增长的美好生活的需要和不平衡不充分的发展之间的矛盾"，人们已经度过了对物质财富的强烈追求阶段，转而对精神层面的追求变得更强烈。乡村正处于转型阶段，在此过程中更加需要健康向上的精神鼓舞，村子当家人的思维方式对村民的行为方式会产生很大的影响。晚年的吴仁宝在村民都相继住进欧式别墅中时自己仍然住在 20 世纪 70 年代修建的老房子中，老书记认为这就是一种精神激励。常德盛也认为"穷不会生根，富不是天生"，只有精神变得足够强大，村子才会具有旺盛的发展力。但凡已经取得突出成绩的乡村都有强大的精神支撑，在循环累积效应下使农村已经具有了厚实的精神积淀，"精神振兴"也是乡村振兴中的应有之义。

# 第6章

# 服务误区、主体缺位与空间重构：
# 乡村公共文化内卷化困境与对策

乡村文化在乡村振兴中扮演着重要角色，行政主导下的乡村文化建设存在供需不对称、重"植入"轻"培育"问题，再加上行政力量的不恰当介入和商业化运作湮没了乡土本真文化，村民成了乡村文化建设的"观众"，进而导致乡村文化的执行主体、承接主体、责任主体和参与主体缺位，出现乡村文化内卷化困境。这需要通过创新文化服务的供给机制，从空间的角度理解乡村文化建设，重构乡村居民的生活空间、物理空间、价值空间和制度空间。通过空间转向建构社会资本，提升乡村居民信息交换效率，提升互信水平，拓展行政权力与乡村居民的对话通道，降低居民在实践活动过程中的次优选择可能性，形成乡村文化发展共同体。乡村发展环境已经从初期发展阶段时专注农业产业转轨到目前的乡域整合发展格局，乡村公共文化服务的目标在于转变乡村居民的生活态度、价值观念，形成基于乡村本真的文化氛围，提升村民的内在素养。

## 一、引言

党的十九大报告提出了乡村振兴战略，在乡村发展过程中要坚持"产业兴旺、生态宜居、乡风文明、治理有效、管理民主"的发展要求。"乡村"替代以往"农村"的提法，是从以往以产业角度审视农村转向以空间角度审视乡村，乡村空间有别于城市空间，在发展过程中需要遵循自身的发展逻辑①。乡村振兴说到底是乡村文化的振兴，乡村振兴的总体要求是"五位一体"总体布局在乡村发展进程中的实践形态。文化是乡村振兴的精神，可以通过乡村发展的各个层面展现出来，乡村文化的充分发展能够将乡村振兴过程中的各个要素整合在一起，强化乡村区域经济发展的内聚力。乡村公共文化具有知识性、价值性、规范性，这成为乡村公共文化的三张面孔②。乡村振兴战略提出以来，很多专家学者从乡村公共文化服务建设角度提出看法，为乡村振兴战略提供理论支撑，很多文献非常关注乡村公共文化空间弱化的问题，进而关注公共文化服务的供给效率问题③。乡村公共空间是村民集体记忆的共同载体，也是村民在长期交往过程中形成区域文化和社会规则的载体④。乡村公共空间是乡村社会的重要组成部分，以其丰富的内涵和独特的形式对乡村社会、经济、文化的发展产生深远影响⑤。但在发展过程中存在公共空间强势植入、城市文化霸权、主题偏向和公共性缺失等问题⑥，乡村

---

① 张培奇，胡惠林. 论乡村振兴战略背景下乡村公共文化服务建设的空间转向 [J]. 福建论坛：人文社会科学版，2018 (10)：99 - 104.

② 印子. 乡村公共文化的面孔、式微与再造——基于湖北农村老年人协会建设实践的分析 [J]. 南京农业大学学报：社会科学版，2015 (2)：1 - 8.

③ 鲍丽娜，谭刚. 乡村振兴战略下的农村公共文化服务供给效率研究——基于边疆少数民族地区的分析 [J]. 江西农业学报，2018 (8)：144 - 150.

④ 吴燕霞. 村落公共空间与乡村文化建设——以福建省屏南县廊桥为例 [J]. 中共福建省委党校学报，2016 (1)：99 - 106.

⑤ 李志农，乔文红. 传统村落公共文化空间与民族地区乡村治理——以云南迪庆藏族自治州德钦县奔子栏村"拉斯节"为例 [J]. 学术探索，2011 (8)：61 - 65.

⑥ 胡全柱. 文化自觉视角下乡村公共空间探析 [J]. 河南大学学报：社会科学版，2016 (1)：62 - 69.

公共文化服务建设需要重视文化空间的重构①，强化乡村文化地标在乡村公共文化空间建设中的作用②。通过重建乡村居民的公共生活③构建起一种多元、有序的乡村公共伦理价值，规范乡村居民的生活态度、价值观念④，为乡村文化建设创造条件⑤，乡村公共文化建设也要注重公共空间的修复⑥。在乡村社会经济发展进程中，乡村公共文化活动日渐式微⑦，满足现代文化需求的空间边缘化、被动化⑧，乡村公共文化空间已经或者正在被切碎，对形成有意义的公共文化生活形成阻力。公共文化空间不同程度地弱化成为乡村文化振兴的软肋，经济分化形成的社会分层也导致了乡村公共文化的圈层化发展⑨。乡村社区文化是农民日常生活所共同享有的处境化经验及其价值规范⑩，其中包括了知识、信仰、道德、习俗以及群体成员在交往中习得的能力和习惯等。

在乡村文化发展的多个层面中，乡村公共文化的发展状态标志着乡村居民享有文化资源的水平，从而能够彰显乡村文明的进步程度。乡村公共文化服务实质上是对乡村文化发展样态产生影响并促使其发生改变的过程，这是相同场域内的乡村居民能够共享的文化符号系统，居民在对其消费过程中通过获得的文化观感和价值形成，对自己的观念、行为等产生影响并对其进行

① 周尚意，龙君．乡村公共空间与乡村文化建设——以河北省唐山乡村公共空间为例 ［J］．河北学刊，2003（2）：72 - 78.

② 邵佳．以公共文化空间为形态的乡村文化地标研究 ［J］．中共宁波市委党校学报，2015（2）：111 - 114.

③ 马永强．重建乡村公共文化空间的意义与实现途径 ［J］．甘肃社会科学，2011（3）：179 - 193.

④ 申鲁菁，陈荣卓．现代乡村共同体与公共伦理文化诉求 ［J］．甘肃社会科学，2018（2）：18 - 23.

⑤ 陈庚，崔宛．乡村振兴中的农村居民公共文化参与：特征、影响及其优化——基于 25 省 84 个行政村的调查研究 ［J］．江汉论坛，2018（11）：153 - 160.

⑥ 段德呈，杨茹．三益村公共空间修复中的乡村传统文化重拾路径研究 ［J］．西部人居环境学刊，2018（1）：7 - 12.

⑦ 吴理财．乡村文化"公共性消解"加剧 ［J］．人民论坛，2012（4）：64 - 65.

⑧ 张琳，刘滨谊，宋秋宜．现代乡村社区公共文化空间规划研究——以江苏句容市于家边村为例 ［J］．中国城市林业，2016（3）：12 - 16.

⑨ 宣朝庆，韩庆龄．文化自性与圈层整合：公共文化建设的乡村本位 ［J］．学海，2016（3）：65 - 71.

⑩ 吴理财．处境化经验：什么是农村社区文化以及如何理解 ［J］．人文杂志，2011（1）：143 - 147.

修正，从而对乡村治理秩序产生影响的过程。因此乡村公共文化的重点在于其能够在公共场域内通过乡村居民在消费和吸收公共文化过程中，使观念、行为发生改变，彼此之间能够有更强的合作意识，通过协同互补降低内耗而形成既定乡域内的经济共同体，在互通、互惠、互信过程中提升协同发展水平，通过充分的信息交换构建正和博弈的互动平台，在促进乡村文化经济发展过程中减少次优选择，在循环累积效应逐渐放大过程中提升乡村文化自组织样态的内生动力，防止内卷化问题的发生。目前有关乡村文化发展的文献主要集中在文化产品供给的体制机制困境以及公共文化服务的供给模式等方面，在公共文化服务发展样态的区域化精准配置等方面仍然存在较大欠缺。改革开放以来，乡村正在发生山乡巨变，乡村居民对乡村文化的发展样态具有异质化、丰富化、多样化的需求，这就需要对乡村公共文化的区域性需求进行针对性分析，但在这方面仍然欠缺系统性分析。在乡村公共文化发展过程中存在外生性和内生性两种不同的文化样态，前者是以政府为主导的自上而下的输入型的文化发展样态，政府行为影响下在广大农村腹地配置基础设施、投放发展资金、输入专业人才、兴办文化项目、开展文化活动，这种外生性的文化发展方式对乡村文化振兴起到了促进作用，这些外来的文化资源与本地的发展要求之间的耦合程度较差，在一定程度上降低了外生动力的有效性程度；后者是在既有乡村文化资源基础上发展起来的文化样态，这种自下而上的乡村文化发展方式存在底子薄、资源少、后劲差的问题，这种内生性的文化发展样态虽然具有很强的本土特色，但存在严重的内卷化问题，禁锢的思维方式和狭窄的视野严重阻碍了乡村文化实体经济的发展，在乡村区域经济发展中很难发挥牵引力的作用。乡村公共文化建设不在于"喊破嗓子"，而在于"甩开膀子"，但努力的方向一定要与服务对象的需求一致，因此有必要深入分析乡村文化振兴过程中内生性动力与外生性动力的作用方式，以及内生性动力不足的原因，尤其是要弄清楚乡村文化发展进程中内生性动力的内卷化问题，打破内卷化的低水平循环链条，对于提升乡村公共文化振兴的实施效果具有重要的开拓意义。

## 二、乡村公共文化服务实践中的内卷化困境

乡村公共文化服务建设中由于服务内容的供需脱节问题、建设过程中重

"植入"而轻"培育"问题，文化建设的项目化运作让乡村文化染上了厚重的商业味道，文化建设很大程度上变成了单纯的行政行为，乡村居民的呼应程度不高，乡村文化建设过程中的执行主体缺位、承接主体缺位、组织主体缺位以及参与主体缺位问题非常严重。文化服务"一阵风"，乡村文化建设在数量上不能增长，在质量上不能得到提升，乡村文化发展出现内卷化困境。

## （一）文化服务机制偏差导致乡村文化发展内卷化

### 1. 供需脱节弱化了文化阵地的有效性

乡村振兴战略从"五位一体"总体布局角度强调对农村居民生活空间的重构，目标在于改变乡村居民的生活方式，在发展过程中不再强调政治、经济，旨在从"五位一体"总体布局角度为乡村居民创造更加舒适的生活空间和发展空间，使乡村居民闲暇时间的增多和支配闲暇时间的能力增强同步发展。这就需要对乡村发展问题进行整体性思考。乡村文化阵地就是乡村居民生活空间转向的一种重要存在形态。文化阵地是在政府支撑下在乡村地区着眼于发展乡村公共文化而兴建的农家书屋、文化设施、文化中心以及文化信息库等，为发展乡村公共文化事业搭建平台。乡村文化振兴采取了多种方式文化惠农，但文化服务的供给侧与乡村居民的需求侧之间仍存在严重不对称，制度上的乡村文化与实践上的乡村文化相左，在文化产品供给的"最后一公里"不能与乡村居民的需求进行无缝对接，政府行政力量的文化发展具有的高效率与来自乡村居民的较低点赞呼声之间形成较大反差，"名实不符"问题的存在造成文化资源浪费。改革开放以来乡村居民的人口构成、需求构成在发生变化。城市化不仅在于城市数量的增长和城市人口的增多，还在于乡村人口的准市民化转化，乡村人口从农业产业析出向城市迁移也是优质人力资源和文化需求主体的迁移，乡村的文化需求力弱化和需求主体萎缩严重影响了乡村公共文化服务的长足发展。根据河北省保定市的一项调查统计，虽然在广大乡村地区建设了相当数量的农家书屋、文化中心以及其他文化公共设施，但很少有人到农家书屋阅读图书，甚至绝大多数人不知道文化站在何处。乡村居民参与乡村文化建设的积极性不高。根据相关走访调查资料，九成以上的乡村居民在观看地方戏曲和阅读传统图书之间进行选择时，对前者表现出更大的偏好。年轻村民常年外出务工，留守村民对政府提供的既有文化项目不具较强的消费愿望。政府的公共文化服务标准化、规范化的供给与村民多元化、多层次的需求之间不能对接。因此乡村公共文化阵地的构建忽视了乡村居民的需求愿望表达，大体量的阵地建设并未形成大体量的有效供给。

2. "植入"强于"培育"致乡村缺乏文化再生能力

自从实行以城带乡、以工促农的强农惠农政策以来，国家以农业丰、农民富、农村稳为目标，不断推进农村经济、文化发展，关心下一代工程、阳光工程、科技扶贫和文化惠农以及在实施乡村振兴战略过程中的文化下乡等措施，都体现出"植入"的思想，通过"植入"将更多的文化产品送到乡村居民的身边，文化服务多以文化活动、图书资源等方式进行。这些送出去的项目一般与村民的实际生活距离较大，文化产品既不能反映村民的实际生活也不能融入生活当中去，不能激发村民的参与热情。在村民看来，乡村文化振兴必须将文化内涵与常态化的生活联系在一起，不仅能够提升村民的生活质量，还能够将文化资源转化为经济收益，文化要素应该是促进区域经济发展的重要参量。但这些依托财政支撑的文化下乡的服务项目，主要是以相关行政部门完成任务为前提，具有即时性特点的文化服务因不能融入村民的生活当中，乡村发展中仍然缺乏支撑经济发展的文化种子。"植入"文化相对于"培育"文化显得更加轻松和直接，前者主要以文化活动的方式进行，相关行政部门可以组织具有较高专业水准的艺术团队完成任务，而且可以在较短时间内形成社会影响，但这样的"植入"文化方式对乡村的影响是"水过地皮湿"。能够从根本上产生影响的是"培育"文化，这需要组织专业队伍深入农村进行调查，根据乡村实际开发针对性的发展方案，基于本土文化、嫁接他山之石，创新文化与实际生活融合机制，这种"培育"文化的过程耗时长、见效慢，还要面对失败的风险。经济学理论认为，理性经济人在面临不确定风险时，会在谋求交易费用降低过程中做出次优选择，降低风险的同时效用水平也会相应降低，乡村居民作为公共文化的服务对象也会蒙受因效用水平降低而造成的损失。公共文化空间是乡村居民生活空间的重要组成部分，在这样的文化场域内进行沟通，在享受文化产品中得到情感交流，进而提升乡村居民的幸福感。

（二）行政影响与商业运营导致乡村文化发展内卷化

1. 行政干预与乡土文化分离

乡村公共文化发展是在政府的行政干预下自上而下进行的资源配置，相关行政管理部门将文化惠农、文化下乡作为政治任务完成，在具体实践中表现出的主要问题有：其一是公共文化服务的供给侧标准化、单一化；其二是公共文化服务供给侧与乡村居民需求侧缺乏完善的对话机制。一方面，文化服务产品不能与乡土文化紧密整合在一起；另一方面，服务产品是按照城市的思维方式供给，目标在于改变村民的生活方式，将村民从传统的乡土文化中抽取出来，文化服务的非农化理念与村民固有的乡土文化情怀间存在矛盾。村落与城市社区不同，前者是基于血缘关系在既定场域内在长期交往过程中形成的具有相似兴趣需求的群体，群体成员相对稳定，彼此信息交换充分，相互间在信息对称基础上对对方行为能够产生稳定的心理预期，该群体对长期以来形成的乡土文化具有强依赖性；后者由于具有异质性和碎片化特点，社区居民变动性较大，不易对社区形成长久记忆，居民对既定场域的依赖性较弱，社区成员频繁变动导致彼此的信息交换成本较高，对社区的归属感也相对较弱，接受的文化服务也存在多元化、异质性特点。乡村文化服务按照城市模式对乡村进行非农化影响，以期对乡土文化进行重塑，于是行政服务的预期与乡村居民的预期之间存在冲突，降低了乡村文化服务的有效性。

2. 行政导向与文化需求错位

通过乡村公共文化服务建设满足乡村居民的文化需求，只有供需对称才能够变村民的潜在需求为现实需求，也才能将文化供给变成有效需求。单纯从行政角度出发而与村民需求不对称的文化供给，就将公共文化服务机械地理解成为村民文化素质的提升、文化基础设施建设和文化活动的组办。这些做法将乡村公共文化建设简单化，忽视了文化服务中包含的文化空间的创造内涵，在乡村场域内没有形成以人为核心的文化空间建构体系，将人的思想发展游离于物理的文化基础设施之外，乡村文化振兴的生活空间的建构需求与行政指导下的文化设施供给之间缺乏一致性。前文论及，目前的乡村文化服务带有很强的行政色彩，但文化服务的供给与乡村文化需求之间经常出现错位。行政强制下的文化服务不具有持续性，村民得到的是一场演出或者一次报告，阳春白雪的文化服务与底层村民的文化需求之间不能无缝对接。乡村居民居住分散且文化欣赏水平存在较大差别，标准化、规范化的文化产品供给湮没了村民的个性化需求。文化供给的方向是"向下"，而服务提供者的考核者则是上级主管部门，因此"考核在上"和"需求在下"错位进一步导致了文化工作人员"眼睛向上"和"服务向下"，乡村居民在对文化服务供给方的考核制度中缺位，文化服务对象不能与上级行政管理部门直接对话，使得乡村文化服务机制中缺失了管理文化，基层文化行政部门对乡村居民的文化供给低于其向上级行政管理部门的文化服务承诺。行政导向与文化需求严重错位，说明乡村公共文化服务缺乏基于乡村场域的村民与行政权力的对话机制，村民的文化需求愿望不能得到真实表达。乡村公共文化服务的行政化处置方式也在一定程度上侵占了乡村文化内生动力得以张扬的舞台，造成乡村文化发展的承接主体、组织主体和参与主体的主体意识淡化，对行政力量的干预表现出很强的依赖性，成为乡村文化"风景"的观光者。乡村文化服务的强力推进与低水平运转问题同时存在，文化服务也出现了内卷化问题。

3. 商业操作与文化本真隔断

乡村公共文化服务主要通过项目拉动，项目拉动具有目的明确、责任清晰、运转有序的特点。但是缺陷也很明显，这些项目在运作过程中一般都是将服务内容打包推向乡村，打包的内容中有很多并不贴近村民的真实需求，同时打包过程更多掺杂的是行政意愿，村民作为乡村文化的服务对象，不具备甄别打包内容的选择权。前文论及，村民是基于乡土文化而形成的群体，对本真文化具有强依赖性。存在供需不对称的乡村公共文化在一定程度上会对乡土本真文化形成冲击。项目运作过程中会介入更多的商业操作，在利益诱导下文化服务供给者会将乡土本真文化分离出来进行职业化、商业化运作，淳朴的乡村文化在市场机制的挤压下生存空间变得很狭窄。商业化运作后的乡土文化成为行政干预下乡村文化建设项目的俘虏。前文论及，在乡村文化振兴过程中存在外生动力和内生动力，外生动力需要通过内生动力才能够更好地发挥作用，强化乡村文化的区域特色，这需要外生动力适应内生动力，并在与本真文化对话过程中形成不失本真色彩的乡村文化。但目前的乡村文化发展过程中，在行政强制力的影响下让本真文化服从行政干预，通过商业化运作夸张地表现本土文化，乡土文化发展以失去本真为代价谋取商业利益，乡土文化在这种发展机制作用下进一步强化了乡村文化商业化的张力。

（三）文化主体缺位导致乡村文化发展内卷化

行政管控下的资源输入只是乡村文化发展的外生动力，外生动力只有与内生动力整合在一起，并且激发内生动力才能够构建起乡村文化的持续发展格局。但乡村文化服务发展过程中的行政压力机制、供给侧与需求侧不对称等问题的存在，导致乡村公共文化建设的主体缺失。乡村公共文化建设的主体应该包括承接主体、组织主体和参与主体三个层面，在乡村文化服务发展方面分别与承担建设责任、发挥组织作用和扮演建设主角相对应，但是现行体制机制下三方面的主体都面临缺位问题。

1. 乡村文化建设的执行主体缺位

乡村公共文化服务不能缺少执行主体，负责文化或者宣传职能的行政机构是乡村公共文化服务的执行主体，由其负责组织专业人员对乡村推出文化服务，执行主体在选人、做事、用钱等各个方面都是具体的操作员。前文论及，乡村地域广大且发展基础存在较大差异，异质性和碎片化特点决定了乡村文化服务也需要量身定做，有针对性的服务才是有价值的服务。但乡村文化服务受到时间节点、服务内容、财政限制等多方面的约束，行政部门工作的连续性不易保持，而乡村文化发展需要在时间、空间、内容、主体等多向度上进行充分考虑，既要做到在点上突出，又要做到在线上连续，这样就会在短期收益与长期发展之间出现矛盾，文化服务的供给方作为理性经济人在实践中就会做出次优选择，在保证点上突出的同时弱化了线上连续。村民在乡村文化发展问题上不存在稳定预期。行政部门作为乡村公共文化服务的发起者，在履行职责过程中通过次优选择降低工作成本而谋求短期效益增加，实际上已经出现执行主体缺位问题，不但降低了文化服务政策的长期有效性，而且在一定程度上助长了文化建设中形式主义问题的发生。乡村发展样态的变化最终需要文化托底，文化为乡村发展贡献价值观和生存态度。执行主体缺位的结果是农村文化发展物理空间的文化灵魂缺失和生存态度掺水，文化建设的行政行为不能得到村民呼应，"雷声大、雨点小"的文化惠农给村民的印象是"折腾"而不具获得感。

2. 乡村文化建设的承接主体缺位

在乡村公共文化发展过程中，乡村自治委员会是承接主体。从理论上讲，乡村自治作为一项基本政治制度在乡村治理过程中依法行使民主权利，在农村社会经济发展过程中实行自我管理、自我教育和自我服务。在乡村公共文化的发展层面，乡村自治组织作为承接主体，存在弱治理以及制度层面的自治与实践上的自治"名实分离"问题。前者即社会秩序混乱、日常生活无序和公共服务缺乏①。后者即乡村自治组织虽然在制度层面是非官方的不具有行政职能的服务村民的自治组织，但在实际运行中却作为镇级政府机构在乡村的派出组织而存在，在日常生活中履行镇级政府派发的行政职能。因此，很多村民自治组织实际上是一级准行政组织，在乡村发展过程中引导经济建设的功能不足。在乡村公共服务建设过程中，乡村自治组织理论上在村民与行政组织间扮演着桥梁角色，在乡村公共文化建设方面应该承担起治理主体、召集主体、规划主体、实施主体的责任，将村民对公共文化的需求与政府的文化供给串联在一起。但乡村自治组织实际上只是扮演着"传达指示"的角色，在消除公共文化供需不对称过程中并未很好地履行承接主体责任。政府行政管理主体对乡村的多元化文化需求状态了解程度不够，乡村自治组织在实践上的消极治理与积极应对造成乡村公共文化服务承接主体严重缺位。

3. 乡村文化建设的组织主体缺位

联产承包责任制的实施以及城乡二元经济结构的打破，在城乡存在劳动力边际收益严重不对等的情况下，农业生产中析出的大量劳动力通过进城务工找到了生活坐标，农民工进城务工在一定程度上抽空了发展乡村文化的动因，传统经济时期的集体组织的号召力、组织力也同时被削弱，村民的生活状态、联系方式也在递变，村民为了降低生活、生产中可能发生的不确定性风险，代替集体组织号召力的以家族为单元的组织方式成为主流。非正式组织代替正式组织的发展趋势严重削弱了乡村自治组织的组织力，其结果是村民以血缘、趣缘为纽带建立起来的非正式组织进一步将村民群体细碎化，在发展乡村文化过程中面临组织主体缺失问题。在该过程中家族代表实际上成了村民代表，在公共事务发展过程中村民代表的意见或者建议实际上就是家族利益间的博弈，博弈主体多元化以及认识事物视角不统一，私利性的动机初衷与公共事务发展之间存在矛盾，因此在乡村公共文化服务的具体问题上不能形成一致性意见。细碎化的村民群体单元的认同范围开始缩小，乡村自治组织在乡村公共事务发展过程中的组织主体地位被削弱，在面临公共事务时"不愿管""管不好""管不了"已经常态化。乡村公共文化服务的受益主体是全体村民，但组织主体缺位延缓了乡村公共文化服务事务的发展

---

① 戴文亮. 乡村自治的"弱治理"困境及突破 [J]. 生态经济, 2013 (6): 41-45.

进程。

4. 乡村文化建设的参与主体缺位

乡村文化是乡村共同体得以延续的平台，但是城市化、工业化正在使乡村村落走向终结，村落公共空间也正在走向颓废①。村落公共空间通过公共场所、公共权威、公共活动、公共资源等对村民的日常行为产生影响②，使村民的生活精神状态发生转变，对村庄的价值体系产生影响，决定着村庄价值观的延续以及村落的发展状态。城乡二元经济结构的打破和从农业产业中析出的富余劳动力进城务工，城乡间也在进行生产力的重新布局，乡村的文化精英以及生产主体向城市迁移，使得农村经济文化发展缺少了动因。这个过程需要随着城市化进程结束并且在城乡劳动力的边际收益相当时，才会在逆城市化阶段内促进劳动力回流，在离乡势能大于回乡势能的情况下存在指向城市的梯度力，青壮年劳动力的城市创业定位弱化了对乡村发展布局的思维前提，乡村文化发展与进城务工的村民间缺失了对话基础，理性经济人会按照投资收益对等原则展开实践，进城务工村民长期在城市务工，降低了乡村公共文化发展的受益预期，从而也会相应降低在乡村公共文化建设方面的投资愿望。进城务工村民虽然经历了"离土不离乡"到"离土又离乡"的发展历程，但在承继乡村本真文化方面是重要载体，当政府行政强制下的乡村文化发展机制与村民之间对话受阻时，会进一步降低乡村文化发展进程中的村民主体角色，传统印象中的乡土文化被商业化的文化运作所湮没，进一步弱化了进城务工人员与留守村民的乡土情怀。因此，行政强制下的乡村文化发展样态对于乡村文化而言既是参与主体缺失的结果也是促成原因。参与主体缺失进一步弱化了组织主体缺位和承接主体缺位，提升了乡村公共文化发展的艰巨性和复杂程度。

---

① 鲁可荣，程川. 传统村落公共空间变迁与乡村文化传承——以浙江三村为例 [J]. 广西民族大学学报：哲学社会科学版，2016（6）：22–29.

② 董磊明. 村庄公共空间的萎缩与拓展 [J]. 江苏行政学院学报，2010（5）：51–57.

## 三、乡村文化发展内卷化逻辑的理论支撑与乡村公共文化发展的空间重构

### （一）乡村文化发展内卷化逻辑的理论支撑

根据前文，无论是乡村公共文化服务机制的偏差还是不恰当的行政干预，抑或是过头的商业化运作，都会降低文化服务的亲和力，虽然政府在强力推进但效果并不明显，乡村公共文化事业的发展进入内卷化的怪圈，此间乡村公共文化服务的供需脱节以及在文化服务实践中存在的重"植入"轻"培育"问题，在乡村文化发展内卷化过程中扮演着重要角色。实际上内卷化问题并不陌生，很长时间以来学术界就对内卷化问题非常关注①。"内卷化"概念由美国人类学家戈登威泽（Alexander Goldenweiser）首次提出，后来克利福德·格尔茨（Clifford Geertz）在《农业内卷化——印度尼西亚生态变迁的过程》一书中提出农业内卷化概念②，认为农业内卷化（agricultural involution）是"一种社会或文化模式在某一发展阶段达到一种确定的形式后，便停滞不前或无法转化为另外一种高级模式的现象"。"内卷化"成为社会文化发展迟缓的专用表述，出现内卷化问题后，社会在一定的社会文化发展形态徘徊，无法转型到新的形态上去，社会进入一个低水平、慢节奏的循环怪圈。克利福德·格尔茨引用农业内卷化概念描述印度尼西亚爪哇地区的农业生产问题，在劳动力不断填充到有限的水稻生产过程当中时，导致劳动的边际生产力下降而水稻产量无法持续上升。从经济学角度看，这是当可变资本连续投入到不变资本过程中超过一定量时，单位可变资本能够分享的不变资本变得相对有限，于是可变资本相对于不变资本变得更加多余，单位可变资本能够创造的纯利润就会逐渐降低，可变资源即使投入再多，生产过程也只能在较低水平上运转。杜赞奇将克利福德·格尔茨对内卷化的认识延伸到国家政权领域，引申出政权内卷化概念，认为政权内卷化与农业内卷化的主要相似

---

① ［美］黄宗智. 华北的小农经济与社会变迁［M］. 北京：中华书局，1986：65-66.
② GEERTZ CLIFFORD. Agricultural Involution：The Process of Ecological Change in Indonesia［M］. Berkeley and Los Angeles：The University of California Press，1963：80-82.

之处在于，没有实际发展的增长、固定方式的再生和勉强维持①，政权内卷化是一种行政权力低效的状态。用内卷化认识公共文化产品的供给问题，就是乡村振兴过程中虽然财政投入在增加，但由于供需间并未实现无缝对接并且没有将村民激发为乡村文化建设的主体，导致乡村文化发展的内生动力不足，发展乡村文化的外生动力未能本土化并内化为乡村文化发展的动因，乡村文化供给模式固定化以及村民对乡村文化低水平发展预期，从而导致乡村文化服务进入内卷化的恶性循环。由此看来，内卷化问题虽然是一种社会现象，但有其存在的制度经济学和制度管理学依据。内卷化的怪圈在于经济文化发展的体制机制不合理，需要通过创新经济机制，在社会群体中创建个体间信息充分交换的机制和形成平等对话的语境，造成协同互补的正和博弈的发展格局，在互通、互信过程中建构社会资本。行政力量在乡村文化发展跳出内卷化怪圈过程中发挥着重要作用，这需要降低行政控制权，让权力重心下沉形成权责对等的管理机制，从精英管理变为公众管理，通过村民智库建设实现乡村自治，以螺旋式上升新机制替代内卷化徘徊旧局面。

（二）空间重构：破除乡村文化发展内卷化逻辑的发展对策

物质文化活动都是在既定空间内发生，空间为具有相同情趣和发展预期的人群提供了对话空间和语境，列斐伏尔（Henry Lefebvre）认为，（社会）空间是（社会的）产物②，空间是在历史过程中生产出来的，表征着一种社会关系。公共文化的发展目标也是要在乡村场域内建构一种生活空间，村民在该空间内进行信息交换、情感交流。乡村文化振兴就是在行政力量主导下通过在乡村兴建文化服务基础设施、注入文化建设资金和输送文化服务资源，重新建构乡村场域的文化生活环境，让乡村居民能够零距离感知文化和融入文化创造当中，让村民在重新建构的文化环境中感受文化氛围的渲染，从而能够保障村民享受公共文化服务的权利。乡村公共文化服务建设，不能将文化设施、文化活动、文化资源等孤立认识，这实际上是以物理空间为载体，基于制度空间创造活动空间的过程，制度空间和物理空间都是活动空间的前

---

① ［美］杜赞奇. 文化、权力与国家——1900～1942 年的华北农村 ［M］. 王福明，译. 南京：江苏人民出版社，1996：66－67.

② HENRY LEFEBVRE. The Production of Space ［M］. Translated by Donald Nicholson-Smith. Oxford UK：Blackwell Ltd，1991：25－26.

提条件。因此，在有关乡村地域的发展问题上，此前都在提"三农"问题解决、新农村建设等问题。从"农村"到"乡村"的改变，不仅是表述概念的变化，更是思维方式的变化，乡村是一个地域整体，乡村的改变是村民生存空间的变换，从而将对乡村的认识从产业思维向度转变为空间思维向度，认识到乡村发展中存在的问题以及解决这些问题的方式，需要从生存空间角度将诸多要素整合在一起考虑，从系统论和普遍联系角度思考问题，重新建构乡村居民的生存空间，才能使问题得到根本解决。美丽乡村建设、风情小镇建设、乡村振兴战略等提法都真正从空间角度思考问题，为乡村发展环境的改善和发展质量的提升建构了统合性思维基础。

1. 乡村公共文化服务的生活空间重构

公共文化空间是公共文化服务的重要实践形式，建构的完善程度会对乡村居民的日常生活方式、生活内容甚至村民间的交往方式产生影响，会对既定场域内的村民间的对话方式、村民与生存环境间的对话方式、村民与政府行政组织间的对话方式产生影响，实际上就是在重新建构村民生存的文化空间。改革开放以来乡村居民的生活方式正在发生变化，劳动生产力的提升、就业方式选择权多样化以及退耕还林还草等使村民生产之外的自由时间增多，提升自由时间内的交往质量和丰富自由时间内的生活内容，成为发展状态率先得到改变的乡村居民的普遍愿望。这就需要重新建构乡村居民的精神文化空间，打破传统经济时期乡村文化生产不足、文化内容单调和文化环境较差的低水平约束，通过构建文化基础设施、丰富文化内容、繁荣文化形式等激发村民享受文化的热情和参与乡村文化建设的愿望，实际上就是对乡村居民的文化生活空间的重构过程，也是村民与物理空间的对话过程。只有将文化物理空间融入村民的日常生活，潜移默化地让既有生活方式发生改变，激发村民的文化消费欲求并提升村民的文化品位，通过融入、体验和改造文化氛围建构生活空间，乡村公共文化服务才能够成为以文化制度空间、文化生活空间、文化物理空间以及村民行为方式等为变量的函数，乡村公共文化服务与乡村居民行为方式改变紧密整合在一起，乡村居民成为建构新型生活空间的主体。

2. 乡村公共文化服务的制度空间重构

乡村公共文化服务建设是在政府行政力量主导下通过财政倾斜而重构乡村居民文化生存空间的过程。根据前文分析，这种压力型的、单向的、以完成任务为指向的文化服务，在放大村民的文化生活空间方面存在制度性障碍，只有将这种"注入式"的制度设计重构为"生产式"的制度设计，理顺服务对象与文化供给主体间的关系，通过在乡村培育出文化增长点激发村民的参与热情，培养乡村公共文化建设的种子。乡村自治委员会在承接乡村公共文化服务方面发挥着重要作用，但目前的乡村自治委员会实际上是准行政组织，在工作过程中将主要精力放在传达指示和完成任务方面，乡镇对村委会的绩效考核也主要关注完成任务的数量。在乡村治理现代化进程中，倡导重心下移、钱随事转、权为事谋，以这样的理念作为做事的前提，就会使乡村公共文化服务建设在乡村落地生根，在乡域内培养出具有本土特色、源自乡土本真、融合百姓生活、着眼乡村发展的乡村文化。乡村文化建设的制度空间转向是物理空间转向和生活空间转向的基础，只有从根本上实现制度空间的转向，才能够充分发挥村民建设乡村文化的自主权，通过自下而上的诱致性制度变迁让村民在乡村文化建设中贡献智慧。

3. 乡村公共文化服务的物理空间重构

实践活动需要附着在具体的物理空间内，人们在具体的物理空间内展开实践活动，受到既定物理空间的约束并改变着物理空间样态，从而改变物理空间的社会化进程，在此期间人的本质得以对象化、具体化和时间化并推动社会持续发展。实践行为在改变物理空间过程中，也将这种改变沉淀下来并以一定的物理空间形式进行积累，成为实践活动与物理空间进一步互动的基础。按照这种逻辑，乡村公共文化服务空间的重构就是精神文化产品以物理空间方式结晶化的过程，人化自然过程中重构的物理空间就成为承载着更加丰富的文化内涵的载体，从而在更高程度上优化乡村居民与物理空间之间的互动质量。因此，在行政力量主导下重构乡村文化物理空间的过程，就是对乡村居民输送价值观从而改变村民生活方式、生活态度、生活目标的过程，进而村民间的互动方式发生改变。因此，在乡村公共文化建设过程中，需要以村民生存的物理空间建构为载体，以改变乡村居民的价值取向为目标，最终促成村民生活态度的改变。乡村文化振兴首先改变的是村民生存的物理空间，新的物理空间促进村民之间对话方式改变，生存追求、思维方式等发生置换。文化服务需要弄清楚"送"文化与"种"文化的关系，只有"志"与"智"的增长才是文化服务的人化自然目标，村民从而将文化内化于心、外化于行，在乡村文化振兴中成为文化建构的主角。

### 4. 乡村文化建设服务的价值空间重构

前文论及，乡村公共文化服务进行的空间重构，虽然直观地表现为物理空间重构、生活空间重构，但制度空间重构是支撑，价值空间重构才是根本。改革开放四十多年来，乡村正在发生山乡巨变。几十年前农民挥舞镰刀奋力收割的田间景象已经被大型的机械化设备所替代，农村居民间基于血缘关系和熟人社会的社会网络也正在被打破，这些外在表象背后是村民价值观的变化。村民的当家人也从计划经济时期的行政任命转变为"海选"，韦伯的官僚制度下的当家人才是村民心中的预期，这是村民价值观念变化的结果，村民要通过海选当家人为乡村发展组好队、带好头、致好富，村民不需要单纯会发指示、作报告的讲在嘴上、落到纸上、浮在面上的当家人，自上而下指导下的乡村自治的诱致性变迁通过价值重构丰富着乡村文化的内容。因此乡村公共文化建设不只是体现在一场戏或者一段歌，而是要通过营造文化氛围实现乡村居民价值空间转向，为政治、经济、文化、社会、生态等发展样态的整体完善奠定基础，改变城市化初期村民对经济发展的单向度追求。价值空间重构是理论上追求的一种高度，对于普通村民而言，需要将价值重构分解为大众化的行为方式，自然地融入百姓的日常生活，通过行为自律实现帕累托改进，增加与其他村民个体的合作愿望，在信息充分交换过程中建构社会资本，促进乡域社会资本存量增加，促进乡村文化积累和推进乡村自治水平提升。

## 四、研究结论

乡村公共文化建设是乡村振兴战略的兜底工程，乡村文化的发展不足会成为乡村各项事业全面发展的严重瓶颈。但是当前乡村经济社会的发展局面说明内卷化问题非常严重。乡村公共文化服务的服务机制存在偏差、行政权力的不恰当影响以及文化服务的商业化运作，都在不同程度上使乡村民众与乡村文化发展剥离开来。文化阵地的供需脱节以及文化服务层面重植入轻培育的状况急需得到改变。文化服务的执行主体、承接主体、组织主体和参与主体的缺失也成为乡村文化发展内卷化逻辑的重要参量。改革开放四十多年来，我国在农业、农民、农村发展问题上不断推出新举措，通过以城带乡、以工促农方式提升乡村发展后劲，在发展理念上也从最初的农业产业角度考虑问题转向了从乡村乡域角度考虑问题。乡村振兴是政治、经济、文化、社会、生态等全方位的综合发展过程，乡村公共文化服务建设，对乡村产生的影响不是局限在某个特殊方面，而是要从需要重构乡村居民生存的文化空间角度考虑问题，以文化为基础渲染乡村社会的其他方面，单纯从经济角度考虑问题就会存在偏差。乡村文化发展说到底是一种价值观念的输入，通过改变乡村居民的价值观念、思维方式、生活态度激发村民的文化情怀并形成道德自律，在村民群体中通过构建信息充分交换的互动机制，创造互通、互信的文化平台，在具体实践活动过程中降低因不诚信或者次优选择造成的交易费用提升。乡村文化发展需要将行政干预与乡土本真融合在一起，让村民在乡村文化建设中演主角，形成"政府搭台、群众唱戏"的发展局面，村民在强化对乡村社区的"我们感"过程中增强文化自信。在乡村社会中重构生活空间、价值空间、制度空间和物理空间，为乡村居民创新对话机制和塑造沟通语境，改变碎片化、异质化的文化发展状态，让文化融入乡村居民的日常生活中并成为生活享受。

# 第 7 章

# 公共文化服务：发达国家的
# 经验与我国的发展选择

　　发达国家发展公共文化服务的经验表明，效率、效果与公平是必须强调的三个抓手。在推进公共文化服务事业过程中，政府需要逐渐从具体事务中退出，只负责政策的制定，项目运作及效果评估都由第三部门完成。在具体操作方法上，英、美、日、德、俄、法、澳等国家的情况也存在差异，普遍化的做法是：投资主体正在趋于多元化，单一的政府财政投资的情况已经很少；支撑公共文化服务事业发展的文化机构主要是图书馆、档案馆、博物馆、歌剧院、美术馆、纪念馆等；分权管理、第三方评级以及第三部门介入正在常态化。发达国家发展公共文化事业的成功经验启示我们，除了应该在如上几个层面加强建设外，还应该充分考虑：尊重消费者的文化消费选择权；加强制度建设；构建志愿者团队；结合地方特色；保护文艺作品的版权。

## 一、发达国家公共文化服务产品建设的成功经验

### （一）美国："财政支撑 + 第三部门介入"

美国在构建公共文化服务体系过程中特别注重在两个层面做文章：其一是效率；其二是公平。这也是构建公共文化服务体系过程中首先需要论及的两个核心问题。"财政支撑 + 社会力量"成为美国兴办公共文化事业的支撑，在这两个层面中社会力量是主导力量，政府在其中主要是发挥协调作用。公共文化服务内容涵盖了公共图书馆、画廊、博物馆、游乐园、剧院以及公园等，在公共娱乐场所还经常会举办群众性的文艺汇演等。总体而言，美国主要存在五种类型的公共文化服务设施，即图书馆、博物馆、歌剧院、地标建筑和城市公园。图书馆是以学校图书馆、社区图书馆为依托建立起来的，馆内拥有丰富的图书资源，可以满足居民对图书的多样化需求；以博物馆和歌剧院为支撑的公共文化服务项目也都在内容和表现形式方面进行了精心设计，对百姓能够进行很好的文化熏陶；城市公园都会有完善的服务设施，让居民得到身心的休息；地标建筑也都是城市的文化地标，较大的知名度能够烘托城市的文化氛围。美国公共文化服务体系建设的特点就是公民广泛参与，即以政府为主导充分发挥第三部门的功能，第三部门是指非政府机构、慈善机构、志愿者机构、宗教机构以及免税机构等。在运行过程中，第三部门还可以接受个人或者营利组织的捐款供公共文化产品建设使用[①]。静态的文化产品包括图书馆、博物馆、歌剧院等与动态的文化产品包括电影节、音乐节、时装节、演唱会等都得到了充分发展。在第三部门的充分参与下，美国的公共文化场所密度非常高，居民可以方便地接受文化服务。除此以外，公共文化服务志愿者的运作机制也已经比较成熟，高素质的志愿者保证了公共文化服务的数量和质量。

---

① 孙辉.城市公共物品供给中的政府与第三部门合作关系［M］.上海：同济大学出版社，2010.

（二）法国："适度分权+签订契约"

法国认为，文化发展是国家发展的重要组成部分，这一点也深刻影响着法国的公共文化事业的发展，法国发展公共文化服务事业秉承的理念是"文化应该发挥公民教育的作用"，法国文化部规定："使法国人能够接触到全人类，首先是法国的文化精华，使法国的文化遗产具有最广泛的群众基础。"①在公共文化服务问题上，法国认为文化首先承载的是文化职能而不应该参与市场运作，这就是公共文化发展的"例外原则"。法国是一个管理高度集中的国家，但是在发展公共文化服务事业的过程中首先考虑的是分权，分权后对国家层面和地方层面的权力进行了明确界定：国家层面负责加强文化宣传、设立文化项目和拓展消费群体；地方层面的职责是建设文化基础设施、保护文化资源、丰富文化展现方式和丰富居民的文化生活。为了保证文化事业有效运行，法国设置了专门管理文化的部门。文化管理方式主要包括契约管理、集权管理和直接拨款。契约管理是文化管理的主要方式，通过签订契约的方式保证文化目标实现；集权管理是委派官员和相应的技术人员管理文化项目，保证文化设施正常运转；直接拨款即政府进行财政拨款，保证文化项目运转过程中的资金支撑。法国在公共文化服务的提供方面采取政府直供方式，即政府建立企业直接生产或者政府向非营利组织购买公共物品服务。政府在开放文化基础设施、文创投资、电影制作以及艺术表演等方面进行鼎力支持，政府开通各种通道发展公共文化事业，激发能人志士参与发展公共文化服务事业的热情。法国的公共文化事业的发展形式多种多样，包括国民合办、国办民助、国有民营、国助民办等多种类型②。

（三）德国："政府拨款+第三方评估"

德国的公共文化服务设施是依托博物馆、图书馆、档案馆、艺术剧院、文化遗迹、文化中心等既有基础设施建立起来的，并在文化资源的覆盖率方面提供了充足的制度保障。以柏林地区为例，遍布全市有相当数量的公共图

---

① 李景源，陈威. 中国公共文化服务发展报告（2009）[M]. 北京：社会科学文献出版社，2009：247.

② 饶先来. 对法国公共文化服务运行机制的探析及借鉴 [J]. 上海文化，2014（3X）：101-104.

书馆，依托公共图书馆每年都要频频举办读书节、图书展览等活动，培养全民的读书兴趣，公共图书馆也实现了 Wi-Fi 全覆盖，保证普通百姓能够方便地获得喜欢的图书。德国依托公共图书馆为青少年组办"学习岛"，对青少年的课外学习起到辅助作用。在德国的公共文化服务体系中，特别推出对成年人进行语言培训的学习板块，同时也开辟了针对老年人的公共服务产品，开设纪念馆等①，让不同层次的文化消费者都能够找到自己所需要的文化产品。政府拨款是发展公共文化服务的重要资金来源，在拨款过程中坚持三个原则：一是艺术自由；二是平等透明和第三方评估；三是可持续发展。如上三点原则就能够在最大限度上保证百姓参与公共文化事业的积极性，只要是具有一技之长、有愿望参与公共文化建设并且项目切实可行，就能够得到经费支撑，可持续原则保证了同一论题可以持续不断地做下去，这也在很大程度上激发并保持了百姓参与公共文化事业的激情，有兴趣愿望的人可以沿着一个发展方向持续不断地做下去。同时公平公正的审核制度可以让有兴趣发展公共文化事业的人将全部精力投放在专业上，而不用考虑专业技术以外的人情世故。在资助方式上也分为两种：其一是对文化机构资助；其二是对文化项目资助。前者是指对图书馆、影剧院、艺术团体、博物馆等机构的资助，预期通过文化机构拉动公共文化服务的发展；后者是通过评审立项的方式对发展公共文化服务行为进行资助，以文化能人为核心构建文化团队，为发展公共文化事业建言献策。

（四）日本："政府引导 + 社会参与"

日本在公共文化服务建设方面的负责部门是文部科学省下属的文化厅，以图书馆、美术馆、博物馆、文化会馆等为基地加强公共文化服务方面的建设，对体育、音乐、美术、戏剧等参与公共文化服务的形式方面进行了较为详细的规定。在发展机制上实行政府引导和社会参与"两条腿走路"，在发展社会力量参与公共文化服务事业建设方面主要是通过宣传引导、表彰奖励、减免税收以及财政补助等多种方式进行的②，充分动员社会力量与政府机构共同筹划公共文化服务基础设施的建设。在日本每年都要举行相当数量的公

---

① 陈慰．德国柏林市公共文化服务概述 [J]．山东图书馆学刊，2016（2）：19 - 24．
② 欧阳安．日本构建公共文化服务体系的成功经验 [J]．党政视野，2016（8）：37．

共文化活动，包括国家艺术节、ACA 艺术节（艺术家进行作品展示）、媒体艺术节、文化力量项目，其中"文化力量项目"是通过文化力量激发当地社会团体创造一个魅力社会①，该种做法在很大程度上能够张扬文化的魅力，让很多人能够切身感受到文化的渲染，能够规范人们的道德涵养，让人们形成正确的价值观，文化影响会沿着这样的链条不断向下传递，在全社会范围内形成文化熏陶的氛围。在此过程中充分发挥了非营利组织、行业协会和文化艺术团体的作用。企业和各类基金是日本发展公共文化服务产业的资金依托，有 11 个设有分会的国际基金会可以为文化艺术发展提供资金支持②，使得日本发展公共文化服务事业具有了强大的资金支撑。在日本看来，文化艺术是城市的灵魂，很早以来就提出了"文化艺术创造城市"的主张。在充分发展城市公共文化服务的同时，积极引导农村地区依托既有发展基础，发展独具特色的公共文化服务产品③。除了以上几点外，充实完善的法规也为日本较快地发展公共文化服务事业提供了保障，日本很早就将文化纳入了文教领域，并且覆盖到了文化艺术领域的各个方面。

（五）英国："三级分权 + 一臂之距"

英国在公共文化服务发展过程中实行分权管理，即政府决策权与执行权分开，政府发挥主导作用，执行部门则是专业化的基金管理组织，通过独立分配国家的文化基金执行国家的文化政策。英国在发展公共文化服务层面形成了三级分权化管理体制：第一级是国家文化管理部门；第二级是非政府文化组织；第三级是基层文化机构。如上三级分权机构履行的职责分别是：第一级负责制定公共文化服务的发展政策和进行财政拨款；第二级执行第一级制定的政策，执行财政拨款并且对第三级进行监督和考评；第三级的职责是履行公共文化服务职能，即向民众提供符合要求的公共文化服务产品。英国在公共文化服务的管理模式层面实行的措施是：政府与非政府组织共同治理；实行政府、企业与社会共同资助的资金筹集方式；政府鼓励私人、商业资本

---

① 金雪涛，于晗，杨敏. 日本公共文化服务供给方式探析 [J]. 理论月刊，2013（11）：173 - 177.

② 于晗，赵萍. 日本公共文化服务的多元化供给及运营模式 [J]. 新视野，2014（6）：110 - 113.

③ 欧阳安. 日版构建"公共文化服务体系"的成功秘诀 [N]. 中国文化报，2016 - 07 - 11（3）.

和社会力量助力公共文化服务事业的建设①。简单来说就是制定公共文化服务政策的政府部门与执行公共文化服务政策的非政府组织之间按照"一臂之距"的原则对公共文化服务事业实行"共治"②。英国一方面加强公共文化服务事业的发展，另一方面又加强文化的产权立法，对公共文化的机构进行了严格界定，发展公共文化服务的机构不包括任何营利性质的档案馆和图书馆，当商业公司以盈利为目的从档案馆、图书馆获取文件拷贝时必须支付版权使用费③。相关法律条款中规定，如果消费者以个人学习或者科研为目的需要文化产品的拷贝时，需要与档案馆、图书馆等公共文化服务机构签订遵守版权声明。严格的立法使得公共文化服务机构的范围在缩小，但保证了文化产品的权益，同时也能够保障公共文化服务机构的有序运转。

（六）澳大利亚："PPP 模式 + 第三方评级"

澳大利亚在发展公共文化事业过程中采取的是 PPP 模式，即在公共部门与私人部门之间建立起合作伙伴关系，二者之间通过建立契约机制保证公共文化服务事业有序运行，政府的职责是创造合理的付费机制并对私人部门进行监督和业绩考评，私营部门的职责是提供合格的公共文化服务产品。在 PPP 模式中私人部门回收资本的方式有三种，即政府财政投入、项目开发盈利和文化服务消费者的付费④。澳大利亚政府委托像墨尔本国家大剧院这样的高水平文化艺术组织选拔优秀的文化艺术后备人才进行培养，政府负责对这样的委托机构评级并按照评级结果拨付运营资金，在这样的机制中，政府发展公共文化服务事业的初衷得以实现，委托组织也在此过程中进一步扩大了社会影响力，从而在能够得到政府的财政拨款外也使自身因影响力扩大而从社会层面受益。在公共文化服务的运行方面，澳大利亚非常注重文化创意模式，相对于文化模式而言，更加注重文化产品的智力属性与服务属性，艺

---

① 苗瑞丹. 英国公共文化服务的分权与共治经验及其借鉴 [J]. 马克思主义与现实，2016 (4)：169－175.

② 武学良. 欧洲公共文化服务与建设及其对我国的启示——以英国和荷兰为例 [J]. 未来与发展，2016 (8)：46－49.

③ 李江丽. 英国为公共文化机构使用版权的立法与评述 [J]. 兰台世界（下半月），2010 (2)：16－17.

④ 成啸. PPP：公共文化产品服务的多元化复合供给模式 [J]. 科学发展，2016 (9)：83－90.

术活动正在成为澳大利亚向世界展示实力进而确定国家身份的重要方式，为此专门成立了着眼于推动开展艺术创意活动的政府机构——澳大利亚委员会①。很早以前，澳大利亚就将主要的艺术形式从以审美为目标转化为以日常生活服务为目标，在文化艺术产品的表现力方面进行转化，将阳春白雪的高端艺术品通过适当方式转化为下里巴人能够欣赏并能够渗透到日常生活中的东西。同时加强知识产权保护和推进文创教育的研究，并且扩大本土声音的传播力度，在张扬公共文化服务魅力的过程中，澳大利亚政府积极推进"品牌澳大利亚"工程，都在不同程度上强化了澳大利亚的文化张力。

（七）俄罗斯："项目推进＋基础设施推进"

俄罗斯学者认为，公共文化服务应该着力在效果上做文章，文化服务机构应该着力打造消费者的内心世界，认为公共文化服务对人产生的影响力更多的是来自产品自身的使用价值层面②，但要更加注重对消费者内心触动方面的设计，涉及的文化服务项目应该是多样的，包括音乐、美术、戏剧等各个层面，只要是能够在内心层面触动消费者，就说明这种公共文化服务项目是有效的。仅莫斯科就有大量的博物馆、公园和剧院免费对游客开放，并且推出"博物馆之夜"项目，为了让居民充分感受到"博物馆之夜"的魅力，政府会同主办方对项目进行精心策划，使居民沉浸在浓烈的文化氛围当中。为了能够与消费者进行及时沟通，"博物馆之夜"开通了网上预约系统，在方便主办方对项目进行有序管理的同时，也方便消费者根据自己的需求定制文化套餐。在博物馆中举行各种类型的诗歌朗诵会、播放电影、举办音乐会、绘画展等，激发了消费者的兴趣并在消费者中间引发了文化共鸣。在俄罗斯看来，怎样强调博物馆的工作都不为过，认为"农村人完全没有行使借阅图书的权利是不正常的"③，俄罗斯文化着眼于长期发展，因此着力加强图书馆的藏书量和图书信息网络的建设。俄罗斯认为，文化遗产是对居民产生风土教化的有利媒介。但是对遗产的认识经历了一个曲折过程，这体现在从"遗

---

① 李斌. 澳大利亚政府扶持文化产业发展的路径启示［J］. 四川文化产业职业学院学报，2017（1）：1－6.

② 孙连庆. 21 世纪初俄罗斯学者对公共文化服务问题的探讨［J］. 西伯利亚研究，2012（3）：50－52.

③ 迟润林. 俄罗斯文化瞄准中长期发展［N］. 中国文化报，2018－07－16.

留物"到"遗迹"再到"遗产"① 的概念的变化。古迹、胜地、建筑群等都列为保护对象，也被纳入了公共文化的行列，在保护主体、保护模式等方面都得到了系统化发展。

## 二、发达国家发展公共文化服务措施比较与基于博弈理论的效用选择

### （一）措施比较：公共文化服务产品供给的"效率"与"效果"

公共文化服务的消费水平表征一个地区的进步状态，当人们将全部精力投入到追求物质利益而没有更多的时间消费文化艺术产品时，一方面公共文化服务产品会存在浪费和闲置，另一方面也会因为文化氛围不浓而对社会经济的运行造成负面影响。因此，讨论公共文化服务需要从供给和需求两个层面考虑，供给方面是以政府为主导建立多元化供给主体的问题，多元化主体的存在方式、结构状况以及政府在其中扮演的角色等都会影响公共文化服务产品的供给状况，供给状况除了供给的量以外，还包括供给产品的结构、质量、连续性、覆盖面以及对消费者的满足程度等各个方面，即前文论及的"效率"和"效果"问题；需求方面涉及消费者的需求结构、需求愿望、预期效用以及效用的满足程度等。只有产品的供需双方达成信息对称，供给才能具有价值，公共文化服务产品也才能够履行职责。表 7 – 1 从公共文化服务产品的供给方式、资金筹集、制约机制、发展模式、政府角色以及文化机构等多方面进行了比较，这些国家无论采取何种措施发展公共文化服务产业，实际上都在从"效率"与"效果"两个方面下功夫，"效率"的关注点在资源利用方面，目标在于用尽量少的资源达到相同的效用或者用相同数量的资源达到更高水平的效用；"效果"强调的则是在多大程度上达到了预期目标，没有"效果"的"效率"是没有意义的，为了追求"效果"而不注重效率的公共文化产品供给就会造成更大的资源浪费。发达国家通过有效的制度设计，在多元化资金供给、资金有效利用、政策制定与公共文化服务供给主体以及行业运作环境等各个方面进行精心设计，这是各个国家的共性。在具体运作

---

① 马强. 俄罗斯文化遗产与软实力生成 [J]. 俄罗斯学刊, 2017 (5)：69 – 79.

过程中，在产品供给方式、资金筹集等如上论及的六个方面都稍有差别，例如在产品的供给方式方面，俄罗斯政府掌握的权力较其他国家就更多些，而美国的社会力量发挥的作用较其他国家权重更大。在资金筹集方面，大多数国家都是采取的政府主导方式，将更多的机会放权给社会力量，在此过程中约束机制越来越科学，越来越多的国家都采取契约方式即政府与项目实施主体之间签订合约，用合约约束实施主体的行为，并且用合约为依据控制产品质量和检验项目的实施效果。从大多数国家的情况来看，政府逐渐退出是发展趋势，但是在此过程中政府的控制作用越来越强，这一方面解决了"政府办社会"的弊端，同时也充分激发了社会力量的参与热情。发达国家在发展公共文化服务事业方面较我国更超前，其成功经验值得我国借鉴，运行中已经暴露出的问题在实践中应该避免，这会使我国的公共文化服务事业的"效率"与"效果"同时得到提升。从表7-1还可以看出，支撑各个国家的公共文化服务事业的文化机构基本相似，档案馆、博物馆、图书馆、影剧院、纪念馆、美术馆等在其中发挥着不可替代的作用。

表7-1　　　　　　　　　　　发达国家公共文化服务发展措施比较

| 国家 | 供给方式 | 资金筹集 | 制约机制 | 发展模式 | 政府角色 | 文化机构 |
|---|---|---|---|---|---|---|
| 英国 | 分割权力与共同治理 | 政府主导下社会力量参与 | 三级分权、各司其职 | 政府与非政府组织共治 | 政府部门与非政府组织之间保持"一臂之距" | 档案馆、博物馆、图书馆、纪念馆、美术馆 |
| 法国 | 政府直供或向市场购买 | 政府主导下社会力量参与 | 签订契约约束主体行为 | 国民合办、国办民助、国有民营、国助民办 | 国家与地方分权；充分发挥地方力量的积极性 | 档案馆、博物馆、图书馆、纪念馆、美术馆 |
| 美国 | 社会力量处于主导地位 | 财政主导下社会力量参与 | 第三部门充分介入 | 财政支撑+第三部门介入 | 公民参与、第三部门监督；政府减少具体干预 | 公共图书馆、画廊、博物馆、游乐园、剧院以及公园 |
| 俄罗斯 | 政府主导 | 社会力量充分介入 | 政府策划、主办方推动 | 以文化项目拉动产品发展 | 政府掌握绝对控制权，保证发展方向和发展质量 | 博物馆、美术馆、胜地、建筑群、剧院等 |
| 日本 | 政府引导、社会参与 | 财政投资+社会募集 | 政府引导与社会参与 | 通过组建文化力量项目推动发展 | 文化厅统一布置，行业协会和文化团体参与 | 国家艺术节、ACA艺术节、媒体艺术节、文化力量项目 |

| 国家 | 供给方式 | 资金筹集 | 制约机制 | 发展模式 | 政府角色 | 文化机构 |
|------|---------|---------|---------|---------|---------|---------|
| 德国 | 政府供给 | 政府主导下社会力量参与 | 公开透明、第三方评估 | 分类设计＋完善公共服务平台 | 文化机构资助＋文化项目资助 | 博物馆、图书馆、档案馆、艺术剧院、文化遗迹、文化中心 |
| 澳大利亚 | 产品供给主体多元化 | 政府主导下社会力量参与 | 签订契约约束主体行为 | 政府＋私人＋合伙人的 PPP 模式 | 澳大利亚委员会全权处理，展示 PPP 模式的魅力 | 博物馆、图书馆、档案馆等既有基础设施与创建拉动项目 |

### （二）效用选择：基于博弈理论的制度设计与行为互动

根据前文，发达国家在公共产品服务资源的配置过程中越来越倾向于第三部门介入。实际上第三部门的介入需要有一个前提，即政府部门给予第三部门充分的发展空间，在具体事情上不能更多地干预第三部门行为，其本质在于让第三部门完全按照公共文化服务资源的发展规律展开实践。这就涉及资源分配问题，即公共文化服务资源在政府部门、非政府部门控制的权重是多少，在何种分配比例下才能够让公共文化服务资源实现最大效用。公共文化服务资源的关键点在于"效率"与"效果"，政府不介入指的是不介入具体业务，但在发展方向以及发展格局等方面的把握上是不能松懈的。如果实践证明政府介入是有效的，政府部门就应该充分介入，否则在政府部门与非政府部门间由于在资源分配权的把握层面因博弈的出现就会出现效率损失。

图 7-1 表示了政府部门与非政府部门的博弈过程与在资源的不同配置方式下的效用水平，图中的 $M$ 表示政府部门，$N$ 表示非政府部门。图中凸向 $M$ 的曲线 $L_M^1$、$L_M^2$、$L_M^3$ 表示 $M$ 的效用线，沿着 $M \rightarrow P \rightarrow Q \rightarrow R \rightarrow N$ 的方向效用水平逐渐提升，同一条效用曲线上不同点的效用水平相同。$L_N^1$、$L_N^2$、$L_N^3$ 表示 $N$ 的效用线，沿着 $N \rightarrow R \rightarrow Q \rightarrow P \rightarrow M$ 的方向效用水平逐渐提升。在一定时期内资源总量不变，因此 $M$ 与 $N$ 可分割的资源数量是一定的，即当 $M$ 占有较多资源的时候 $N$ 就会占有较少的资源，当 $N$ 占有较多资源的时候 $M$ 就会占有较少的资源。但由于二者各自占有的资源量是不同的，所以达到的效用水平也会有差异。假如 $M$ 的效用水平为 $L_M^X$，$N$ 的效用水平为 $L_N^Y$，两条效用线在 $X$ 点相交，在 $X$ 点时 $M$ 和 $N$ 的效用水平相等，但是 $X$ 点并不是持久的均衡位

置，$X$ 点会沿着①或者②两个箭头方向移动，如果沿着①的箭头方向移动，$M$ 的效用水平不变但 $N$ 的效用水平会提升，例如可以上升到较 $L_N^Y$ 更高的效用水平 $L_N^2$ 甚至更高；如果 $X$ 沿着②的箭头方向移动，则 $N$ 的效用水平不变而 $M$ 的效用水平会得到提升，例如从 $L_M^X$ 上升到 $L_M^2$ 甚至更高。但是如上两种移动方式是在保持一方的效用水平不变的情况下另外一方的效用水平得到了提升，虽然这样的帕累托改进是可取的，但理性的经济人不会做出这样的选择。最好的移动方式是在他人的效用水平得到提升的同时自己的效用水平也同时得到提升。因此，在综合考虑多种情况后，$X$ 点沿着 $X{\to}Q$ 轨迹移动是最理想的抉择，在这种移动情况下双方的效用水平都能够得到提升，每一方的效用水平提升都不会以另一方的不提升或者提升幅度较小为代价，这种帕累托改进方式是 $M$ 和 $N$ 双方都容易接受的。如上的讨论过程如果不是发生在 $X$ 点而是发生在 $Y$ 点，情况与发生在 $X$ 点相似，最终的理想移动轨迹将是 $Y{\to}Q$。根据如上分析，只要 $X$（或 $Y$）在区域 $V$（不包括区域 $V$ 的边缘）内移动，就能够对 $M$ 和 $N$ 的效用都有不同程度的提升，最后的均衡点如果位于 $Q$ 点右边则更加有利于 $M$，如果均衡点位于 $Q$ 的左边则更加有利于 $N$。$M$ 与 $N$ 的博弈状态与 $M$、$N$ 在资源配比中各自占据的优势程度紧密联系在一起。基于以上考虑再分析两种极端情况，如果公共文化资源服务在配置过程中倾向于非政府机构，则 $N$ 占有的资源比例会提升，$M$ 与 $N$ 最后可能会在区域 $U$ 内均衡，从图 7-1 中可以看出这时 $L_N^3$ 达到了很高水平，而 $L_M^1$ 的水平则相对较低，但是只要总效用水平较高，这种配置资源的抉择就比较合理。另外一种极端情况就是政府在资源配置过程中绝对优势，即 $M$ 与 $N$ 最终在区域 $W$ 内均衡，这时 $M$ 效用水平很高，可以达到 $L_M^3$ 的水平，而非政府部门的资源配置效用却很低，只达到了 $L_N^1$ 的水平。在前文论及的"效率"与"效果"的基础上这里对"效用"问题进行了分析，"效用"涉及 $M$ 与 $N$ 各自的效用以及 $M$ 与 $N$ 的总效用，$M$ 与 $N$ 各自的效用与各自占有的资源量是相关的，而总效用只考虑资源的总体使用效率。结合前文论及的发达国家公共文化服务资源层面的发展政策，非政府组织可支配的资源量逐渐增加，即 $M$ 与 $N$ 在区域 $U$ 内达到均衡的趋势越来越强。

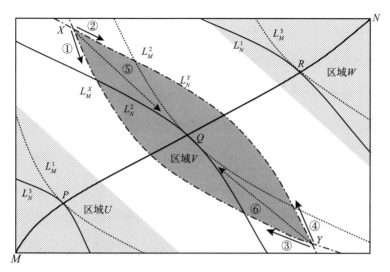

图 7-1 博弈、效用水平与分区

## 三、发达国家公共文化服务发展对我国的启示

### （一）消费者的选择权放在最高位置

前文论及了很多发达国家在升级公共文化服务产品方面的组合策略，无论是多元化投资主体，还是强化产品评级与考核，无论是在产品内容和表现形式方面的丰富化，还是第三方部门的介入等，实际上都是在通过多种策略强化公共文化产品的魅力。"以魅力吸引人"和"让消费者在消费过程中受到感染"是公共文化服务产品为消费者带来效用的重要标尺。公共文化服务产品是免费资源，但免费资源也要让消费者感到物有所值，才能够让消费者感受到产品的张力。对于公共文化服务产品，消费者也是需要有选择地进行消费的。因此在推出公共文化服务产品过程中，保证产品的质量并从消费者的需求角度考虑问题，就是对消费者的负责。在消费这些文化服务时，消费者需要投入时间、精力、心情等，只有这些条件都具备时公共文化服务才会有市场。同时消费者还要通过自身感受对从消费中得到的效用进行评价，只有当消费者认为该项服务能够为自己带来预期的效用时才会消费。因此，公共文化产品服务要将重点放在"服务"上，这就进一步决定了相关部门的工

作态度。

### （二）完善从业人员激励机制

公共文化服务事业虽然不会与营利联系在一起，但这并不能影响从业人员的敬业精神。公益事业与公益行为是联系在一起的，但这并不意味着对工作人员就没有任何要求，因此建立从业人员的激励机制就显得非常重要。从事公共文化服务的人员应该具备如下基本特征：感到工作有兴趣；有大量的闲暇时间；对劳动报酬无要求。从发达国家的公共文化服务事业的发展过程看，如上三点特征也是配备工作人员的重要前提，这就需要政府相关部门通过各种渠道从社会中将这样的人选出来并进行分类，让具有不同愿望的人从事与其愿望相对称的事情，这样就能够对其在最大限度上产生激励作用。综合各方面的情况看，对于从事公共文化服务的从业人员而言，非物质激励相对于物质激励显得更加有效。从业人员追求的不是物质报酬而是精神追求，喜欢用大量时间参加经验交流会、研讨会，并有机会到各地旅游，在这个过程中使自己的内在素养进一步得到提高，与志同道合的人在一起能够重新建立生活圈层。这样的精神激励能够让从业人员发自内心地忘我工作，这种工作状态就成为辐射社会的文化力量。

### （三）构建公共文化服务的评价体系

前文论及的多个发达国家，在发展公共文化服务的过程中，都在逐渐强化对服务效果的评价体系的建设。所有国家在此之前只是注重建设而不注重评价，但在深入发展过程中逐渐认识到这种公共文化服务质量评价是不可或缺的重要一环。"评价体系"建设过程中最重要的"谁评价"的问题，通观发达国家的做法可以看出，公共文化服务项目的发包方和承包方都无权参与评价，只有消费者才有权评价，"效果"是消费者评价的重要依据。消费者从公共文化服务项目中得到了什么以及在多大程度上实现了消费预期，消费者在消费中得到效用水平等，都可以激励消费者积极参与到公共文化服务项目的评价当中来。完善公共文化服务的评价体系，在公共文化服务的评价体系层面应该强化社会评价的权重，需要尽快改变此前一直存在的从投资者角度对公共文化进行评价的评价标准。在对非营利组织进行社会评价过程中，为了增强评价的信度和效度，只能由能够真正代表公众利益的非政府机构进行测评，因此要充分参考非政府机构的评价意见。

### （四）强化第三部门的参与程度

前文论及，美国在发展公共文化服务方面非常重视第三部门的作用。第三部门既不代表政府也不从事营利活动，因此能够客观地从为消费者服务的角度看问题。美国重视第三部门的参与主要是从投资主体和资金运营角度看问题的。研究表明，美国的第三部门非常发达，并且有非常强烈的参与热情，这在美国已经形成了非常好的社会氛围，这使得第三部门在美国公共文化服务事业发展过程中进入了良性循环轨道，公共文化服务也进入了加速发展过程。对于其他一些国家，实际上也不同程度上在适度强化第三部门在公共文化服务方面所占的权重。事实表明，加大第三部门在公共文化服务方面的参与度、决策度是公共文化服务事业的发展方向。第三部门具有相对独立的决策权，很少受到政府干预，同时不受利益左右，因此最能够从客观、公正、公开、透明的角度服务于公共文化事业。从发达国家的成功经验看，日本、澳大利亚、俄罗斯、法国等这些财政投资为主导的国家，都在不同程度地强化第三部门的参与程度。

### （五）瞄准"公平"与"效率"做文章

纵观发达国家发展公共文化服务事业方面的成功经验，可以发现，任何一个国家在推出组合政策的过程中，实际上都在围绕"公平"与"效率"两个关键词做文章。"公平"的目的是让不同层次的消费者都能够方便地接受公共文化服务，就像法国政府发展公共文化服务过程中所秉持的原则那样，要让所有人能够同等程度地享受到法国文化的精华。法国政府秉持这样的发展理念，实际上已经将公共文化服务作为公民个人发展的底线层面考虑问题了，让其成为公民的必需消费品。"效率"的含义非常广泛，不但指文化服务项目的发展效率，而且指资金的使用效率，要将资金用在最应该用的方面。前文论及的这些国家在募集资金和使用资金问题上都非常谨慎，都力图通过各种方式建立起一种约束机制，在"资金筹集—资金使用—评价体系—效果监督"等方面构建起一个完整的链条，同时让服务对象有更多的发言权，这种高效的约束机制能够保障公共文化服务不断提升水平。因此将"公平"与"效率"作为评价准绳，从而通过严格的制度规范对公共产品服务的各个环节进行约束是做好公共文化服务这篇文章的重要保证。

（六）营造志愿者服务的社会氛围

前文论及，发展公共文化服务事业需要一个有时间、有精力、有热情和不追求报酬的志愿者群体。在前文论及的多个国家中，俄罗斯在发展公共文化服务事业过程中经常会遇到志愿者群体规模的瓶颈，而这个问题在美国就从来没有发生过。在美国志愿者服务群体规模非常大，在全国范围内已经形成良性循环，志愿者的综合素质较高，在群体内能够产生较好的影响并能够扮演组织角色。研究表明，志愿者虽然不追求报酬，但在志愿活动中还是有需求的，例如通过结交志同道合的人能够充实自己，提升自己的专业水平，并且通过加入志愿者队伍能够增加自身的社会诚信指数，这对于年轻志愿者的未来发展都是较好的社会资本。前文论及，要完善从业人员的激励机制，其中一点就是应该按照志愿者的需求进行分类，让志愿者从事的工作与其需求相对称，这能更好地激发志愿者的工作热情，也符合著名管理学家论及的"第一流工人原理"的用人原则。

（七）公共文化服务须结合地方特色

不同区域的文化发展基础不同，居民接受公共文化服务的愿望也有差别。从前文论及的发达国家的成功经验中可以看出，既然发展公共文化服务事业首先要讲求"效率"与"公平"，结合地方特色开展公共文化服务项目就显得很重要。对公共文化服务的愿望以及需要程度与当地居民的生活状态是紧密联系在一起的，即使同一区域的村民对公共文化服务的需求也是存在差别的。因此，在推出公共文化服务项目过程中，要将居民和服务项目分层，就像发达国家在起步发展阶段时，要为居民列出种类丰富的文化菜单供消费者选择，影剧院、音乐会、博物馆、演唱会等一般都是在城市举办，因此实际上这些公共文化服务项目属于城市居民。民间手工艺、乡村图书馆对于农村居民而言可能会更加实用，因此建设针对农村居民的公共文化服务项目应该从贴近生活、贴近实际入手，农村缺乏文化基础设施，需要以城市为中心构建公共文化基础设施的服务网络。同时注意从居民中间筛选富有责任心的文艺能人，组建着眼于发展公共文化服务事业的具有本地特色的艺术团队。

### （八）严格公共文化服务产品的版权保护

发达国家在发展公共文化服务事业的过程中都非常注重作品的版权保护，特别明确了对非营利性质的致力于发展公共文化服务事业的档案馆和博物馆等对文艺作品的使用方式。公共文化服务事业是在市场经济的大背景下"圈出块地"做"免费午餐"，如果在制度设计层面不够严格，有些营利机构就会"搭便车"，从而损害公共文化服务受众的权益。严格公共文化服务产品的版权保护是维护文化市场的重要侧面。发达国家在推进公共文化服务事业发展进程中都非常强调立法，"立国先立法，法乃国之端也"，通过法律法规规范人们的行为，各行各业遵规守矩。公共文化服务产品作为"免费午餐"，政府和非营利组织承担着巨额成本，严格公共文化服务产品的版权保护，为公共文化服务产品的发展营造环境，表面上居民是直接受益者，事实上所有人都是受益者。当国民的整体文化素养都得到提升后，内在自律就会高于外在强制，社会的诚信水平和和谐程度就会提升，社会的运行效率就会更高。

# 第 8 章

# "离土中国"背景下乡村文化发展的力量组合与发展对策

　　"离土中国"背景下的乡村，在劳动力空心化等多种因素的影响下，乡村文化建设遇到瓶颈。政府力量、市场力量和传统力量是影响乡村文化发展状态的三个重要因素，三种力量的不同组合方式会影响乡村文化的发展状态，突出表现在效率与效果两个层面，最好的预期状态是"效率^高 + 效果^强"，但往往会出现"效率^高 + 效果^弱"或者"效率^弱 + 效果^弱"的状态，因此过多强调追求效率不一定能够达到预期效果。在乡村治理过程中，需要将效果放在突出位置，除了"效率^高 + 效果^强"这种最佳组合方式外，"效率^弱 + 效果^强"组合方式也可以作为备选方案。在所有组合方案中，只要存在"效率^弱"的状况，相应的组合方案就不应该列入考虑范围。为了推进三种力量的组合效果，需要在乡村文化的供给侧方面做文章，加强文化项目的建设质量。

## 一、城市主导话语权背景下的乡村文化边缘化

从 20 世纪 90 年代我国进入快速城市化阶段,大批农民从农业中析出进入城市,农民的从业方式、从业地点都在发生变化,从"离土不离乡"到"离土又离乡"的变化过程中,农民的思维方式在变化,农民所固有的乡土情怀也在变化。在大量农民进城务工过程中,乡村空心化问题开始越来越严重,表现在乡村的优秀青壮年劳动力被抽空,乡村大量土地被撂荒,农民的资产也在向城市转移。在以城市为主导的社会变迁过程中,乡村正在被边缘化[1],乡村文化生活出现伦理性危机[2],乡村服务城市、对接城市的经济发展模式,使得乡村经济很大程度上依附于城市,在城乡社会格局变迁中乡村越来越失去话语权,这在很大程度上导致乡村文化被边缘化。这表现在很多方面,例如乡村民主政治建设被虚化,乡村人才被空心化,乡风文明建设遇到阻力,乡村社会治安遇到挑战,乡村生态环境面临严峻形势。乡村文化建设不但表现在古建、遗迹、名人、传说,而且政治建设、生态环境、产业结构、治安状况等都与乡村文化建设紧密联系在一起。但是在城市化进程中,很多传统局面都会被打破,"离土中国"发展背景下的村民心态、乡村环境、邻里关系、交往圈层等都在发生变化[3],在城市的虹吸作用下,乡村文化正在不同程度地被边缘化。

### (一)乡村民主政治虚化问题

人民公社化时期乡村自治实行"政社合一"的方式,乡村既是经济组织也是最底层的政权组织,这种乡村治理方式虽然外在强制性很大,在一定程度上束缚了乡村发展的自主性。但强制性的行政命令非常有效,能够集中利用乡村资源做事,乡村集体能够很好地展开工作。但是改革开放后乡村开始实行"乡政村治"的治理方式,集体产权的土地通过包产到户实行分户经营,农村集体经济组织的凝聚力开始弱化。随后在城乡一体化进程中,更多

① 陈锦晓. 论乡村文化的整合与构建 [J]. 学习论坛, 2011 (6): 58-61.
② 丁成际. 当代乡村文化生活现状及建设 [J]. 毛泽东邓小平理论研究, 2014 (8): 39-43.
③ 李佳. 乡土社会变局与乡村文化再生产 [J]. 中国农村观察, 2012 (4): 70-77.

的村民开始从农业产业中析出，或者本土创业，或者进城务工，农村"有籍无户"已经成为普遍现象。"离土中国"使得乡村发展的民主决策难以履行，外出务工的村民不关心乡村发展，"代为表达"或者"委托表达"志愿的情况非常普遍，再加上农业经营分散化以及农民从业多元化使得农民很难聚在一起决策乡村发展事宜，乡村民主政治建设存在严重虚化问题，而这一问题也进一步影响了乡村治理过程中"当家人"的选择以及基层民主政治建设问题。形式上的分散正在使村民的心分散，更多村民关注的是个人发展问题，传统经济时期注重的集体发展文化氛围正在淡出。

（二）乡村发展遭遇人才空心化

在"以工促农、以城带乡"的强农惠农政策下，不少乡村的产业结构正在发生变化，但是更多的乡村仍然沿袭传统的以农耕为主的单一产业结构，农业的附加值较低，农民增收速度很慢，劳动力在农业与非农业层面的边际收益存在较大差距。农业基础设施建设、产业结构调整以及农业与市场的对接等都需要经历较长时期，于是在农民的短期利益与长远利益之间存在冲突，农民急于改变生存状态的愿望与乡村发展状态的长过程之间的偏差，使更多农民进一步从农业产业中分离出来。尤其是在不能规模化经营农业产业的地区，农业经营显得过于粗糙，村民会将主要精力用于非农产业上，于是农业产业陷入恶性循环状态。马克思主义理论认为，经济基础决定上层建筑，当源自农业产业的经济支撑被弱化后，农业产业也就失去了对村民的吸引力和凝聚力，进而造成乡村人才空心化问题。人才是农村发展的原动力，但是目前农村缺乏让优秀人才"走回去"和"留下来"的机制，"离土中国"造成严重的"人才离土"问题，乡村文化发展失去了人气，也成为乡村文化建设的瓶颈。

（三）乡风文明建设遇到阻力

乡村民主政治建设以及乡村经济的发展状态进一步影响到乡风文明建设。随着村民流动性加强，村民的观念正在发生变化。传统乡村的熟人社会正在改变，基于宗族的由血缘关系凝聚在一起的非正式组织在乡村发展中扮演着重要角色，而这种非正式群体会进一步影响乡村"当家人"的选择并关乎乡村自治的效率。村民间的关系更多是以经济为纽带建立起来，传统经济时期的淳朴乡情正在受到挑战。单纯基于利益串联起来的村民间的联系会严重扭曲乡风建设,"德治"的外在软约束对村民产生的规范作用被弱化,村民间的关系被掺杂了更多的逐利成分。村干部是乡村文明建设中的重要影响因素,贿选、代选和其他的腐败问题以及赌博、迷信、享乐等不健康因素正在扰乱乡村自治制度并影响乡风文明建设。乡风文明状况是社会风气的综合反映,流动的乡村人口会将乡村之外的待人接物方式注入乡村,从而改变乡村的发展状况,因此乡风文明建设需要奠定在全社会综合治理的基础上。与"离土中国"联系在一起的是传统民风的改变,传统的淳朴民风正在被新的元素替代。乡村文明程度是乡村发展的无形资产,影响到乡村的持续发展。"离土中国"让村民的心变散,以自我为中心的思维前提成为主导,零和博弈的村民关系不同程度上扰乱了乡村社会秩序。

(四)乡村社会治安面临挑战

随着更多青壮年劳动力从农业产业中析出,农村不但出现人才空心化问题,也同时出现了社会治安问题。农村人口向城市迁移造成了严重的农村留守问题,老人、妇女与儿童成为乡村成员的主体,在农村产业结构没有得到彻底升级从而引导外出务工农民回乡就业和创业之前,留守问题将会长期存在,这为乡村社会治安留下隐患,很多不法分子会在乡村地区作案。以农村中小学生上学为例,为了保证孩子路上安全,接送孩子就成为农村家长的沉重负担。村校合并虽然降低了办学成本,但很多成本就由家庭承担,这占用了人力、财力,使得村民不能全力进行生产建设。安全是乡村发展的基本前提,需要由乡镇政府牵头完善乡村安全保障机制。乡村留守问题是城市化快速推进过程中的副产品,在城乡二元结构被打破后,进城务工农民也经历了从打工、创业到市民的身份变化,但是多数农民还不具备在城市安家并完成从农民到市民的转变,这说明在一项新制度出台之前缺乏相关的后续制度准备,而任何一项制度都是制度体系上的节点。乡村治安问题的解决涉及乡风文明的发展程度,也是强化乡村凝聚力,从而吸引新乡贤在乡村创业从而升级农村产业结构的重要环节。

(五)乡村生态环境形势严峻

著名经济学家威廉·配第说,"劳动是财富之父,土地是财富之母"。乡村发展过程中可资利用的资源全部集中在土地上，为了发展经济就要在土地资源上做文章。在缺乏严格的制度约束情况下土地资源由于无须开发就会导致"公地的悲剧"。在以经济为主导的乡村发展过程中，土地、矿山、河流、树木等都遭到不同程度的破坏。以土地为例，农民为了增产增收，大量使用化肥和喷洒农药，不但使得农产品中有大量农药残留，而且很多有毒元素累积在土壤和地下水中，有些乡村由于地下水农药超标导致地方病，为了解决吃水问题，这些乡村开始开采深层地下水。生态环境是乡村发展的基础条件，单纯依靠耗竭性地开发传统农业资源获得经济收入的方式，已经严重影响到乡村可持续发展。"五位一体"总体布局发展战略中特别强调了生态环境，城市与乡村是紧密联系在一起的，人类学家费孝通 1938 年在《江村经济》中就提出"无农不稳、无工不富、无商不活"的观点，在论及"农"的发展问题时包括了农业稳、农民富和农业丰三个方面的内容，"农业稳"需要从熟练和质量两个层面考察，单纯追求数量的农业发展方式最终会因为缺乏质量而不能满足"农民富、农业丰"的发展预期。

## 二、乡村文化发展过程中的力量组合方式及效果评价

在乡村文化发展过程中，政府、市场和传统是影响乡村文化发展的三股重要力量，三者之间的力量差异可以影响乡村文化的发展方向和发展速度。三者都是通过影响资源配置方式对乡村文化的发展状况产生影响的。

### （一）乡村文化发展过程中的力量组合方式

1. 政府力量："效率$^{高}$ + 效果$^{弱}$"

政府的行政力量影响能够按照乡村文化发展的总体目标配置文化资源和创办文化建设项目，具有足够的资金保障并且能够保证工作效率，但是行政力量的影响需要建立在充分调查的基础上，只有充分了解乡村文化需求的供给才是有效供给，否则就会出现无效供给的问题。前期调查由于涉及方面较多而使问题变得非常复杂，在信息不充分的情况下就会在效率与效果之间发生矛盾。效率注重过程和速度，效果注重结果和成效，只有二者高度一致才能够促进乡村文化建设，在行政力量影响下配置乡村文化资源，很多情况下会发生有效率而无效果的问题，因此行政力量的影响需要适当控制。在政府

力量的影响下可能会发生如下几种情况:"效率$^{高}$+效果$^{强}$""效率$^{高}$+效果$^{中}$""效率$^{高}$+效果$^{弱}$"。

（1）A$^{A}$型组合:"效率$^{高}$+效果$^{强}$"。

行政力量的最大优势就是能够产生效率,但是盲目的效率会影响效果。前面论及,符合乡村文化建设要求的行政影响能够得到村民的支持,并且在村民中间能够产生正向影响,村民的参与积极性得到提升,村民通过参与能够改变自身生存状况。在这种情况下,效率与效果能够在最大限度上实现耦合。效率与效果的耦合实际上也就是乡村文化的供给与需求的耦合。这就需要政府创造更多的能够使文化需求与文化供给之间沟通的信息通道。政府在文化供给过程中需要将前期准备工作做充分。

（2）A$^{B}$型组合:"效率$^{高}$+效果$^{中}$"。

当村民的文化需求与政府的文化供给之间存在信息不对称时,虽然文化供给并不缺乏效率,但村民的支持力度并不高,只要文化供给不影响村民的正常生活,村民就不会有抵触情绪,即不会阻止文化项目建设或者破坏文化基础设施,但乡村文化建设的效果就会受到影响。在这种情况下,政府行政力量的效率越高,文化的供给与需求之间的不对称可能性就会增加,从而就会在更大程度上影响效果。这时就需要对行政力量进行修正,保证将更多的乡村文化需求因素纳入决策函数当中。

（3）A$^{C}$型组合:"效率$^{高}$+效果$^{弱}$"。

行政力量影响下的文化供给如果与村民的需求相悖,就会导致"效率$^{高}$+效果$^{弱}$"发生,看上去乡村文化建设声势浩大,但村民会产生逆反情绪。文化供给的效率越高,来自村民的阻力就会越大。于是在高效率与弱效果之间就形成强烈反差,而弱效果会反过来进一步影响文化的供给效率,于是在效率与效果之间形成恶性循环,最终的结果是"效率$^{无}$+效果$^{无}$"。既然文化供给是无效供给,就应该在文化的供给形式、内容等方面进行重新设计,同时在供给的对象方面也要进行详细分层,使得这种情况发生反转。

2. 市场力量:"效率$^{弱}$+效果$^{强}$"

市场力量是按照供求法则在乡村配置文化资源,乡村文化发展与文化产业建设紧密结合在一起。在效率与效果的关系层面,由于乡村文化能够很好地与村民生活联系在一起并能够带动村民参与乡村文化建设,所以能够取得较好的效果。但是由于在发展过程中会因利益驱动导致发展轨迹偏离问题,同时因为开发资金到位较慢会影响发展速度，因此在发展效率层面会受到影响，缺乏效率的效果会导致最终无效果。在市场力量的影响下同样可以分为"效率$^{弱}$＋效果$^{强}$""效率$^{弱}$＋效果$^{中}$""效率$^{弱}$＋效果$^{弱}$"等三种情况进行分析。

（1）B$^{A}$型组合："效率$^{弱}$＋效果$^{强}$"。

在市场力量主导下发展乡村文化，行为主体需要寻找机会，在乡村文化发展与经济利益之间谋求耦合，乡村文化产品的供给与需求之间的磨合时间相对较长，投资主体的搜寻成本和试错成本相对较高，所以投资主体在投资过程中会坚持谨慎原则，虽然磨合时间较长，但选准目标后的投资一般都会获得相对较高的收益，因此形成了"效率$^{弱}$＋效果$^{强}$"的组合状况。在这种情况下，虽然谋求效果的成本相对较大，但可以降低无效投资的风险，对于有发展前途的乡村文化建设项目，投资者会有较高的积极性。

（2）B$^{B}$型组合："效率$^{弱}$＋效果$^{中}$"。

乡村文化建设处于起步期，再加上不同乡村的发展状态存在差异，市场机制下的投资者寻找投资机会的成本就会相对较高，较长时期的可行性论证就降低了运行效率，前面论及，只要投资可行就能够取得较好的效果，但是长期的论证和搜寻会使投资者损失其他产业的投资机会，如果投资行为存在一定程度上的行政影响，投资者的风险偏好程度就会加强，这种情况下的投资效果就会打折扣，出现"效率$^{弱}$＋效果$^{中}$"的组合状况。

（3）B$^{C}$型组合："效率$^{弱}$＋效果$^{弱}$"。

"效率$^{弱}$＋效果$^{弱}$"的组合状况在特殊情况下也会出现，原因在于投资者对乡村文化建设的扰动因素估计不足，乡村居民的兴趣偏移以及意愿失真是所有因素中最重要的。投资者的乡村文化项目介绍与村民对乡村文化项目的理解层面存在偏差，也会造成信息失真，在文化项目的后期建设过程中就会出现村民参与愿望不高或者阻挠文化项目建设的问题，这自然会影响文化项目的进一步投资，使得乡村文化发展进入恶性循环状态。

3. 传统力量："效率$^{弱}$＋效果$^{强}$"

传统力量是乡村文化的发展基础，乡村文化建设需要依托既有基础和习惯才能够取得较好的效果，乡村文化建设需要进行文化现代化，有时会与传统思维方式产生冲突，从而会影响乡村文化建设的效率，但是传统力量在于固守乡村文化底色，而这正是传统文化的亮点，因此传统力量的目标在于突出乡村文化建设的效果，仍然要处理好效率与效果之间的关系。

（1）$C^A$ 型组合："效率$^{弱}$ + 效果$^{强}$"。

新生事物会改变乡村发展秩序，绝大多数村民属于风险厌恶型，在外来力量影响乡村发展轨迹并且收益不确定性很强时，在乡村文化发展问题上很多村民持以不支持、不配合态度，文化建设的推进效率就会受到阻挠。因此，乡村文化建设需要与乡村传统力量并行，乡村文化现代化需要奠定在传统的乡风民俗基础上，通过宣传、引导等方式赢得村民的支持，虽然推进效率会降低，但只要村民能够充分参与，文化项目就会取得较好的效果。

（2）$C^B$ 型组合："效率$^{弱}$ + 效果$^{中}$"。

在乡村文化项目的推进过程中，村民的态度会发生变化，并且随着项目推进一些有关利益分配的制度会引起纷争，从而干扰项目继续推进。尤其当文化项目逐渐干扰到村民的日常生活时，来自村民的阻力就会更大。虽然项目已经取得了一定的社会效益并且仍然在推进，但各种干扰因素的影响会延缓进入，文化项目的效果会打折扣。

（3）$C^C$ 型组合："效率$^{弱}$ + 效果$^{弱}$"。

有些文化项目的后期发展会在一定程度上超越发展规划，从而将土地资源用于不可恢复性的投资项目，乡村投资商能够获得更大收益，但村民需要承担较大成本。这样的投资项目没有在企业利益、社会利益和村民利益间实现耦合，由于是对乡村固有的发展要素进行了破坏性开发，实际上已经形成了"效率$^{弱}$ + 效果$^{弱}$"的组合状况。传统力量是乡村文化建设中不可忽视的因素，在出现这种组合状况时，就需要对传统力量进行校正以便"效率$^{弱}$ + 效果$^{弱}$"转向"效率$^{弱}$ + 效果$^{强}$"的组合类型。

（二）乡村文化发展过程中不同力量组合方式效果评价

根据前文，政府力量、市场力量和传统力量都在不同程度上影响着乡村文化发展进程，三种力量的影响方式和影响程度都存在较大差异。表 8 - 1 表示了三种力量的不同组合方式类型、发展状态、制约因素以及相应的扭转方式。在各种组合方式中，三种力量之间都会在一定程度上存在牵制，并且出现"效果$^{低}$"的问题，因此需要变化三种力量的权重，谋求组合力量向"效果$^{高}$"的方向变化。无论何种组合方式，最重要的是实施效果，这涉及了文化项目与村民生活相结合的密切程度，只有村民参与积极性强的项目才是有效果的项目。在三种力量中，政府力量倾向于强制，虽然有效率但不一定能有较好的效果。市场力量虽然注重效果，但效率方面会在一定程度上打折扣。传统力量是来自村民的保持既有生活方式的力量，乡村文化建设需要保证有利于提升村民的生活质量，在此基础上谋求政府力量、市场力量与传统力量达成均衡的力量组合才是最有效的组合方式。乡村文化建设的目标既然是"效果$^{高}$"，那么"效率"可以适当为"效果"让路，在出现"效果$^{低}$"状况时就要对相应的组合策略进行调整，使其向"效果$^{高}$"的方向转变。

表8-1　　　　　　　　乡村文化建设过程中的力量组合方式

| 组合类型 | 亚类 | 组合方式 | 发展状态 | | 制约因素 | | | 扭转方式 | | | 理想组合选择 |
|---|---|---|---|---|---|---|---|---|---|---|---|
| | | | 速度 | 质量 | 政府 | 市场 | 传统 | 政府 | 市场 | 传统 | |
| A类 | A$^A$ | "效率$^{高}$+效果$^{强}$" | 高 | 高 | | | | — | — | — | √ |
| | A$^B$ | "效率$^{高}$+效果$^{中}$" | 高 | 中 | | | √ | ↑ | — | ↓ | |
| | A$^C$ | "效率$^{高}$+效果$^{弱}$" | 高 | 差 | | √ | √ | | ↓ | ↓ | |
| B类 | B$^A$ | "效率$^{弱}$+效果$^{强}$" | 低 | 高 | | √ | — | ↑ | ↓ | — | √ |
| | B$^B$ | "效率$^{弱}$+效果$^{中}$" | 低 | 中 | | √ | — | ↑ | ↓ | — | |
| | B$^C$ | "效率$^{弱}$+效果$^{弱}$" | 低 | 差 | | √ | | | ↓ | ↓ | |
| C类 | C$^A$ | "效率$^{弱}$+效果$^{强}$" | 低 | 高 | | | √ | ↑ | — | ↓ | √ |
| | C$^B$ | "效率$^{弱}$+效果$^{中}$" | 低 | 中 | | | √ | ↑ | | ↓ | |
| | C$^C$ | "效率$^{弱}$+效果$^{弱}$" | 低 | 差 | | | √ | ↑ | | ↓ | |

注：↑表示"强化"，"↓"表示弱化，"—"表示不变。

## 三、乡村文化的供给侧状况

农家书屋、文化站和健身广场等能够提升乡村文化品位的文化项目在乡村遭遇冷落，这不仅与这些文化项目自身的质量、分布等因素有关，也与村民自身状况有关。村民的文化程度不高同时读书的愿望也不高，于是乡村农家书屋对村民的吸引力就会被弱化，这中间就形成了恶性循环。这种心理导向会在村民中间传染，农家书屋就成为乡村文化建设的"道具"。从供给侧层面看，数字电视、智能手机已经在乡村普及，这些获得文化信息的便捷方式都会在不同程度上冲击传统的文化介质。村民获得信息已经超越了传统经济时期对广播、报纸、杂志、书籍、收音机等信息传播方式的依赖。村民对精神食粮的依赖程度远远低于对经济利益的追逐，但在丰富文化生活方面村民并非对文化无需求，图像、声音等方式的文化形式相对于文字的文化形式更易于被村民接受，并且对于本来就文化程度不高的村民而言，在汲取精神食粮方面具有惰性，只有将文化资源送到村民身边，才能够激发村民的消费愿望，因此在政府供给公共文化服务项目过程中，一定要在供给侧方面做文章。

（一）供给形式：怎么传播的问题

形式为内容服务，乡村文化供给的形式更要多样化，传统印象中村民有更多的富余时间，而实际上村民很忙，除了要料理田间庄稼外，还要争取更多的打短工机会以谋求收入补贴家用，调查结果显示，村民全部开销中的绝大部分来自非农收入，村民将全部时间忙于生计，因此在文化消费方面的心情和花费就会降低。文化的传统消费形式已经不能激发村民的消费愿望，除了没有心情，更重要的原因是没有大块时间。因此文化产品的供给一定要在形式上创新，能够让村民在碎片化的时间内消费，实现文化产品供给与需求相对称。文化资源需要以村民听得明白和听得进去的形式表现出来，才能够对村民形成感染力，当有部分村民参与进来时，文化消费的这些最初体验者就成为将文化资源"翻译"成村民能够接受的文化形式的传播者，这些村民往往也是文化消费的最初受益者。相同的文化资源在面对不同受众时需要变化表现形式，才能够将文化大众化。被誉为"太行山上的新愚公"的李保国就是在科技扶贫过程中能够将生涩的学术语言转化为村民喜闻乐见的大众化语言的楷模，李保国将科研成果应用于农业生产，到田间地头亲自指导村民进行农业生产，将科学研究的前沿成果变成了村民听得懂和愿意听的知心话。将科研殿堂中的顶级学术成果转化为现实生产力，需要科研工作者的细心、耐心、热心和诚心，将文化下乡和科技下乡与村民的日常生活紧密结合在了一起。因此，乡村文化建设需要好的内容更要有好的形式，其间要有创新形式的能力和工匠精神。

（二）供给内容：传播什么的问题

文化内容要贴近乡村实际才能够激发村民的消费愿望，而现在农家书屋为村民准备的书籍与一般图书馆的书籍相差不大，文化产品的供给与需求之间存在严重错位。健身广场的健身设施与村民的需求也相去甚远。村民需要的是与农村生活贴近的文化，文化产品中饱含了村民的奋斗和对未来生活的向往，让村民能够励志、奋进和感动，通过各种方式能够提升村民的生存技能。计划经济时期农村的文化资源匮乏，村广场上放电影成为村民最为期盼的事情，人们很早就会争相占座位，并且在电影开始前很长时间就已经坐得满满当当，农村文化资源稀缺是造成这种状况的根本原因。这些电影会对村民的行为产生潜移默化的影响，包括服装、发行、谈吐、眼神甚至吃饭的方式等都在悄然发生变化。电影放映队将村民需要的文化资源送到了村民嘴边，村民感觉到大快朵颐的同时也能够慢慢消化。村民通过电影了解了外面的世界，于是对生活有了更多的追求。在改革开放后城乡二元经济壁垒被打破后，村民离开家园进城务工的激情与此前这些文化资源的渲染不无关系。正式电影放映前一般都会播放一些"加片"，这些"加片"或者是有关科技致富的，或者是有关社会公德的，村民从这里知道了更多有关"富裕"和"文明"的概念，影片中的这些文化资源在潜移默化地改变乡村文化：婆媳之间关系更加融洽；邻里之间能够和睦相处；村民谈吐更加文明；村民到外面闯荡的心情更加强烈。只要文化内容与村民需求相对称，就能够激发村民的消费愿望，并能成为改变乡村面貌的动因。政府的文化供给内容与村民的文化需求之间形成了完美对接。

（三）供给通道：传播途径的问题

要将好的文化内容传播给村民，除了要强调文化形式和文化内容，还要强调文化的供给通道。前面论及，为了建设乡村文化很多地方大力推进农家书屋，事实上这种传统途径并未达到预期效果，因此创新供给通道也成为乡村文化建设的一项重要任务。为此需要到乡村调查，了解村民喜欢通过什么渠道享受文化资源。既然网络传播技术在农村已经普及，并且传统的文化传播通道已经不同程度上受阻，就要在文化传播通道上创新，商业活动、教育培训、基地建设等都是建设乡村文化的创新通道。商业活动是拉动乡村文化发展的重要载体，通过商业活动能够把乡村文化资源整合在一起，也能够使虚拟经济与实体经济联动发展，商业活动能够植入文化符号，也能够让村民感受到具有竞争力的文化资源的商业魅力，激发乡村精英进行文化商业化的激情。教育培训是将乡村文化提炼出来的直接通道，也是为乡村培养文化人才进而使得乡村文化得以产业化发展的重要通道。教育培训不等于文化学术讲座，要结合乡村文化建设实际找到文化建设的突破口，为村民展示乡村文化建设的精彩实例，让村民在情境中学习，认识到文化资源的商业价值，进而明白乡村文化发展与个人生活质量的改善间的关系。文化基地的建设更要结合乡村实际，在乡村文化基础较好的村庄建设基地，能够以基地为节点将更多的文化资源整合在一起，同时也将文化基地发展成为文化产业的孵化基地，让有文化技能和有热情发展乡村文化事业的村民加入文化基地建设当中。除了以上通道外，还可以通过形式多样的文化活动渲染农村文化氛围，使得文化资源与乡村文化建设的通道多元化。

## 四、乡村文化发展对策

### （一）强化村民对乡村传统文化的认同感

农民的主体性、乡村基层民主以及农民的自由与平等是实现乡村现代化的重要标志[1]。乡村文化是一种内卷化文化[2]，建设过程中一定要增强村民的文化自觉意识。费孝通在论及文化问题时提出"各美其美、美人之美、美美与共、天下大同"的十六字箴言，其中论及了文化自觉、文化自强、文化自信之间的关系，文化自觉是基础，认为文化自觉是"生活在一定文化中的人对其文化有自知之明，明白它的来历、形成过程、所具有的特色和它发展的趋向"[3]。为此要引领村民认同传统乡村文化，并强化村民的文化主体意识。文化自觉首先要明白"我是什么"，而后要明白"我干什么"和"我朝哪去"，而这就是乡村文化的发展脉络，村民对乡村文化的认同，不仅表现在对既有文化的传承，也表现在文化创新，从而进一步强化乡村文化的张力。

1. 石家庄市岗上村："做好事、讲诚信"成为重要名片[4]

石家庄市藁城区岗上村在乡村文化建设方面提供了典范。40 年以来村子

---

① 纪丽萍. 变迁视阈中的现代性与中国乡村文化 [J]. 理论月刊, 2013 (5)：176 - 179.

② 季中扬. 乡村文化与现代性 [J]. 江苏社会科学, 2012 (3)：202 - 206.

③ 费孝通. 反思・对话・文化自觉 [J]. 北京大学学报：哲学社会科学版, 1997 (3)：15 - 23.

④ 该案例根据实地调查材料编写。

一直保持着记录习惯，将村子发生的好人好事详细记录下来，包括在路上拾到一袋冰糕或者捡到一头小猪等诸如此类的事情都要交到村里，因此在岗上村不会发生丢失东西找不到的事情，在岗上村已经形成争相做好事的氛围。岗上村不只是将好人好事记录在本子中，在发生好人好事时会及时向全村通报并进行表扬，让做好事的人享受到足够的尊重。"做好事"和"讲诚信"已经成为岗上村两张珍贵的名片，岗上村也成了远近闻名的诚信村、文明村、富裕村。岗上村在乡风文明建设方面形成了良好的社会氛围，每个村民都是这种氛围的创造者，也都是这种氛围的受益者。其他村庄的村民喜欢与岗上村村民打交道，良好的村风吸引了很多投资者助力岗上村发展，在投资者看来，岗上村的村民值得信赖，在岗上村的村风影响下可以形成健康向上的企业文化，企业发展的监督成本与交易费用都会降低。岗上村并非市场经济环境下的孤岛，在岗上村的影响下，附近的村庄都在乡风文明方面取得了长足进步，并且不断向周边地区辐射。乡村文化建设需要长期积累，在循环累积效应下会呈加速发展趋势。"离土中国"在不断改变乡村思维方式的过程中，以经济建设为中心的思维习惯在不同程度上冲击着传统的乡村文化，但岗上村的坚守以及从坚守中获得的收益说明，乡村文化是一种群体思维方式，每个村民都对这种文化氛围有贡献。

2. 江阴市华西村：率先步入乡村工业化轨道①

华西村在 20 世纪 60 年代就从建设小五金加工厂开始走上了乡村工业化道路，老书记吴仁宝年轻时就为华西村的发展规划了蓝图，这既是经济发展蓝图，也是乡村文化发展的蓝图。在吴仁宝心中分量最重的就是"全村人共富"。在村民都已经住进欧式第六代别墅中时，自己仍然住在 20 世纪 70 年代的老房子中，吴仁宝认为这是对村民的教育方式，这能够激励村民艰苦奋斗、安于清贫。在村民眼中，吴仁宝就是华西村的一座丰碑，吴仁宝的名字与华西村紧紧联系在了一起。吴仁宝强调发展乡村经济，但从来没有放松乡村文化建设，而且将乡村文化与乡村经济紧紧融合在了一起。制度是乡村文化的内核，严格而科学的制度能够让村民坚守村规民约，能够将村规民约的外在强制变成内在自律，从而将法治、德治和自治紧紧整合在一起。为了规范村

---

① 孟祥林. 新农村建设支招：八管齐下新主张 [J]. 华北电力大学学报：社会科学版，2008 (1)：73-77.

民行为，吴仁宝规定"在公园里掐一朵花罚款 1 万元"，如果村干部赌博则罚款 100 万元。在吴仁宝看来，虽然经济发展起来了，但人们的思想还没有跟进，需要通过严格的制度对人们的行为进行约束。每个人都是华西文化的重要元素，因此塑造华西文化就需要从规范每个人的日常行为开始。华西村已经形成了艰苦奋斗、诚信待人、团结共进、文明富裕的乡村文化，用吴仁宝的话讲，用两句话可以描述华西村的未来即"美丽的华西村，幸福的华西人"，从理论上讲"美丽""幸福"是没有上限的函数，这也成为华西村的不懈追求，也表示华西人永无止境的奋斗精神。这种华西文化已经形成强大的魅力，成为华西村聚人才、留人才、育人才的法宝。

3. 寿光市三元朱村：冬暖大棚将春天留住①

三元朱村以冬暖大棚蔬菜发端成为远近闻名的富裕村。王乐义作为三元朱村的"当家人"，在创业之初只身到外地学习冬暖大棚蔬菜的果菜种植技术，目标就在于改变传统农业的种植方式，带领农民走出一条不一样的致富路。在将这门手艺学到手并带领村民实践该项技术时，村民并不理解。因为在农民看来春种秋收是自然法则，冬暖大棚改变了农业的传统种植方式，在王乐义让村民砍掉长势正旺的玉米改种冬暖大棚蔬菜时没有人响应。农民不愿意拿着一个确定性的收益换取不确定性的收益，土地是农民的全部依靠，冒这样的风险种植冬暖大棚蔬菜相当于赌上一年的收益。一种新事物从不被人理解到完全被接受需要一个过程，冬暖大棚蔬菜的广泛种植说到底不单纯是种植方式的变化，而是农民思维方式的变化，是传统农业转化为乡村工业的农业文化的变化，只有农民看到这种文化改变能够为自己带来确定性收益时才能够成为这种文化的"粉丝"。在农业文化变迁中遇到了阻力，没有办法走出第一步就不可能打开局面从而让村民认同这种文化。王乐义决定让党员同志带头率先种植冬暖大棚蔬菜，当年冬季每户都实现了双万元的纯收益，这是 20 世纪 80 年代的双万元，村民见到了稳定收益纷纷找到王乐义学习冬暖大棚蔬菜的种植技术，冬暖大棚改变了三元朱村的村容村貌，在数九隆冬窗外雪花纷飞时，冬暖大棚内却是生机盎然，王乐义的潜心创造"留住了春天"，村民认同了这种新的农业文化，也就抓住了财富。

---

① 孟祥林. 乡村振兴战略：国外的成功实践与我国的发展选择 [J]. 河北科技大学学报：社会科学版，2019（3）：15 – 21.

4. 辉县市回龙村：绝壁上凿出"救命路"①

辉县市回龙村的张荣锁带领村民在太行山上凿出了一条"救命路"，改变了回龙村村民的生活方式，一条路将传统的长期处于封闭状态的乡村与现代化的都市连接在了一起，这与张荣锁坚忍不拔的拼劲与村民对这种拼劲的认同并充分参与进去分不开。回龙村地处太行山深处，全村被40多道山梁阻隔，村民由于无法下山，山里的瓜果、药材和矿石无法运出山，村民虽然拥有丰富的资源但祖祖辈辈需要忍受贫困。为此张荣锁为回龙村制定了"先架电、后治坡，修通公路通汽车"的致富计划。张荣锁带领村民斩掉了9个山头，在绝壁上修了8千米的盘山水泥路，并且在悬崖上凿出了隧道。张荣锁与村民一道在悬崖上修成了这条"致富路"，张荣锁也被称呼为太行新"愚公"，电视剧《好爹好娘》中的村党支部书记的原型就是张荣锁。前面论及，村子发展方式的变化取决于思维方式的变化，这实际上就是乡村文化的变化。在悬崖上历经数年修成一条天路，将回龙村艰苦创业的精神永远镌刻在了这条"救命路"上，前人栽树后人乘凉，回龙村的后人会将这种奋斗精神不断传承下去。这条路是改变回龙村命运的路，乡村文化从此改变，回龙村从此可以将丰富的农产品运往都市，并能够吸引资金建设回龙村，加速回龙村走向乡村工业化的步伐。回龙村全体村民的奋斗历程，就是对张荣锁艰苦创业精神的认同，并将这种认同转化为个人行动的过程，这个过程促成了乡村文化改变并改变了所有村民的精神风貌。

（二）乡村文化建设项目支持

乡村文化建设需要通过农家书屋、文化站、健身广场等文化项目进行拉动，在建设过程中要在质量上下功夫，增强文化项目的文化内涵与实用性，将文化项目与乡村居民的日常生活紧密结合在一起，激励村民参与，使乡村文化建设的政府行为演变为全民行为。

读书是获取系统知识的重要渠道，在乡村文化建设过程中，农家书屋成为活跃农村文化氛围，让村民接受科技知识的途径②。但是建设农家书屋过

---

① 王天民，栗建喜. 回龙壮歌——记河南省"优秀共产党员"、辉县市上八里镇回龙村党支部书记张荣锁带领群众修路的事迹 [J]. 农村农业农民，2002（1）：32.

② 郑欣. 治理困境下的乡村文化建设研究：以农家书屋为例 [J]. 中国地质大学学报：社会科学版，2012（2）：131–137.

程中也逐渐暴露出一些问题,这些问题与城市化进程中的农村空心化问题联系在一起。在从"乡土中国"到"离土中国"的变迁过程中,青壮年劳动力外出务工,乡村人才被抽空,文化程度不高的老年村民对农家书屋缺乏需求,中学生住校、小学生在家中完成作业,村民日常往来也主要限于关系亲近者,平时除了忙于耕种稼穑就是空闲时间在本地打零工,因此农家书屋的光顾者很少。再加上书的品种并不丰富,很长时间内也不能更新,使得书屋进一步失去了吸引力。内容单调的书屋,在电视、麻将、聊天等打发闲散时间的形式面前显得严重缺乏竞争力。在"离土中国"背景下,村民的思维方式在发生变化,浮躁的心情使得村民很难静下心来读书。很多农村都已经普及宽带网络,村民在能够收看网络电视的同时,还能够享受免费 Wi-Fi,丰富的信息也会使农家书屋逊色。在农民看来,自娱自乐更加适合自己。与农家书屋类似,文化站和健身广场也遭遇尴尬。农民从事的都是体力活,普遍认为没有必要到健身广场互动。相对于农家书屋和健身广场,文化站的文化资源相对更加丰富,但文化站的分布很不均匀,在数量上也不会像农家书屋那样多,分布的不均衡性使得只有少数人能够享受这种文化设施,这与建设文化站的初衷相悖。

为了避免如上问题发生,就需要突出针对农村居民的文化产品,即使同一种内容的文化品类也要以适合目标人群的形式出现,既然村民已经对实物的农家书屋反映不是很强烈,就要推出虚拟的农家书屋。在农村中依托每个村庄的资源兴办文化网站,以乡镇为核心设置专门的负责人员将本乡本土的最新情况呈现在网站上,这样的文化书斋就完全打破了空间限制,异地做工的村民也能够随时地关注家乡变化。由于网站上的内容都是本土文化,所以能够更好地拉近乡村与村民间的心理距离。网站的内容设计层面可以包括乡村历史、历史典故、乡村精英、生活琐事、乡土著作、实用技术、学习辅导、工作专栏、好人好事、失物招领、土特产品、民间风俗等各个方面,将乡村文化建设、乡村发展状况以及乡村经济发展紧密结合在一起。网页上的内容都是发生在村民身边的事情,村民会比较感兴趣。乡村文化建设不是单纯的政府行为,村民在乡村文化建设过程中应该扮演主角,因此政府需要从村民的需要入手丰富文化形式。农家书屋和农村文化站等都可以通过网站方式建设,既可以让更多的村民便捷地接受文化资源,又可以尽量节省文化建设成本。乡村文化建设不宜遍地开花地重复建设,需要将网站与实体的文化站结合在一起，通过在经济基础较好的乡镇设置文化站，对农村腹地的文化建设发挥引领作用。以文化站为依托可以将体育场馆建设起来，作为召开群众性的体育项目的场所，运动项目也需要与村民的日常生活、劳动紧密结合在一起，在不失趣味性的同时强调生活性。

# 第 9 章

# 乡村文化振兴视域下图书馆
# 治理的现实困境及优化路径

乡村振兴高质量发展需要前瞻性地思考乡村文化发展，而乡村图书馆是乡村文化振兴的重要节点。目前乡村图书馆在发展过程中遇到诸多治理困境，表现在治理主体过分单一、治理过程流于表面、治理环境逐渐恶化、治理空间遭到挤压、治理目标缺乏土味等诸多方面。"图书馆＋"是使乡村图书馆摆脱发展困境的有效方式，提升乡村图书馆的治理水平需要以乡村图书馆为依托，通过将文化站、网络资源、乡村游、新乡贤、技能培训、他山之石等整合在一起，拓展乡村图书馆的办馆思路，丰富办馆内容和拓展办馆空间，在传统纸媒基础上，加快数字图书馆的建设速度。为了促进乡村图书馆高质量发展，需要克服单一财政投入的弊端，尽快形成"政府＋社会＋个人"的多元投资主体，使乡村图书馆具有"土味"的乡情和乡趣，从而为乡村图书馆增添附加功能创造机会，强化乡村图书馆的文化张力。

# 一、引言

## （一）乡村居民的选择性漠视影响着乡村文化与村民生活的融入度

党的二十大报告指出，加快构建新发展格局，着力推动高质量发展。高质量发展是全面建设社会主义现代化国家的首要任务。在全面建设社会主义现代化国家的进程中，最艰巨最繁重的任务在农村，要扎实推进乡村在产业、人才、文化、生态、组织等各方面的振兴。文化建设在乡村振兴过程中扮演着非常重要的角色，乡村图书馆成为乡村文化建设的地标。很多研究成果围绕这个话题展开了深入讨论。文化说到底是一种思维方式，与主体世界的实践过程缠绕在一起。主体世界在与客体世界交互过程中，将改造世界的主观能动性加于对象化的劳动对象之上，并通过接受客体世界的反馈改变着自己，这种交互的状态、交互的方式以及交互的结果以文化的方式呈现出来，文化信息通过打包再进行编码得到流传，通过后辈人对其解码得以承继，再加上繁衍过程中不断受到新因素影响和增加新内容，文化的内涵不断得到丰富和发展，文化的呈现形式也变得异彩纷呈。乡村文化承载着过去、引导着现在并决定着未来，乡村图书馆应该成为承载乡土文化的重要容器。因此，乡村图书馆的高质量发展在乡村振兴进程中的作用需要前瞻性地得到重视。乡村图书馆发展与农业现代化进程如影随形。在农业现代化进程中，工业文明成为社会文明的主流形态，农村文化的生态原貌正在发生变化，乡村固有的文化体系正在被瓦解，与传统乡村文化相对应的伦理价值和文化理念对乡村社会的影响力逐渐弱化，乡村场域内的文化空间、生活空间和制度空间的套叠程度也在被弱化，这就更加需要提升对作为乡村文化地标的乡村图书馆的重视程度。在乡村社会变迁中，虽然居民更多地将眼睛盯在物质文明层面，识别乡村文化的标准退化为"文化资源与物质财富的相关程度"，选择性漠视深度影响着传统乡村文化与村民生活的融入性程度，进而弱化了乡村文化发展的内生动因，但乡村图书馆的建设力度不能降低。虽然在物化价值观的影响下，乡村居民的文化价值认同感被冲淡，乡村社会文化固有的土味、情味对乡村居民的整合力、凝聚力减弱，但乡村图书馆在乡村社会恪守传统文化理念和让人们记住乡愁过程中的作用不能降低。

## （二）"他组织"的外生动力可在一定程度上挣脱文化内卷困境

康拉德·科塔克（Conrad Kottak）认为，乡村社会的变化导致集体记忆变迁，这是处于相应文化空间中的行动者对外部景象和信息流进行修正、诠释、加工进而进行自我调适的过程①。这种变化在潜移默化地对乡村社会的文化样态发生着影响。乡土文化裹挟在与土地打交道的生产实践中②，乡村图书馆应该作为乡村文化博物馆将这种实践成果凝固下来。在城乡二元经济打破后，村民的就业选择渠道拓宽，与土地捆绑在一起的生活方式成为历史。但文化对人类文明的发展具有的规范和调控功能仍然存在，其对人类文明发展和社会进步起到不可估量的作用③，乡村社会应该以图书馆为核心构建起对人们的行为进行规范的尺度。塞缪尔·亨廷顿（Samuel P. Huntington）和劳伦斯·哈里森（Lawrence E. Harrison）认为，在一种社会样态下，最终决定社会发展的不是政治而是文化④。乡村文化发展的物理空间基础正在走向消亡，而物理空间是保护文化资源、留住文化符号进而储存文化记忆的重要载体⑤，乡村图书馆就是承载文化信息的重要展开方式，这也是乡村社会群体保持集体记忆的基础，依托乡村图书馆，可以将乡村社会发展的增长点聚集在一起汇聚为拉动乡村社会发展的引擎。斐迪南·滕尼斯（Ferdinand Tönnies）认为，共同体中个体的亲近需要从"空间上接近"和"精神上接近"两个层面进行考量⑥。乡村文化发展后劲不足导致乡村社会长期处于内卷化状态。有研究认为，可以通过扩展新乡贤的影响力，在乡村文化、乡村治理等方面进行有益探索⑦。乡村文化的发展与传承是基于集体记忆的群体

① ［美］康拉德·科塔克. 远逝的天堂：一个巴西小社区的全球化［M］. 张经纬，向瑛瑛，马丹丹，译. 北京：北京大学出版社，2012：10 – 11.

② 闫小斌，范红，闫毅. 乡村文化再生产的秩序重构［J］. 图书馆论坛，2020（3）：8 – 15.

③ ［英］马林诺夫斯基. 文化论［M］. 费孝通，译. 北京：华夏出版社，2002：15 – 20.

④ ［美］塞缪尔·亨廷顿，［美］劳伦斯·哈里森. 文化的重要作用：价值观如何影响人类进步［M］. 北京：新华出版社，2018：4 – 5.

⑤ 孟祥林. 乡村公共文化内卷化困境与对策［J］. 西北农林科技大学学报：社会科学版，2019（5）：40 – 47.

⑥ ［德］斐迪南·滕尼斯. 共同体与社会：纯粹社会学的基本概念［M］. 林荣远，译. 北京：商务印书馆，1999：56 – 57.

⑦ 王亚民. 现代乡贤文化的认同、培育与乡村振兴［J］. 晋阳学刊，2019（6）：110 – 115.

行为，缺乏了生活基础的文化样态就失去了持续发展的支撑①。民俗、庙场、村戏、庆典、祭祀等充满了乡土情怀的原生态土味文化形式都是集体记忆的重要通道，在这众多记忆形式中自然不能弱化乡村图书馆的作用。农民作为乡村文化的传承者、习得者和创造者，应该成为发展乡村文化的主体②。通过乡村图书馆的感染力会让这种主体意识变得更加真实和可靠。乡村文化的发展带有鲜明的"自组织"特点，能够基于历史积淀进行文化再造，但是在农村城镇化和农业现代化的双重"挤压"下，乡村文化的发展秩序被扭曲，发展空间也逐渐变窄③，在这种情况下，乡村文化发展需要借助"他组织"的力量注入发展动力④。乡村图书馆能够聚合"他组织"的整合力进而平添乡村社会的文化发展动力，这种动力来自文化符号系统对文化信息的承载力。布尔迪厄（Pierre Bourdieu）从结构和建构视角认识文化符号系统，认为文化符号体系具备三个相互联系的功能，即认知、交流和社会区隔。⑤ 文化的动力还来自文化的根本特点即"自我创造"，文化具有基于历史积淀进行自我生产的潜能，这也成为文化得以持续发展的动力机制。乡村图书馆会成为乡村社会文化"自我创造"的发动机，并不断地生产出促进文化发展的外生动力。在文化发展过程中，外生动力也是不可忽略的因素，当文化的内容和形式不适合社会需求时就会出现文化断代，因此"他组织"产生的外生动力对文化发展的激励可在一定程度上打破文化发展的封闭状态，进而挣脱内卷化困境。

（三）乡村文化的传承和生产依托基于物理空间的集体记忆

乡村社会群体在长期的生产生活实践中形成同质性的思维方式、行为准

---

① 鲁可荣，曹斐浩. 乡村传统民俗文化的集体记忆重构及价值传承——以妙源村"立春祭"为例 [J]. 浙江学刊，2020（2）：225 - 231.

② 孟祥林. 乡村文化记忆空间发展的向度、瓶颈与对策 [J]. 盐城师范学院学报：人文社会科学版，2021（2）：71 - 83.

③ 田丽，闫小斌. 乡愁记忆：韩城村史馆建设新模式与新思考 [J]. 图书馆，2018（9）：18 - 22.

④ 赵旭东，孙笑非. 中国乡村文化的再生产——基于一种文化转型观念的再思考 [J]. 南京农业大学学报：社会科学版，2017（1）：119 - 127，148.

⑤ 张意. 文化与符号权力——布尔迪厄的文化社会学导论 [M]. 北京：中国社会科学出版社，2005：175 - 176.

则、社会习俗和价值观念，从而形成一定地域空间内的群体意识，不自觉中实现了自然空间的人化过程。乡村文化再生产也是乡风、民俗、传统的再生产过程，进而形成集体共同遵守的行为规制，通过人伦教化在乡村社会形成礼俗秩序，在世代演替中得以广化和深化。因此，乡村文化的传承和生产过程，就是现代人基于物理空间容纳的文化符号与先人进行对话的过程，吸收先人留下的文化滋养，并继续刻上当代人的文化印痕而影响后辈，通过集体记忆形成超越时代的历史感。共同体成员在长期的生产生活实践中自发形成具有一定同质性的思维方式、行为准则、社会习俗、传统习惯、价值观念、族群意识等。乡村图书馆在乡村社会的风土教化、精神涵养过程中扮演着节点角色，将理念中的文化转化为生活现实，将文化力转化为实践力，乡村图书馆在乡村文化发展中只能是进场、在场而不能退场。自 2018 年以来，中央一号文件中都不断强调乡村公共文化建设的重要性，其中在《乡村振兴战略规划（2018～2022 年）》中就明确提出加强县级图书馆和文化馆建设的指示，指出要强化县级公共文化机构的辐射作用，要进一步加强基层综合性文化服务中心的建设。在乡村文化的多种发展形式中，图书馆是居民获得文化滋养的精神家园，在乡村文化发展进程中发挥着重要作用。但由于我国农村地域广大，不同区域存在较大差异，农村图书馆在乡村文化发展过程中发挥的作用也千差万别。随着无线网络的普及，村民获取文化资源的途径越来越广，电子图书较纸质图书更易获得。改革开放后乡村社会结构在发生变化，城乡二元经济结构被打破后，乡村人口的流动性开始提升，乡村社会也由熟人社会转变为半熟人社会，乡村文化发展正在面临"熟悉的陌生人"和"选择性模式"的认知困境①，这进一步导致乡村风俗礼仪异化问题不同程度存在②。乡村基于地缘网络、血缘网络建立起来的生活共同体、价值共同体正在被撕开裂口，基于传统乡村文化构建起来的乡村社会的稳定性开始受到挑战。在趋利性动机影响下，基于乡村图书馆构建起文化网络的发展预期在不同程度上受阻。因此，研究乡村图书馆高质量发展中存在的问题、发展对策就显得非常重要。但在目前的研究文献中，大多从乡村文化发展的物理空间、制度

---

① 顾海燕. 乡村文化振兴的内生动力与外在激活力——日常生活方式的文化治理视角 [J]. 云南民族大学学报：哲学社会科学版，2020（1）：52－57.

② 李建军，段忠贤. 乡村文化治理的主体特征与模式选择——以农村移风易俗为例 [J]. 云南社会科学，2023（1）：170－176.

空间、记忆空间等角度进行分析，缺乏对乡村图书馆方面的深入研究。

## 二、乡村振兴高质量发展目标下乡村图书馆治理的现实困境

图书馆成为发展乡村文化的地标性建筑，乡村经济的发展质量可以在乡村图书馆的质量上呈现出来。公共图书馆是为社会成员提供信息服务的公共场所和村民的精神载体。在实施乡村振兴战略过程中，乡村场域内应该尽快构建起公共图书馆服务系统[①]。乡村图书馆需要以财政为支撑辅以社会力量兴办，向社会公众提供公益性的文化资源和信息服务，其主要表现形式是乡图书馆、镇图书馆、乡镇文化站中设立的图书室以及在广大乡村中开办的村图书室和农家书屋等。乡村社会的发展质量与乡村图书馆的治理水平紧密相关。图书馆治理是政府、图书馆委员会和社会团体等对图书馆事务进行组织、策划、协调和实施的行动过程[②]。政府部门、社会组织、图书馆组织以及个人等通过合作方式，共同进行乡村图书馆治理的过程即为乡村图书馆治理。英、美等国家在公共图书馆的发展方面经历了不同的发展秩序。20世纪20年代英国学者就提出公共图书馆向乡村延伸的主张，认为需要以乡村图书馆为核心打造乡村居民的精神生活中心。美国则建立起了"总馆+分馆+流动图书馆"的模式，图书馆得以覆盖全社会。我国的公共图书馆目前仍然徘徊在城市，乡村居民无法更普遍地享受到公共图书馆提供的文化资源。发达国家的乡村图书馆治理发展历程为我国发展乡村图书馆事业提供了经验。我国的乡村图书馆在治理主体、治理过程、治理空间、治理环境、治理目标等方面都存在诸多瓶颈，阻碍了乡村文化高质量发展进程。在乡村图书馆治理过程中，治理主体是发力者，治理过程、治理环境、治理空间、治理目标分别是治理力的传播方式、读书观念、辐射范围、生产对象，只有多方面协同发力才能从根本上改善乡村图书馆发展样态。

### （一）治理主体即乡村图书馆治理的发力者过分单一

乡村图书馆治理应该由政府部门、社会组织、个人以及图书馆自身等各

---

① 吴慰慈，邵巍．图书馆学概论 [M]．北京：书目文献出版社，1985：88.
② 梁欣．我国公共图书馆服务体系建设：治理模式研究 [J]．中国图书馆学报，2009 (6)：17－24.

方力量形成多元化治理主体共同参与。但是受传统思维方式路径依赖的影响①，包括乡村图书馆在内的文化事业的发展都是在政府财政支撑下进行的，以政府为唯一力量的文化单项植入方式发展乡村图书馆，使社会组织、个人和图书馆等办馆力量都被边缘化。受传统思维方式影响，乡村图书馆的图书内容都与高校图书馆相似，因不符合乡村居民的文化胃口而受冷落。政府单一力量支撑，不仅加大了办馆的财政负担，也关闭了个人力量和社会力量参与办馆的入口。政府单一力量注资兴办乡村图书馆，能够更好地体现行政意志并强化政策导向。但单一的文化植入模式会脱离本土文化的发展实际，乡村图书馆会缺乏乡情、丢掉乡味。乡村图书馆首先要强调"乡村"而后才是图书馆，图书馆需要突出土味情怀，将村民个人以及社会组织纳入图书馆治理主体，才能让村民有话语表达权，并将乡村图书馆办成具有乡土气息和反映村民意愿的文化堡垒。乡村图书馆是本土文化的节点，社会力量具有参与办馆的愿望，随着乡村社会结构变化，社会组织以及个人力量成为发展乡村图书馆的重要支撑力量。个人力量和社会组织参与办馆，在为图书馆解决资金缺口的同时，也将为图书馆的发展搭建起智库。只有将政府意志和村民意愿进行充分结合的乡村图书馆治理方式，才能厘清为谁服务、怎样服务和服务什么之间的关系，为村民表达文化消费意愿建立通道和拓展通道。

（二）治理过程即乡村图书馆的影响方式流于表面

乡村图书馆的治理过程需要调动多元主体共同参与并兼顾各方利益诉求，从"管理"转向"治理"进而实现善治。前面论及，"自上而下"的治理思维让财政投资唱独角戏，行政指令模式的乡村图书馆治理方式，使得乡村图书馆从建立到发展完全成为行政行为，管理效率重于治理效果。乡村图书馆事业需要持续运转，建立之后的维护任务更加繁重。"任务式"的治理方式导致功利化、短期化的价值取向，乡村图书馆的建设形式大于内容，后期由于维护不到位，很多乡村图书馆处于半关闭状态。乡村图书馆从建设伊始就缺乏融入本土文化的思维前提，书籍内容也脱离村民生活实际，"乡村空心

---

① 马廷魁. 从"路径依赖"到"文化自觉"——社会化媒体时代农家书屋发展模式转型 [J]. 中国出版，2014（10）：3–6.

化"问题也使乡村图书馆的服务群体变得狭窄。① "一刀切"的治理方式，使得乡村图书馆失去了本土文化支撑和乡情、土味特点。乡村图书馆的服务群体是村民，村民需要通过图书馆构建起来的物理空间唤醒乡村记忆、聆听先辈声音、感悟文化教诲。因此，乡村图书馆应该肩负起风土教化的责任，通过传播土味的文化使乡村居民形成非纸面的行为规约，从而形成不需要他人提醒的自觉，每个村民都能够在这种文化氛围影响下通过行为内敛实现帕累托改进，主动展露与他人谋求合作的愿望，从而推进社会资本快速增加，每个村民的存在都会成为其他村民生存状况变得更好的前提条件。因此，乡村图书馆除了要向村民传播知识和传授技能外，更重要的是培育文化氛围，这是决定乡村社会发展样态的精神支撑。乡村图书馆需要掺杂土味情怀和生长乡土文脉，治理过程才富有文化深度和文化内涵。

（三）治理环境即乡村社会的读书观念在逐渐恶化

乡村社会可持续发展需要建立在人与自然和谐对话的基础上，人化自然需要基于自然法则将人的意志加于自然过程。在城乡一体化进程中，城乡间穿梭的城市边缘人的思维方式不断植入乡村社会，世代居住于乡村的村民的思维方式受到冲击，原子化的生存状态在拉远了村民心理距离的同时，原生态的价值观念被撕碎，乡村原住民的生活方式也开始转向。乡村社会文化发展的物理空间被无限挤压，黏附于物理空间上的文化符号表达的文化内涵也逐渐被冲淡。当个人理性超过了集体理性时，个体就会以个人效用最大化为前提展开实践活动，并不断地侵害他人利益，群体中个体间的恶性博弈开始出现，乡村社会共同体被撕开的口子就会逐渐变大，公共资源由于成为免费产品而被无秩序地滥用和无限制地开发，人与自然、人与人之间的不和谐因素开始增加。乡村社会文化环境的淡化，导致居民对集体情感依赖的缺失，乡村文化记忆也会出现断层。社会学理论认为，文化记忆通过集体行为得以展露，记忆的内容包括社会发展中形成的行为知识和经验知识，这需要在反复的社会实践中获得②。原生态乡土文化的凝聚力弱化以及乡村社会自然环

---

① 孟祥林. "离土中国"背景下乡村文化发展的力量组合与发展对策 [J]. 合肥师范学院学报，2019（5）：26－33.

② 陶东风. 文化研究（第11辑）[M]. 北京：社会科学文献出版社，2011：4.

境的变化导致乡村社会精神环境恶化，传统朴素的团结互助的村民关系缺失，乡村治理面临新的挑战。这种氛围也在改变着乡村居民的读书观念，"不看书包只看钱包"的思维方式也使乡村图书馆的持续发展面临困境，乡村图书馆需要妥善处理"远期收益"与"即期报偿"之间的关系。

（四）治理空间即乡村图书馆的辐射范围遭到挤压

乡村图书馆以供给传统的纸质版图书为主，并且主要集中在县城布局，不易成为分散居住的乡村居民的文化享受。移动互联网的普及使乡村图书馆进一步受到冷落。随着智能手机的普及，乡村居民开始通过抖音、K 歌、微信、群聊、视频等方式传情达意，通过网上冲浪关注新闻和搜寻心仪的文化产品，网页、视频、动画等形式表现的文化资源相对于静态的纸质版书籍更能激发居民的阅读愿望，电子文化资源的可获得性以及获得成本较低的特点，在一定程度上替代了静态的文字表达。科技进步为乡村图书馆的办馆形式提出了新要求，办馆形式只有迅速转向才能跟进乡村社会结构变化，为乡村居民呈现丰盛的文化菜单。多元文化产品形态挤压了乡村图书馆发展的实体空间，乡村居民文化品位提升、文化视野拓宽以及文化需求多元的新样态，与文化产品单一、表现形式固化、管理思维僵化之间形成强烈反差。传统的纸质版图书在文化产品家族中的占比日趋下降，但传统图书馆的办馆思维仍然禁锢在纸质版图书为主的办馆形式，读者群体自然会从乡村图书馆流失。乡村场域互联网普及，让更多村民钟情电子文化产品，可以方便地从网站下载电子版图书资源，省去了村民借还图书的交通成本。电子文化产品的可复制性，也降低了乡村图书馆文化产品置办成本较高的瓶颈。电子产品丰富化，不但节约了建设实体乡村图书馆的建设成本，管理成本也容易控制。电子图书馆全天候对读者开放，方便村民充分利用碎片化的时间获得文化资源和享受文化产品。

（五）治理目标即乡村图书馆的生产对象缺失土味

乡村图书馆需要带有土味和乡情，缺乏了地方文化特色的乡村图书馆就脱离了本土文化实际。目前的乡村图书馆建设，大多以城市图书馆建设为蓝本按照同一模式进行，很多纸质版图书由于不接地气而遭遇冷落，读者不能在图书馆中找到适合阅读的产品。乡村图书馆是传授文化知识、推广文化信息的殿堂，留住读者是让图书馆发挥存在价值的第一步，文化资源的内容以及表现形式就成为留住读者的关键。居民的乡土情怀在日常生活中表现出来，在文化资源问题上，村民不但要能够享其权，也要能享其富，乡村图书馆要能够提升村民的文化素养，也要为文化产业化发展提供通道。因此，乡村图书馆在夯实文化传播力的同时也要强化文化转化力，乡村图书馆需要强化地方文化特色，将乡趣、乡事、乡贤、乡企、乡史等纳入图书馆板块，让图书馆扮演凝聚村民智慧、启发村民创业、引导文化发展的策源地。以纸质版图书为主并且缺失了地方文化内容的乡村图书馆，地方文化发展中成功者的声音就失去了表达机会，文化的感染力和辐射力也被弱化。乡村图书馆是乡村场域内的文化节点，以图书馆为平台，将他人的智慧转化成为自己的能力，图书馆也就成了将读者进行分类的平台。乡土智慧更贴近村民的实际生活，村民可以走进文化达人的生活为其点赞，扩大自己的朋友圈，捕捉发展机会和开启发展智慧。地方文化是提升乡村图书馆魅力的文化支撑，这样的图书馆才能成为村民喜欢的图书馆和与其他地方有差别的图书馆，成为驱动乡村文化进步的发动机。

### 三、乡村振兴高质量发展目标下乡村图书馆治理的优化路径

在推进乡村振兴战略过程中，乡村图书馆、农家书屋是乡村居民的精神家园[①]，为乡村社会转型提供精神动力和智力支持。但因农村地域广大，不同区域的发展基础存在较大差异，发展乡村文化事业的基础不同。为了实现乡村文化高质量发展，首先需要提升乡村图书馆的发展质量，进而推进乡村社会现代化的发展进程。因此需要因地制宜地创新乡村文化形式。有研究认为，发展乡村图书馆应该采取"1＋X"模式，即以一所省（市）高校图书馆带动多所乡村图书馆发展的模式[②]，其中的"X"可以是文化站、网络资源、新乡贤、乡村游、技能培训、他山之石等多种形式，将乡村图书馆的"不变"与"X"的"变"紧密结合在一起。在广大乡村场域内实行"1＋X"的

---

① 陈庚，张红梅. 乡村振兴战略下的农家书屋可持续发展研究 [J]. 图书馆，2020（3）：43 - 48.

② 雷香花. 试论乡村图书馆的"1＋X"建设模式 [J]. 中国图书馆学报，2011（5）：83 - 85.

图书馆发展模式，与乡村社会成员文化需求异质性与空间布局分散化特点相适应。同时也能够吸引社会资源参与图书馆建设，将乡村居民的生活场、文化场与发展乡村文化的制度场紧密结合在一起。

（一）乡村振兴高质量发展目标下乡村图书馆治理的"图书馆+"发展途径

1. "乡村图书馆+文化站"：图书馆拓展为文化乐园

在传统农耕时代，乡村居民依托经验传承和先辈教导世代延续，居民获得知识的渠道有限，文化资源的分配与生产资料的占有量呈正相关关系，表面上的机会均等被事实上的机会不均等所替代。文化作为稀缺资源一直成为底层社会跳出阶层固化怪圈的瓶颈。新中国成立后，普通百姓也能够享有受教育的机会，乡村居民获得文化资源的机会开始增加，但是获得文化资源的便利性程度以及文化资源的可消化性程度仍然存在差别，前者论及的是文化资源的获得通道问题，后者论及的是文化资源的转化能力问题。英国学者霍尔（Stuart Hall）认为，文化传播过程需要经历从编码到解码的完整过程[1]，这对编码和解码都提出了很高的要求，只有编码与解码高度对称，文化资源才能够成为乡村居民的文化享受，进而将文化力转化为实践力，在乡村场域内实现生活场与文化场高度叠加，激发居民参与乡村文化建设的热情，实现从文化接受者向文化生产者的角色转型。文化站是政府主办的旨在研究文化活动规律、创造文艺作品和开展文体活动的活动场所，作为乡村公共文化服务建设的重要节点，成为展示乡风文明建设的窗口。[2] 将乡村图书馆与文化站整合在一起发展，既可以克服乡村图书馆文化资源单一问题，也可以充分调动乡村居民参与乡村文化建设的热情。在文化站中既可以举办书画比赛、工艺展览、知识竞赛，也可以开展好家庭、好邻居、好婆媳的评选，还可以进行与"土味"相关的好产品、好手艺、好创意等相关内容的展示。土味、乡情与乡村文化发展交汇在一起，激发村民的参与愿望，丰富乡村文化内容，激活封存在书本中的文字，实现乡村文化的创造性转化和创新性发展。

---

① 罗钢，刘象愚. 文化研究读本 [M]. 北京：中国社会科学出版社，2000：359 - 360.

② 孟祥林. 乡村公共文化空间建构的困境、向度与方向 [J]. 华南理工大学学报：社会科学版，2019（6）：102 - 110.

2. "乡村图书馆 + 网络资源"：提升获取资源的便利性

自从"农家书屋"工程实施以来，乡村场域内"农家书屋"的数量迅速增加。农家书屋建立起来后需要持续运转，就会遇到后期投入成本的瓶颈，这除了持续运转需要的管理成本外，书籍需要持续更新，"资源少、看书难"的问题仍然存在。互联网在乡村普及，为乡村公共文化建设提供了新思路。[①]乡村图书馆以省市高校图书馆为依托，提炼已有的图书资源，将适合乡村居民胃口的图书资源进行电子化处理，开办网上图书馆。村民以身份证号申办长期有效的电子阅读卡，村民可以选择合适的文化资源。为了让"乡村图书馆 + 网络资源"具有普适性，需要开发电子书阅读器。具有一技之长并为乡村文化发展做出贡献的村民，可以凭借文化贡献积分免费领取阅读器，普通村民也可以自愿购买。阅读器的这种差别化获得机制能够细分乡村居民，让拥有文化资源和具有文化生产潜力的村民优先获得丰富的文化资源，使其成为发展乡村文化的核心。"乡村图书馆 + 网络资源"的乡村文化发展方式，会在传统的纸质版图书基础上，增添丰富的视频材料，为具有一技之长的村民展示文化特长搭建起了平台，优质的文化资源能够在文化现代化进程中锁住更多发展机会，在乡村社会中涌现出有热度的文化明星，进而成为拉动乡村文化发展的"起搏器"，民俗、庙场、节庆、祭祀、美食、传说等都可以打包塑造乡村文化名片。乡村社会由行政指令下依托财政支撑的被动的文化接受者，转而成为乡村文化生产者、传播者，文化物理空间的文化衍生功能得到强化，小众化的文化发展格局拓展为大众化和全员化的发展格局。

3. "乡村图书馆 + 新乡贤"：让文化达人现身说法

在乡村振兴过程中，新乡贤需要充分发展智库功能。新乡贤主要包括创业大学生、城市精英和回乡农民工等，见多识广并且具有一技之长，成为推动乡村发展的骨干力量。乡贤的智慧和发展愿望需要成为乡村居民的智慧和发展愿望，因此，需要依托乡村图书馆开辟"新乡贤说法"板块，新乡贤以乡村图书馆为阵地对乡村居民"扶智 + 扶志"，将个人的致富智慧转化为乡村居民的致富实践。乡村社会是基于地缘网络、血缘网络、趣缘网络发展起来的熟人社会，群体成员在长期交往中形成了相似的生活方式和一致性的价

---

[①] 孟祥林. 公共文化服务：发达国家的经验与我国的发展选择 [J]. 贵州社会科学，2019 (9)：91 –97.

值观念，突破生存现状的愿望被弱化，乡村社会缺乏冲破内卷化困境的内生力量。新乡贤作为一种外在力量，能够为乡村社会植入新理念，从而改变乡村居民的传统思维方式，改变乡村居民的生活轨迹。乡村图书馆是传播新知识和获取新思想的精神家园，科普乡贤、支教乡贤和文艺乡贤在向村民传播专业知识、提升文化素养和活跃文化气氛方面发挥着不可替代的作用，乡村图书馆不但能够提供纸质版图书，还能够聚集新乡贤为乡村居民解疑释惑，让知识贴近现实和解决问题，将乡村图书馆发展成为生产智慧和解决问题的根据地，乡村居民生产实践中的问题可以在乡村图书馆得到一站式解决，乡村图书馆成为村民智慧的靠山，激发村民致富的愿望和唤醒村民致富的智慧。入驻乡村图书馆的新乡贤也会成为村民发展文化智慧的萃取剂和放大器，村民能够感受到文化与生活叠加创造出生产力，文化成为改变村民生存状况的核心因子。"乡村图书馆 + 新乡贤"为新乡贤在乡村场域内施展抱负搭建了平台，从而在乡村社会中形成更大的文化圈，进而使文化场作用于生活场。

4. "乡村图书馆 + 乡村游"：将文化资源变为真金白银

乡村图书馆是知识驿站更是信息平台，当地人能够在图书馆中享受文化时光，外地人可以通过图书馆感受乡土情怀。因此，乡村图书馆应该成为乡村体验游的出发点。根据美国"总馆 + 分馆 + 流动图书馆"的发展经验，乡村图书馆是图书馆系统的神经末梢，成为将村镇连接在一起的节点。外地人了解本土文化的第一站就是进入乡村图书馆，在这里可以了解本土文化的详细信息，从而形成感性认识，激发深入了解并催生理性思考的冲动。乡村图书馆成为凝聚乡趣、激发乡情和土味乡味的根据地，也成为本土文化的展览室。乡土资源通过纸质版图书、音像制品和实物产品等形成立体投射。乡村体验游正在成为旅游消费时尚，乡村图书馆就成为旅游公司编排旅游线路和搜寻体验选点的信息查询驿站。"乡村图书馆 + 乡村游"以乡村图书馆为轴心将乡村文化整合在一起，将村民打造成为乡村游的生产者、开发者，通过乡村体验游的产业化促进乡村文化创造性转化，乡村旅游资源、乡土文化情怀、乡村居民生活等成为乡村体验游的风景，游客则成为乡村居民生活中的风景。乡村体验游正在成为乡村旅游的发展新趋势，民俗、美食、盛景、轶事、村戏、建筑、遗迹、族规等与乡村居民生活、创造、发展相关的景、情、事等都能够以乡村图书馆为节点整合在一起，乡村图书馆成为了解乡村社会的文化驿站，也成为传播乡村信息的情报站。游客在乡村图书馆能以书籍为媒介聆听专家解读，从而对乡土社会进行理性思考，了解乡土社会的过去和现在。乡村图书馆对乡土社会进行了全局性描画、系统性推介和方向性引导，为乡村文化发展开辟了路径。

5. "乡村图书馆＋技能培训"：将继承能力转化为创造能力

乡村图书馆是获得知识、搜寻信息和提升技能的地方，乡村社会的现代化关键是人的现代化，通过"强智＋强志"改变乡村居民的精神面貌和心理状态。乡村社会的发展样态只有在生活场与文化场完美套叠中才能够彻底改变，乡村居民的生活空间就是乡村社会文化空间，需要在居民的生存样态、谋生技能、交往方式、对话语境等方面得到彰显，村民只有在乡村文化发展中得以改变生存状态，才能从乡村文化发展的看客变为主演，这需要村民的内在素养得到质的提升，"乡村图书馆＋技能培训"就是实现这种变化的重要通道。技能培训能让村民掌握一技之长，在市场竞争中增加与竞争者的对话筹码。新乡贤、致富精英、农民企业家、政府官员、村干部、文化精英等都要成为技能培训的主讲人，向村民传授致富技能和致富政策，既讲求理论疏导也讲求实战练兵，让农民成为懂政策、有技术、愿致富、富耐性的"擅长钻"和"能够闯"的致富能手。乡村图书馆既是传播知识的场所，也是进行研讨的阵地，乡村图书馆成为致富训练营。这样的图书馆，管理员成为技能培训的组织者，依托图书馆这个平台在乡村场域内会组成更多的兴趣团队，具有同样兴趣和发展愿望的村民组成朋友圈进而催生多种类型的行业协会，每个领域都会诞生行业"大 V"，成为政府推动乡村文化建设的抓手。"乡村图书馆"在这样的发展模式中能够从依托纸质版图书办馆的传统模式中挣脱出来，让知识更加实用并对农民产生更好的激励作用，在降低办馆成本的同时，也增加图书馆的人气，为让"粉丝"升级为"精英""达人"创造发展通道和发展空间，从而使乡村社会的整体精神状态得到改变。

6. "乡村图书馆＋他山之石"：拓宽视野树立高远目标

乡村图书馆除了要成为本土文化的展示场和提升村民谋生能力的训练场，还要成为"他山之石"的推介场。发达国家和超前发展地区的乡村文化建设经验丰富，应该成为发展相对滞后的乡村谋求发展的活教材。村民走出去看看的机会很少，长期生活在乡村场域内的居民就会因视野狭窄而弱化进取心，乡村社会内卷化问题比较突出。只有对比才会发现差距，通过展示发达国家超前发展地区乡村居民的生存样态，能够激发村民发自内心的发展动力，从而能够积极探寻乡村社会发展的领头羊，这会激发乡村文化精英和致富达人的影响力和号召力。政府官员、高校科研院所在"乡村图书馆＋他山之石"的发展模式中需要扮演主要角色，为乡村居民系统展示"他山之石"的文化激活方式，重点是通过展示高质量的生存状态激发乡村居民改变现状的愿望，并成为可行的发展预期，通过激发内在动力促成实践方式改变。"他山之石"不能盲目复制，"精神引领"才是从他山之石中能够萃取的宝贵资源，在此基础上依托本土资源实现创造性改变和创新性发展。"乡村图书馆＋他山之石"的办馆方式中，村民、村干部通过系统学习、感受经验，进行理性思考，得出改变本土乡村社会的可操作方案。"他山之石"也要邀请"他山"的智慧精英谈思路、讲做法、析问题、论对策，追忆此前的坎坷史、梳理当前的致富经、展望未来的光明路。因此，汲取他山经验就是讲发家史、创业路、致富经，通过隔岸欣赏激发创业动力进而变为现实生活，他山之石通过内化于心转而外化于行。乡土社会突破内卷化困境，在乡村文化改变中实现乡村社会现代化。

## （二）乡村振兴高质量发展目标下乡村图书馆治理的整体推进策略

发展乡村图书馆是乡村振兴的重要一步，在提升乡村文化发展质量和提升乡村社会经济现代化水平过程中扮演着重要角色，为此需要在治理主体、治理理念、治理目标、治理机制等方面进行系统思考①，高质量应该是与区域特色相适合和满足村民群体需要的高质量，而不应仅仅体现在图书馆的规模以及藏书的数量层面。乡村图书馆应该体现区域性、全民性、多样性、便利性和共享性特点。② 在发展乡村图书馆的政策方面也要不断细化，要为获得阅读资源存在困难的农村群体提供支持③，乡村图书馆扮演的角色应该是多元文化中心、乡村信息中心、舆论宣传中心和社会教育中心④，形成城乡

① 徐慧. 新型城镇化进程中乡村图书馆治理的现实困境与突破 [J]. 图书馆工作与研究，2017（7）：10－16.

② 贺洪明，罗静. 乡村公共图书馆定位研究 [J]. 图书馆理论与实践，2017（4）：57－60.

③ 岳景艳. 农村阅读困难群体与图书馆关怀对策 [J]. 图书馆，2014（5）：84－86.

④ 董克宗. 对我国乡村图书馆（室）建设的思考 [J]. 图书馆工作与研究，2010（10）：15－17.

一体化的公共图书馆服务体系①，在提升公办图书馆发展质量的同时也要拓宽民办图书馆的发展空间②，鼓励和支持发展百姓书社③，充分认识到农村阅读文化的贫困性问题，并解决阅读困难群体面临的实际问题④，将发展农家书屋纳入乡村振兴战略当中⑤。除了以上诸多方面的考虑外，乡村图书馆也应该在记录、收藏、保护和传承乡村文化遗产方面发挥作用。⑥

1. 治理主体转向多元化：避开单一财政支撑的路径依赖

乡村图书馆的建设一直是在财政支撑下发展，这不但增加了财政负担，也挤压了民间力量的参与空间。前面论及，乡村图书馆需要接地气、有乡味，能够将传播知识与提升能力紧密结合在一起，解决村民日常生活中面临的问题。基于财政支撑的以高校图书馆为模板建立乡村图书馆，馆藏内容脱离村民实际生活，富含乡味的地方文化也被边缘化。因此，拓展乡村文化的发展空间，需要对发展主体进行重构，以政府支撑下的乡村图书馆为母版，植入社会组织力量和个人力量，将农家书屋、百姓书屋等发展成为乡村图书馆的神经末梢，让农家书屋和百姓书屋发展成为一种新业态。在乡村图书馆的新发展思路下，政府逐渐从"投资主体 + 管理主体"的双重角色中淡出，出台倾斜性的支持政策，让乡村文化达人脱颖而出，成为点亮乡村图书馆发展事业的火种，进而使乡村图书馆的治理主体多元化。

2. 治理过程转向丰富化：加快数字乡村建设进而深化图书馆的影响力

乡村居民居住分散，但图书馆是集中布局，图书馆资源对于绝大多数乡村居民而言获得成本较高，数字图书馆是解决这一问题的有效方法。互联网在乡村的普及为乡村数字图书馆的建设奠定了基础。数字图书馆的发展，能

---

① 冷稼祥. 构建城乡一体化公共图书馆服务体系 推进社会主义新农村建设 [J]. 新世纪图书馆，2012（9）：88 – 91.

② 李梦霞. 民办乡村图书馆比较研究 [J]. 图书馆建设，2013（7）：75 – 79.

③ 黄莺，张军玲，段宇锋. 百姓书社：都市乡村的书香风景 [J]. 图书馆论坛，2020（4）：18 – 21.

④ 王春梅. 透视农村基层图书馆阅读的文化困惑 [J]. 新世纪图书馆，2019（11）：5 – 11.

⑤ 储节旺，刘秉玉. 农家书屋助力乡村振兴战略实施的对策研究 [J]. 国家图书馆学刊，2019（3）：36 – 44.

⑥ 孙文学. 留住乡愁：构建乡村图书馆保护与传承乡村文化遗产的有效机制 [J]. 图书馆理论与实践，2019（4）：73 – 77.

够在缩小城乡"数字鸿沟"① 的前提下尽量降低图书馆的人力资源成本，同时居民获得数字资源的便利程度也得到提升。数字图书便于复制和传播，居民可以根据需求喜好定制菜单。管理人员通过大数据统计结果，可以及时捕捉信息，并根据居民需求补充相应的资源。数字图书馆可以设计管理人员与居民的互动窗口，管理人员据此及时了解村民需求，该窗口还能成为萃取群众智慧的纽带，将文化精英的智慧变为分享给大众的文化资源。乡村数字图书馆会成为援助文化的红娘，在有效解决文化分布不均衡问题的同时，让供给者及时发布文化信息，让需求者及时得到文化资源，为文化资源产业化建立链接，让智慧变为村民的财富。

3. 治理环境转向广角化：以乡村图书馆为核心营造乡村场域的读书氛围

前面论及，乡村场域的读书氛围在恶化。城乡二元经济结构被打破后，乡村社会的外出务工人员趋于年轻化。乡村社会的读书时间缩短与乡村振兴之间存在矛盾，乡村社会需要作为乡村社会主体的农民进行建设，只有让乡村社会认识到读书的力量才能营造读书氛围进而发展乡村文化，以乡村图书馆为核心和村民生活为切入点，在村民中树立"知识改变命运"的榜样，就成为在乡村场域内营造读书氛围的关键。因此，以乡村图书馆为核心发展乡村文化过程中，治理环境需要转向广角化，即以乡村图书馆为核心营造的乡村文化环境不仅包括物理环境，也包括制度环境、惯习环境、体化环境等，在构筑读书的物理空间的同时，要形成具有持久影响力的制度空间、惯习空间和体化空间，让村民生活拥有激励读书的制度、渲染读书的氛围以及自律读书的修养，在乡村社会中通过文化消费扩大文化再生产。

4. 治理空间转向本土化：通过"乡味 + 土味"给图书馆附着地方特色

就服务对象而言，乡村图书馆与高校图书馆存在巨大差别。乡村图书馆只有在"乡味 + 土味"上下功夫才能够扩大乡村读者群体。绝大多数村民受教育程度不高，乡村图书馆的馆藏内容要照顾到各个层面的读者。乡村图书馆既要成为乡村中小学学生学习的乐园，也要成为村民汲取文化滋养的知识宝库。通过乡村图书馆，既要让村民看得见远处的山，也要能够感受到近处的水，将改变村民的近期生存状况与远期发展紧密结合在一起。乡村图书馆

---

① 萧子扬，叶锦涛. 公共图书馆参与乡村文化振兴：现实困境、内在契合和主要路径 [J]. 图书馆，2020（2）：46-52.

的情味与土味即村民的生活味，村民能够感受到文化的质量，能快速找到图书馆与个人生活的接口，让图书馆成为改变个人生存状况的工具。家乡事、家乡人、家乡景成为构成家乡味的重要元素，也是乡村图书馆的镇馆之宝，据此能够改变乡村、打动乡民、造福乡里，让村民在分享智慧中创造智慧，在继承文化资源中创新文化资源，乡村图书馆成为乡村文化的孵化器。

5. 治理目标转向大众化：增加乡村图书馆的附加功能进而拓展辐射范围

阅读是乡村图书馆的主体功能，乡村中小学生以及与文化教育相关的从业人员是阅读主体。但乡村图书馆的目标在于为大众化服务，因此需要拓展乡村图书馆的附加功能，依托图书馆的主体功能，增加会议、讨论、培训、展览、推介等功能，让图书馆从此前的"吸收知识的殿堂"转化为"创造知识的平台"，将村民的生活场融入乡村图书馆的物理空间。乡村图书馆的附加功能，可以让本土文化精英具有话语表达权，在展露乡村治理智慧过程中，强化文化精英的影响力，同时也能使乡土社会受益。乡村图书馆通过展示、推介活动，将更多本土文化资源列入发展菜单，文化发展的样态和向度会更加多元化，居民的生活场、文化场与制度场更加贴近，村民具有更强的话语表达愿望，基于"问题导向"的乡村治理方式，在发现问题中讨论和解决问题，村民会积极反映新问题和亮出新点子，从而管理客体与管理主体构建起管理共同体。

## 四、结语

乡村图书馆是唤醒和重构乡村文化的节点，乡村振兴高质量发展需要从乡村文化高质量发展入手考虑问题，而乡村图书馆的质量是乡村文化发展质量的重要表现。为了提升乡村图书馆的发展质量，就需要全面考察图书馆发展中存在的问题。政府支撑的单向植入治理方式不能解决乡村图书馆的持续发展问题。传统经济的路径依赖使得乡村图书馆仍然囿于财政投资的发展样态，治理主体单一化、治理过程表面化等问题，以及乡村生态环境变化、乡村图书馆发展空间狭窄进而导致的图书馆缺乏乡味和土味等问题，都在不同程度上困扰着乡村图书馆的持续发展。乡村社会是依托地缘网络、血缘网络等构建起来的熟人社会，文化传播过程是个体间通过相互影响配合彼此行动得以进行的①，个体在长期交往中形成了一致性的价值观念和共同遵守的行为规范，进而成为区域文化中的土味和情味的重要元素。但是在乡村空心化进程中，原生态的土味的伦理观念正在被撕碎，乡村社会也由熟人社会变为半熟人社会，乡村社会基于物理空间和生活惯习的传统文化也正在被冲淡。在这种情况下，乡村图书馆需要担负起重构乡村文化的职责。政府财政单一支撑下的办馆方式以及以阅读为单一职能的图书馆职能已经不能跟进乡村社会发展需求。通过"乡村图书馆＋"的方式拓展乡村图书馆职能，将文化站、网络资源、新乡贤、乡村游、技能培训和他山之石等与图书馆的传统职能整合在一起，强化图书馆的凝聚力和辐射力。乡村图书馆在进一步发展过程中，需要从传统的纸媒图书馆的发展思路中走出来，尽快完善数字图书馆的建设，克服乡村居民因居住分散而不易获得馆藏文化资源的问题，增加获得图书资源的便利程度。乡村图书馆的发展，需要乡村文化达人与治理主体的共建共治局面，以乡村图书馆为平台构建互学、互通、共享和共进的发展格局，将个人的文化智慧拓展为所有人的共享资源，村民作为传承和创造乡村文化的内生动力得到激发，不断萃取文化智慧，催生文化精英，促进文化繁荣。

---

① 费孝通. 乡土中国 [M]. 北京：北京大学出版社，2012：72－73.

# 第 10 章

# 乡村文化空间的发展转向、
# 主体博弈与拓展路径

乡村社会结构的变化以不同方式影响着乡村文化发展空间的状态，空间发展状态取决于行政意愿与村民意愿的合力，乡村社会的集体理性、发展逻辑、群体结构、在场状态等都在不同程度上影响着乡村文化的发展质量，这需要乡村治理主体不断完善制度设计，在村民意愿与行政意愿的博弈过程中，提升村民的生产可能性曲线水平，引导村民做出倾向于助力乡村文化发展的资源分配选择，提升乡村文化场域的人才引力与资本磁力。乡村治理主体需要深入挖掘乡村社会的土味、情味，通过增加发展文化产业的获得感，激发村民融入文化产业的愿望，同时要在乡村场域内打造提取公众舆论的公共空间，让民众的发声得到回声，实现村民意愿与行政意愿对称，在行政意愿与村民意愿间实现同频共振，营造乡村社会更好的文化发展氛围，完善乡村文化发展生态。

## 一、引言

空间最初是哲学关注的命题，被朴素地描述

为存在的虚空或者容器。空间是物质固有的存在形式，可以被解释为物质客体的广延和并存的秩序。空间是承载文化的容器，容器可以被看作狭隘的文化记忆图像①，容器的大小以及形制决定了容纳其间的文化体量以及文化在其中的呈现方式。文化在乡村振兴过程中扮演着重要角色，以文化为切入点研究拓展乡村社会的发展空间成为更多学者关注的话题。乡村振兴战略的目标是将乡村建设成为"产业兴旺、生态宜居、村容整洁、治理有效、生活富裕"的乡村社会发展环境，文化在其中扮演着重要角色。乡村是乡民生活空间与文化空间的叠合，文化空间承载着乡情、乡德和乡魂，成为观念、资源、资本等的复合体。乡村文化空间的存在方式已经突破了既有的实体的物理空间，正在以实体的物理空间为基质繁衍出多样态的虚拟空间，并通过在历史脉络中固化下来的文化符号继承和释放着文化信息。文化在乡村社会中是与各种关系联系在一起的象征和规范，包括宗教信仰、亲情纽带、是非标准等，这些价值观念赋予了乡村文化网络中蕴含着的尊敬感、责任感、道德感。乡村文化空间以乡村居民的生活体验和生活需求为中心，是生存性、体验性和审美性的统一②。研究认为，每个成员都在这种共同一致的价值准则下展开活动，在社会交往中承继和辐射文化信息。文化信息需要以一定的文化符号为基础并以空间为载体呈现出来，文化这套规则系统依托各种寓意符号和有形提示得到巩固③。空间主体借助文化空间将对象化了的文化信息通过解码转化为可以被文化主体吸收的成分，从而进入文化再生产和文化空间的再生产过程。研究认为，文化空间不仅包括以物质实体呈现出来的物理空间，也包括体化空间、惯习空间、制度空间和刻写空间④，因此，空间作为文化的培养基，需要从政治经济角度审视其发展定位⑤，从多个维度思考发展文化的空间拓展问题。乡村是文化的承载体，需要从空间角度进行解读，发展乡

---

① ［德］阿莱达·阿斯曼. 回忆空间：文化记忆的形式和变迁［M］. 潘璐，译. 北京：北京大学出版社，2016：121 – 122.

② 刘璐. 现代视阈中乡村文化空间的危机与再生产［J］. 民族艺术研究，2020（2）：102 – 110.

③ ［德］柯武刚，史漫飞. 制度经济学——社会秩序与公共政策［M］. 韩朝华，译. 北京：商务印书馆，2000：196.

④ 孟祥林. 乡村文化记忆空间发展的向度、瓶颈与对策［J］. 盐城师范学院学报（人文社会科学版），2012（2）：71 – 83.

⑤ ［法］福柯. 权力的眼睛：福柯访谈录［M］. 严峰，译. 上海：上海人民出版社，1997：152.

村文化需要通过在一定空间内改变既有的产业布局、文化发展、人口聚集样态重构乡村社会，使得乡村居民变为文化主体，使得乡村文化发展成为有文化主体做支撑的文化。乡村文化的改变与乡村社会的经济、政治、社会、生态等紧密结合在一起，只有文化改变才表征乡村社会彻底改变，乡村社会发展说到底是人被结构和被文化的过程。乡村社会是以地缘网络、血缘网络、趣缘网络等为纽带建立起来的熟人社会，社会成员在长期磨合中形成了共同的价值观和生活方式。传统社会中社会群体成员的生活方式固定、生活水平相当，由于缺少打破既有生活方式的文化增长点而导致乡村社会内卷化。生活在乡村场域内的成员，个人的生活方式和思维方式通过对他人产生影响而潜移默化地改变着其他人，每个个体都是其他个体行为方式的结果。城乡二元经济结构被打破后，农村正在经历空心化问题。乡村社会经历了从集体经济到联产承包责任制的转变，也经历了从熟人社会到半熟人社会的转变，乡村文化发展式微，原子化、疏离化的乡村社会群体的存在样态与乡村文化发展需要形成共同一致的价值观的发展预期之间存在偏差。乡村文化空间不断受到经济发展目标下因争夺发展空间而造成的冲撞和挤压，于是乡村文化再生产以及文化空间拓展的方式成为迫切需要关注的问题。随着时代变迁，现代生活和生产方式对包括乡景、乡情、乡德等在内的乡土文化的重要元素，都不同程度地发生着冲击，影响着乡村居民的精神生活状态和道德价值秩序，乡村社会的文化需求不明确、表达机制不健全、内生动力不足以及人文认同削弱问题逐渐暴露了出来。乡村社会物质生活需求不断得到满足和精神文化消费力不足之间正在形成强烈反差，文化建设主体空心化、文化供需不平衡以及乡村文化认同不足等都是导致问题产生的原因。乡村振兴需要在文化振兴方面做文章，提升重构乡村文化发展空间进而激发乡村文化发展的内生力是关键。乡村文化的发展是历史逻辑的结果。公共空间内的文化是场域内的成员在长期交往中基于平等一致形成的共同的规约、训诫、习惯等，场域内各要素间的关系非常复杂，场域之间存在着模糊边界[①]，每个人都预期着包括自身在内的所有成员进行合作性的行为改变，通过形成社会契约借助他人的力量实现单凭自身力量不能实现的目标，于是在这样的共同体中，每

---

① ［法］皮埃尔·布迪厄，［美］华康德. 实践与反思——反思社会学导引［M］. 李猛，李康，译. 北京：中央编译出版社，1998：140 - 145.

个人都成为其他人的行为监督员，只有通过形成不需要他人提醒的高度自觉和为他人着想的善良，才能够保证这样的契约得以维系。乡村文化的再生产和文化空间的拓展，需要乡村居民通过自觉的、有约束力的、以维护共同体为目标并通过共同体的发展实现自身利益的自我，遏制个人理性僭越集体理性的可能，从而使乡村社会达到"现存"与"现实"的统一。从学理上讲，处于文化磁场中的个体受到文化磁力的影响，在场域内按照磁场强度和磁力线方向进行同向变化，文化磁场内的个体受到磁场的影响得以同化，在行为方式上变得更加接近，在情感上更加亲近，从而构建起价值理念共同体。乡村文化空间是多元化和差异化的空间，其中蕴含着丰富的建构力量。对乡村文化空间进行全景扫描，可以深入探索乡村文化拓展的潜在空间，发现乡村文化发展空间存在的问题，并前瞻性地提出解决对策。

## 二、乡村文化空间生产和再生产的发展转向

### （一）文化空间再生产过程的空间主体由感性转变为理性

乡村社会主体对文化空间的认识正在从感性的物理空间向理性的虚拟空间变化，文化的空间存在形式也正在趋于多样化。文化空间的生产过程引导空间主体从感性向理性方向变化。空间是人的视野中的重要成分，但人在自身的视野之外，只能感知到视野之内的空间中的元素，而不能充分认识自身。个体的人只能将自身放置在其他个体的视野中，通过其他人对自身的态度感知自身与空间的互动关系，通过他人的眼睛发现"非我"，并通过"我"约束"非我"，从而在空间内实现"我"与"他"的思想协同和行为协同，基于实体的物理空间繁衍出多元化的虚拟空间，凝聚和浓缩文化信息，构建起强有力的文化场。乡村文化发展与文化空间发展紧密联系在一起。很多著名社会学家都在空间再生产由感性到理性的转向的研究中提出了独到看法。埃米尔·涂尔干（Émile Durkheim）认为，文化表现为集体行为，集体表现为广泛合作的结果，各种各样的心灵联合和组织起来，构成了共同的观念和彼

此间的感情，并积累成为世世代代的经验和知识①。因此，空间并非只是物理参数而是充盈着社会情感价值，社会差异性的空间表现可以投射出主导性的社会组织模式。列斐伏尔（Henri Lefebvre）认为，空间包括空间的实践（spatial practice）、空间的表征（representation of practice）和表征的空间（representational space）三重含义，三者分别代表感知的空间、构想的空间和亲历的空间②。三重含义论述了空间主体从感知空间信息和接受空间信息到在空间内展开实践活动过程中进行空间再生产的过程，这也是人的思维从感性升华到理性再回到实践当中指导具体实践的过程，从而实现了从接纳到创造的转化。因此，空间再生产既是物质财富的再生产也是生产关系的再生产和空间文化的再生产，空间主体在此过程中通过个体间的互动不断丰富着空间内的文化内容，乡村社会主体不断在有形空间与无形空间之间穿梭。空间的存在样态不断变化，乡村社会主体对其认识也在不断深化。苏贾（Edward W. Soja）在第三空间理论中指出，物理空间与社会空间互动建构出了三度空间，即物理空间（第一空间）、感知空间（第二空间）、现实空间（第三空间）③。物理空间即实体的建筑空间，感知空间即空间主体基于主观感受在与实体空间互动过程中致力于感知文化信息的空间，因不同主体的文化素养、成长环境、兴趣爱好、理解能力、发展诉求不同，从空间中获取信息和解码信息的能力存在差异，因此感知空间也会存在较大差异，处于同一物理空间中的主体吸收的文化信息不同，对空间的文化贡献也会存在差异，异质性、差异化的个体在个人理性高于集体理性的情况下，会在个体互动过程中通过人性恶的方面影响文化继承与辐射。布迪厄（Pierre Bourdieu）通过对空间的研究厘清了地理空间与社会空间之间的关联④，指出了两个空间的相互作用方式，基于实体的物理空间可以衍生出多样态的虚拟空间。哈贝马斯（Jürgen Habermas）在公共空间问题上从公共领域进行了研究，指出了公共领

---

① ［法］埃米尔·涂尔干. 宗教生活的基本形式 ［M］. 渠东，汲喆，译. 北京：商务印书馆，2011：17 – 18.

② Lefebvre，H. The Production of Space ［M］. Translated by Donald Nicholson-Smith. Oxford：Blackwell Published Ltd，1991：33.

③ Soja，E. W. Third Space：Journeys to Los Angeles and Other Real-and-Imagined Places ［M］. Oxford：Blackwell Publisher Ltd，1996：5.

④ Pierre Bourdieu. Outline of a Theory of Practice ［M］. New York：Cambridge University Press Ltd.，1977：59.

域对空间主体价值理念形塑的重要作用，论证了依托实体空间衍生虚拟空间进而空间文化场对民众思维方式养成的影响。乡村社会在文化发展方面从感性到理性的转变，也是乡村主体进行劳动力边际收益比较的过程，根据机会成本的高低以及受益水平多寡作出留守乡村还是逃离乡村的选择。

## （二）乡村文化空间的建构正在经历从伦理逻辑转变为资本逻辑

随着空间问题研究深度不断增加，空间的研究领域已经从实体的物理空间拓展到虚拟的文化空间，从在场的空间延伸到不在场的空间，从现存的空间转向未来的空间。从文化角度切入空间研究成为空间研究选题的热点。空间与文化记忆、身份认同、社会秩序、价值理念等紧密结合在一起。扬·阿斯曼（Jan Assmann）认为，现在的举止重演着过去，空间内的身体实践能够将认知记忆和习惯记忆结合在一起[1]，时间因为记忆而具备可逆性[2]，文化记忆附着于客观外化物之上[3]，并在生产和再生产文化空间过程中发挥作用。正是从这个视角出发，中外学者从空间正义角度深入探索空间的生产与再生产问题，并从资本空间切入研究论题，从而引发空间再生产的方向性、对象化问题，并基于市民社会理论对空间发展问题提出了建设性主张。在社会发展进程中，乡村社会原始的自然经济状态被打破，城市的商品经济意识形态成为乡村社会的思维方式，传统乡村社会基于伦理原则的社会交往逐渐转化为以利益为目标的交往关系，交往对象逐渐演变为个人利益的实现方式，个体在这种交往过程中都逐渐退化为物，成为实现自身利益的工具，在此过程中，交往主体也成为交往对象的工具，原子化的以利益为中心的交往原则对乡村社会的文化不断置换，个体的思维方式不断发生变化，当资本逻辑替代伦理逻辑后，个人理性就会超乎集体理性之上，"非我"在个人行为方面就会上升为主导，由"非我"使"我"退化为"非人"从而重新建构着乡村社会的人际关系和乡村文化场。乡村社会文化环境也会发生同样变化。当乡村

---

① ［美］保罗·康纳顿. 社会如何记忆 ［M］. 纳日碧力戈，译. 上海：上海人民出版社，2000：90 – 108.

② ［法］雅克·勒高夫. 历史与记忆 ［M］. 方仁杰，倪复生，译. 北京：中国人民大学出版社，2012：2 – 3.

③ ［德］扬·阿斯曼. 文化记忆：早期高级文化中的文字、回忆和政治身份 ［M］. 金寿福，黄晓晨，译. 北京：北京大学出版社，2015：11 – 12.

社会成员的所有方面都以资本逻辑串联在一起时，乡村社会的文化空间就会为商业空间所置换，文化发展的走向也会以牟利为原则。盈利的内在驱动造成乡村文化式微，传统乡村文化发展中浓缩成的社会责任感、道德感以及发自内心的自律、为他人着想的善良和不需要他人提醒的自觉，在传承中得到强化的路径就会受到阻力。因此，发展乡村文化，不仅要在文化的内涵以及表现形式等方面做文章，还需要将作为承载乡村文化的容器及文化空间的发展方式提到议事日程上来。文化不仅表现为时间的积淀，而且表现为空间的存在，文化空间是与自然空间和实践空间同构的空间形式，文化场与生活场、制度场整合在一起，是被赋予了社会文化含义与文化符号进而再现文化信息的空间形式，具有时空性、活态性、展示性和开放性特征①。文化空间承载了历史脉络中的文化记忆，空间主体通过空间内的文化印痕与前辈对话，人们在谈话中构建着过去②。通过人们的活动方式影响着后继的文化形态，通过变革乡村社会的思维方式，重构乡村社会的未来。伦理逻辑到资本逻辑的转变会使乡村文化偏离既有发展轨迹，需要通过行政力量对其进行校正。

（三）乡村文化表达方式由乡民集体意识转变为精英文化

城市化进程中的乡村社会在产业布局、人员构成等方面都在发展变化，文化精英正在成为推进乡村社会转变的主力军，精英文化嵌入乡村社会的方式也正在向多元化方向变迁。乡村文化精英是乡村社会发展方向的谋划者、国家政策的解释者、实施项目的践行者、发展经验的传播者。很多学者从新乡贤视角对乡村社会发展进行了研究。新乡贤包括本土乡贤、嵌入乡贤和回归乡贤，在不同层面上助力乡村文化重构，新乡贤包括了文化精英、科技精英、经济精英，成为乡村社会发展的增长点。在乡村社会治理体系和治理能力现代化进程中，拓展乡村文化精英的生存空间能为乡村社会发展提供动力。但是在城乡二元经济结构被打破后，乡村社会因优质劳动力从农业产业中析出而面临产业空心化问题，乡村文化发展的空间遭到挤压致使乡村精英文化式微。乡村文化具有的土味、情味使得本土乡贤、回归乡贤与乡土社会保持

---

① 李星明，朱媛媛，胡娟，等．旅游地文化空间及其演化机理［J］．经济地理，2015（5）：174－179．

② ［德］哈拉尔德·韦尔策．社会记忆：历史、回忆、传承［M］．季斌，王立军，白锡堃，译．北京：北京大学出版社，2007：105．

着更强的情感纽带，嵌入乡贤只有充分融入乡土文化，才能建构起与乡土社会的对话通道。乡村振兴过程中需要实现"物的新农村"与"人的新农村"同步发展，通过人的变化助推乡村社会发生变化。乡村精英正在成为乡村文化发展的领跑者，其思维方式正在成为乡村社会的集体意识，但乡村社会中的文化精英话语表达平台仍然不够完善。乡村社会谋求发展，需要为乡村文化精英搭建话语表达平台，释放文化精英的语言力量。文化精英是文化、资本、知识的复合体，能够通过乡土社会的特定语言表达方式将文化的力量转化为乡土社会的实践力量，将现代化理念转化为乡土社会现代化的思维方式和生活方式，通过重建乡土社会的文化场，以乡土社会的淳朴、善良、诚信拯救现代社会因个体趋向原子化、疏离化而导致的乡村文化扭曲、文化空间缩小问题。在乡土社会中形成共同一致的价值理念，使乡民形成对乡规民约的遵守和敬畏，培养乡土社会向上的人格和信仰，信仰是行为主体的高阶追求也是行为主体的价值方向和精神寄托①。文化精英引领乡村社会进而改变乡村社会的集体意识已经是发展趋势，但在乡村社会发展进程中，容纳乡村文化精英的空间的有限性与乡村社会发展的迫切需求之间形成强烈反差，只有开发文化精英的乡村社会融入通道和根植于乡村社会的制度空间，才能为文化精英植入乡村社会拓展空间并将文化精英转变为乡村文化发展的孵化器。

（四）乡村社会文化的发展状态从均质化转变为区隔化

乡村文化空间对乡民行为有规训、教化功能，通过在乡村社会形成一致性的价值理念将健康向上的精神文化追求转化为实践活动，在乡村社会形成凝聚力、感召力和向心力，不断提升乡村社会的信仰养成速度。但是在乡村社会变迁中，与经济发展相并行的乡村文化氛围在发生变化，在物质追求不断挤压文化发展空间的情况下，传统乡村社会的文化内涵逐渐被扭曲、娱乐化和异化，文化正在成为物欲实现的嫁衣裳。文化发展空间以不同形式扭曲为牟利的道场。乡村社会的文化发展空间和文化发展质量因存在异质性特征而表现出区隔性样态，乡村文化发展呈现"斑块状"，即不同发展状况的乡村社会在空间上并存，对乡规民约的敬畏感不断弱化的斑块成为乡村文化持续发展的阻力，"劣币驱逐良币"问题在乡村的文化场域内时有发生，影响

---

① 陈德峰. 儒学终极价值及其对当代信仰文化建设的启迪 [J]. 求实，2004（4）：39-41.

了乡村社会文化发展的整体进程。文化与经济发展不同步以及经济空间取代文化空间的问题不同程度地存在，乡村社会的文化空间与生活空间、生产空间不能有效融合，文化式微的同时乡村社会的迷信活动也在抬头。布迪厄认为，高度自律的生产场域所要求的审美性情与特定的文化能力不能分离，将平庸甚至是普通的客体赋予了美学地位或者将美学原则运用于日常生活，就会颠倒大众性情，进而将美学付诸伦理学①。低俗的消费倾向成为挤压本应具有审美性情的文化发展空间，乡村文化发展受阻，传统乡村社会的孝道、诚信等默认的习惯在不同程度地受到挑战。乡村文化以地理空间为边界呈现区隔样态，这样的区隔同时也就成为包括经济在内的整体发展状况的区隔。区隔使得生活场中居民的思维方式固化和封闭，为了融入生活圈子需要持续性地与生活群体中的他人保持一致的生活习惯和思维方式，从而具有了同质的文化性向，这样的发展样态使每个个体均缺少了冲破思维禁锢的创新勇气，乡村社会长期处于内卷化状态。在这样的发展状态中，每个人都会潜意识地或者主动地向低俗文化媚好而成为其他人思想的俘虏，于是人人都成了社会的囚徒。乡村社会区隔化实际上是发展相对落后的乡村区域主动将自己封闭并固守落后思维方式的过程，从这个逻辑看，乡村文化建设的核心在于文化的改变，只有将人的改变作为改变的核心才能实现这样的发展目标。

（五）乡村文化发展主体由普遍在场转变为集体退场

传统乡村社会的生活方式具有同质化特征，祖祖辈辈与土地打交道的乡村居民除了从事农耕外，在就业方式上没有替代性选择。农耕生活、乡土情怀、熟人社会将居民聚在一起，生活琐事成为邻里乡亲谈不完的话题，县域、镇域、村域是村民常态化的生活空间，内卷化的生活方式使居民缺乏改变生存状态的激情、愿望和能力。改革开放后城乡二元经济结构被打破，乡村社会的生活方式也被打破，捷足先登的部分居民怀着探索未知的渴望远离乡村社会接受城市文化的渲染，穿梭于城乡间并成为将城市文明嵌入乡村社会的播种者，乡土社会的优质劳动力开始出现空心化，乡村文化主体由在场转变为退场。乡村社会的变化已经渗透到居民生活方式的方方面面，乡村居民物

---

① Pierre Bourdieu. Asocial Critique of the Judgment of Taste ［M］. Translated by Richard Nice. Cambridge：Harvard University Press，1979：4－6.

理生存空间的变化以不同方式影响着乡村社会虚拟生活空间的建构，不能为村民带来经济效益的纯粹的文化产品、文化活动、文化资源的存在空间不断被压挤，既有文化场不断被打碎，在场的文化资源与不在场的文化氛围同在，退场的乡村社会主体已经湮没在城市文明中，冷清的乡村生活场导致更加冷清的乡村文化场。在场的乡村社会主体也在努力挣脱传统的乡村社会空间，尽力使自己挤入或者附着于实现利益的物质空间，这时的乡村社会主体已经从文化场中退出，文化在乡村社会变得无处安放。乡村社会发展方式的变化造成乡村社会主体有形退场和无形退场，乡村文化生产和再生产的能力被削弱或抽空。城市化进程在快速发展过程中，边际生产力的梯度力始终会由城市指向乡村，文化实力转化为经济实力的时滞性越强的乡村社会，乡村文化主体受城市虹吸作用的影响越明显，乡村居民逃离乡村社会的愿望越强。乡村文化主体由在场转向退场，表明乡村社会意识形态发生变化，改变传统生活方式以及将文化场与生活场、经济场套叠正在成为大众化的愿望，这需要在乡村场域内实现文化资源向文化资本的转化，激发乡民参与文化建设的愿望，由远离文化场转为靠近和融入文化场，从"你是你，我是我"转为"你中有我，我中有你"进而提升到"你就是我，我就是你"，实现从"非此即彼"到"亦此亦彼"的转化，将乡村文化转化为乡民生活，基于利益驱动方式让乡民加入乡村文化的产业化进程，延长产业链条和拓展产业空间，才会让乡民由退场转为入场。

## 三、乡村文化空间转变过程中村民的理性选择与行为主体间的博弈

### （一）乡村文化空间转向过程中村民的理性选择

在乡村文化发展问题上，村民作为经济人可以做出支持和不支持的选择，当选择支持时就要参与到乡村文化建设当中去，要按照行政意愿开展各项活动，但是作为经济人的村民更加关注劳动付出与成本收益的对称性，当前者超出后者时，就会选择消极配合或者不配合，乡村文化参与主体退场问题就会出现。如果将村民的全部能力视为换取收益的成本，并且将其全部活动简化为参与文化建设和不参与文化建设两种选择，村民的选择可以用生产可能

性曲线和无差异曲线的关系进行分析，在图 10-1 中，横轴 $S$ 和纵轴 $Q$ 分别表示参与文化建设和不参与文化建设两种选择。既定时期内村民的能力既定，将全部能力分配在两种选择上时，$S$ 占比增大时 $Q$ 占比就会减小。图 10-1 中的 $TT'$ 曲线表示生产可能性曲线，即在村民的全部能力得到充分利用时，村民能够取得的最大收益水平，包括 $A$、$B$ 点在内的 $TT'$ 上的所有点均表示村民的全部能力得到充分利用并按照主观意愿较为恰当地分配为 $Q$、$S$ 两种选择时得到的收益水平。$TT'$ 曲线从左上角向右下角移动，意味着村民在 $S$（$Q$）上付出的能力逐渐增加（减少），在这个变化过程中，单位 $S$ 能够替代的 $Q$ 越来越少，虽然如此，只要村民有用 $S$ 替代 $Q$ 的愿望，$S$ 的投入还会继续增加。在 $TT'$ 曲线上的 $A$、$B$ 两点的无差异曲线以及无差异曲线与生产可能性曲线的切点的切线分别为 $I^A$ 和 $L^A$、$I^B$ 和 $L^B$。假如 $A$ 点为自然状况下的乡村社会状态，$B$ 点是行政意愿下的乡村社会状态，这时乡村居民将做出 $Q$ 选择的愿望高于做出 $S$ 选择的愿望，这时乡村文化存在 $A^S B^S$ 段的缺口，村民有更多的意愿选择 $Q$ 而不选择 $S$，说明选择 $S$ 存在付出与收益不对称问题，$A$ 点沿着 $TT'$ 线继续向左上角移动将会成为乡村社会的集体理性。为了将 $A$ 状态转变到 $B$ 状态，就需要在行政力量的影响下将原本属于分配给 $Q$ 的 $A^Q B^Q$ 转化为 $A^S B^S$，但这个转化过程并非完全通过行政力量的强制就能完成，于是在村民意愿与行政意愿之间就会存在博弈，在这个博弈中行政意愿不能完全实现，村民意愿也不能完全实现，一种意愿的实现以另一种意愿的不能实现为代价，因此任何一种意愿的实现都会存在不同程度的挤出效应。有效的办法是通过更加科学的制度设计在乡村社会能够有效实现文化场、生活场与制度场的统一，将行政意愿的管理逻辑转化为村民意愿的实践逻辑，让村民在乡村社会的改变中看到行政意愿的服务诚意。在行政意愿与村民意愿的博弈过程中，行政意愿做出合理改变，乡村社会在 $Q$ 与 $S$ 的占比上也会进行重构。假如二者在 $C$ 点实现暂时的统一，这时村民的选择从 $A^Q$、$A^S$ 变化为 $C^Q$、$C^S$，$C^Q > A^Q > B^Q$、$B^S > C^S > A^S$，虽然村民的 $Q$ 选择继续扩大，但 $S$ 选择也在扩大，虽然仍未达到 $B^S$ 的要求但已经非常接近。在这种情况下，行政改变对村民的行为改变产生了较大影响，但村民参与文化建设的积极性仍然比较隐晦。为了使村民的选择更加接近行政意愿，行政意愿需要继续做出改变。图中 $D$ 点的状态就已经实现了行政意愿与村民意愿的统一。$D$ 点状态下村民的全部能力分割为 $D^Q$、$D^S$，这时 $D^Q < A^Q < C^Q$、$D^S > C^S > A^S$，$D$ 点时村民的 $S$ 选择已经

远远超出了 $Q$ 选择，行政意愿与村民意愿一致性更高。村民从 $A$ 到 $C$ 再到 $D$ 的理性选择过程也是对自身的能力资源进行最优化配置的过程，村民总是希望根据经济学原则将有限的能力资源实现配置最优，村民的选择方向与"回报—付出"趋于一致的方向进行，实际回报与预期回报的差距越小，越能激励村民沿着既定方向前进，这个前进的方向也是行政意愿与村民意愿两个力综合作用的结果。

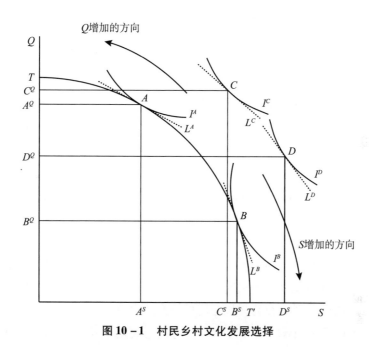

**图 10 - 1　村民乡村文化发展选择**

（二）乡村社会文化空间转向过程中行为主体间的博弈

前文论及，$A$、$C$、$D$ 三种不同状态中，$A$ 是在不存在行政干预情况下的自然状态，$C$ 和 $D$ 是在行政意愿与村民意愿博弈情况下的均衡状态，博弈结果取决于行政意愿的服务质量以及村民基于收益最大化目标的行为跟进愿望。乡村主体与治理主体在博弈过程中，均以收益最大化为目标开展活动，在此过程中行政意愿占主导，村民意愿处于从属地位，但行政意愿转化为村民实践的质量取决于行政意愿服务于乡村社会文化发展的忠诚度，行政意愿的忠诚度越高，行政意愿越能在村民的实践行动中得到表现。表 10 - 1 展示了村民意愿与行政意愿之间博弈的多种状态。

**表 10 - 1**           **行政意愿与村民意愿博弈**

| 行政意愿 | 村民意愿 | | |
|---|---|---|---|
| | 充分表达 $X$ | 部分表达 $Y$ | 不能表达 $Z$ |
| 充分表达 $U$ | $S_1^1(X_1^1,\ U_1^1)$ | $S_1^2(Y_1^2,\ U_1^2)$ | $S_1^3(Z_1^3,\ U_1^3)$ |
| 部分表达 $V$ | $S_2^1(X_2^1,\ V_2^1)$ | $S_2^2(Y_2^2,\ V_2^2)$ | $S_2^3(Z_2^3,\ V_2^3)$ |
| 不能表达 $W$ | $S_3^1(X_3^1,\ W_3^1)$ | $S_3^2(Y_3^2,\ W_3^2)$ | $S_3^3(Z_3^3,\ W_3^3)$ |

在表 10 - 1 中，村民意愿和行政意愿均存在充分表达、部分表达和不能表达三种状态。任何一方的意愿都希望得到充分表达，但这需要得到另一方的配合才能实现目标。一般情况下，一方意愿得到表达时另一方的意愿处于"不能表达"或者"部分表达"状态，这时二者间的博弈就开始了，任何不能充分表达意愿的一方就会通过博弈促使对方行为向自身愿望更大程度上能够实现的方向进行改进，而这样的愿望在实现过程中会受到来自对方的阻力，因此双方的博弈过程就是一个议价和反复议价的过程，在不存在行政强制的情况下，动态的反复议价过程会使博弈双方的利益都在不同程度上受到损失，在对方成为本方的阻力的同时，本方也成为对方的阻力。根据表 10 - 1，村民意愿与行政意愿之间的博弈状况，可以区分出 $S_1^1$、$S_1^2$、$S_1^3$、$S_2^1$ 等九种类型，当行政意愿选择 $U$ 时，在与村民意愿的博弈中存在 $S_1^1$、$S_1^2$、$S_1^3$ 等选择，村民意愿的决策依据为 $\max(X_1^1,\ Y_1^2,\ Z_1^3)$，行政意愿的决策依据为 $\max(U_1^1,\ U_1^2,\ U_1^3)$，如果村民的最优决策为 $Z_1^3$ 而行政意愿的最优决策为 $U_1^1$，则二者不形成最优组合，即不能形成占优战略均衡，需要在其他决策组合中继续进行碰撞。只有在村民意愿的决策为 $X_1^1$ 和行政意愿的决策为 $U_1^1$ 时，二者才能够同时实现最优选择，即表 10 - 1 中的 $S_1^1$，这种情形相当于图 10 - 1 中的 $D$ 点，这需要以发展乡村文化的制度设计完善和科学为前提。当行政意愿偏向于"管"的强制而弱于"理"的服务时，$S_1^1$ 状态就不能实现。当一方的意愿得到充分表达而另一方的意愿不能得到充分表达时，博弈状态就会徘徊在 $S_1^2$ 或者 $S_2^1$，前者是行政意愿得到充分表达而村民意愿不能充分表达的状态，后者是村民意愿得到充分表达而行政意愿不能得到充分表达的状态，两种状态都为非稳

态均衡。类似图 10 – 1 中从 $A$ 点变化到 $C$ 点，$S$ 选择有了更大进步的同时 $Q$ 也有了很大提升，这是乡村文化治理制度进一步完善的结果，图 10 – 1 中的 $C$ 点较 $A$ 点处于比 $TT'$ 水平更高的生产可能性曲线上，在村民意愿与行政意愿的博弈过程中，村民会通过降低配合的积极性弱化行政意愿的实现程度，$S_1^2$ 状态最后退回到 $S_2^2$ 状态。前文论及，在行政意愿与村民意愿的博弈中，行政意愿居于主动地位，发展乡村文化的每一次制度进步都会让 $S_2^2$ 更加趋近于 $S_1^2$，每一次趋近也都是对村民的激励，村民在参与乡村文化建设过程中能够有更多的获得感，能够感受到行政意愿的服务诚意，村民意愿与行政意愿的博弈转化为合作。

（三）村民意愿与行政意愿的博弈基础及行为改变路径

村民意愿与行政意愿的博弈着眼于收益最大化。基于能够支配的时间和付出的能力的有限性前提，村民需要在守土就业与离乡发展两个方面做出选择。当 $Q$ 与 $S$ 两种选择的边际收益相差较大时，村民就会倾向于做出 $Q$ 选择，这种选择倾向能否成为选择现实与村民的个人状态相关，这时村民群体就会出现分化：优秀村民因拥有更多的选择机会能够将选择倾向转化为选择现实，成为 $Q$ 选择的主体；综合素养不高因而不具有就业竞争力的村民，虽然同样能够感受到 $S$ 选择的边际生产力弱势，但还是要滞留下来选择 $S$，于是做出 $S$ 选择的人群规模得以保障，但缺乏拉动乡村文化发展的现实创造力，乡村社会实际上正在流失富有创造力的群体。村民行为改变的路径取决于村民意愿和行政意愿的合力。在两种意愿的力量不能同向时，村民意愿因处于弱势而全部地或者部分地不能得到表达，但会通过消极配合的方式导致行政意愿发挥作用的空间受到挤压，乡村文化发展出现内卷化问题。因此，两种力量需要寻找平衡点，该平衡点即为村民意愿和行政意愿前进的方向。在乡村整体环境未发生变化的情况下，行政意愿主导下的让村民做出倾向 $Q$ 选择的意愿不易得到实现。图 10 – 1 中村民从 $A$ 状态调整到 $B$ 状态时，虽然资源得到了充分利用，但由于在 $Q$ 与 $S$ 上的分配不同，村民从中得到的总收益会存在差异。理性的经济人总是会做出总收益趋向扩大的选择。因此行政强制下让村民的行为方式从 $A$ 点调整到 $B$ 点甚至 $TT'$ 线上 $B$ 点右下方的状态过程中，村民会沿着 $TT'$ 线向左上方移动，找到预期中的资源配置状态。所以，只有突破在同一生产可能性曲线上的力的较量，让两种力在更高水平的生产可能性曲线上重逢，村民才能有更多的愿望将资源配置在 $S$ 上。可见，行政意愿的行为方式在很大程度上决定了村民意愿的表达方式以及村民的行动轨迹。在两种力相互作用过程中，行政意愿首先需要作出改变，为村民意愿得以表达拓展空间，在乡村场域中为逃离乡村的优秀智力资源找到安放心灵的家园，通过完善制度设计不断提升生产可能性曲线的水平，激发村民产生沿 $TT'$ 线向右下角做出行为改变的愿望，在实现从 $Q$ 绝对增加到 $S$ 绝对增加转向的过程中，需要经历"$Q$ 相对增加—$Q$ 相对减少—$S$ 相对增加"的转变过程，在这样的路径选择过程中，行政意愿与村民意愿均得到彻底释放，村民也从被动配合变为了积极参与，两种力量从"我就是我，你就是你"变为"我就是你，你就是我"。

## 四、基于乡村社会的土味和行为重构文化空间的发展路径

### （一）刻写乡村公共文化空间的地标性文化符号

文化地标是区域文化与其他文化区域相区别的特征性的文化表达方式，区域文化能据此说明"我是谁"或者"我要成为什么"。乡村文化式微不仅在于文化产业化程度不够高，还在于文化生产力、文化凝聚力不够强，文化不能依托既有资源生成文化再生产的链条并与乡村经济发展融合在一起。文化是区域性的以集体记忆呈现的思维方式和行为方式，因此在发展乡村文化过程中需要从私人空间走出来，通过整合文化资源凝练文化符号和重构集体记忆，刻写乡村公共文化空间的地标性文化符号就成为发展乡村文化的理性选择。时间和空间成为乡村文化的两个基本属性，时间成为文化记忆的内存，空间成为存放文化的容器，两者分别从持久性和广延性两个层面对文化进行刻画，与区域性的风土人情融合在一起使得乡村文化蘸上浓浓的土味、情味。打造地标性的文化符号，在乡村场域内形成具有地方特色的文化综合体和活态的文化基因，唤醒乡村社会隐秘的或者休眠的文化智慧，打造与生活空间、经济空间、制度空间整合在一起的文化语境，凝练文化方向、传递文化价值和培养文化增长点，形成"我就是我，我不是你"的文化氛围，通过借鉴他山之石初步实现"我中有你"打造出"更强的我"，让"我"更好地与"你"相区别。打造地标性的文化符号需要遵循历史逻辑，找到和培养文化

亮点并打造成为乡村文化的增长点。文化地标可以通过建筑、人物、景点、传说、习俗、美食、工艺、庙场等为载体构建起来，在乡村振兴过程中与城市化进程同步，形成较强的文化凝聚力和辐射力，依托发展乡村文化的实体的物理空间拓展包括刻写空间、惯习空间、制度空间等，使乡村居民由文化看客变为文化主演，进而在文化发展中有更多的获得感，让文化地标成为发展地域文化的增长点。

### （二）基于乡土特色资源发展多样态的乡村文化

既然乡村文化发展样态呈现斑块化，那么乡村文化的发展方式就不能采取统一模式，多样化的发展方式能更加充分地基于区域特点展露多种形式的文化发展图景，不但能够充分利用区域资源，而且各种文化产品能够通过优势互补各展其长，不会在竞争博弈中发生挤出效应。自然景观、历史遗迹、乡会庙场、特色工艺、风俗仪典等都能成为打造地标的文化基础。通过浓缩文化氛围，在乡村场域内基于现代经济秩序融入伦理原则，让个人理性服从集体理性，在遵守共同一致的规约基础上形成"为他人着想的善良"，通过此岸的"我"约束彼岸的"我"，以"我"遏制"非我"，让至善与共善达到和谐统一。西塞罗（Marcus Tullius Cicero）认为，热爱共同体的利益应该超过热爱我们自己的利益①。在这样的文化共同体中，每个人都不因个人的利益而损害他人的利益。多样态的乡村文化发展路径可以凝聚优势，在乡村社会培育文化增长点，将文化软实力转化为产业硬实力。发展多样态的乡土文化，首先要将发展文化的虚拟空间还原为实体空间，将抽象化的文化符号转化为具象化的文化资源，将乡土社会对文化的超感性追求落地为感性体验，将理想化的天国语言转化为写实的尘世生活。乡土文化在表达方式上通过文化消费主体的视觉、听觉、触觉、味觉感受达到知性理解的目标，潜移默化中通过空间教化实现物我合一，克服乡村社会在经济转型过程中个体间的原子化、疏离化问题，以及基于该问题而可能导致的人的"非人"发展趋势下将交往对象变为实现利益目标的物的工具的问题，依托乡土文化构建文化价值共同体。

---

① ［古罗马］西塞罗. 论义务 [M]. 张竹明，龙莉，译. 南京：译林出版社，2015：10 – 11.

### （三）将领导权威转化为乡土社会的文化服从

德国著名社会学家韦伯认为有三种形式的权威，即神异权威（charisma）、传统权威（tradition）和科层权威（bureaucracy）①，神异权威是权力主体通过为众人创造福利得到的权威；传统权威是权力主体通过制度世袭而拥有的权威；科层权威是权力主体通过科层体制任命得到的权威。韦伯更多关心的是通过权威获得方式的转变探索传统社会向现代社会的转变问题，更多强调的是自然的神异权威向制度化的权威转变，依托不同类别的权威可以构成相应的有差别的社会形式。在乡土社会变迁过程中，文化发展长期以来是通过行政主导下的文化植入方式完成，在传统社会中乡土社会的文化资源非常匮乏，乡土社会在文化消费方面没有更多选择，但是在开放化、现代化和数字化进程中，乡土社会的文化消费方式趋于多元化，因文化供给内容和方式没有介入乡村文化需求变量，致使单向度的行政意愿的文化植入会导致文化的供需不对称。行政意愿的"权"因不能完全转化为乡村社会的文化消费的"利"，"权"的服务意识较低导致发展文化的行政权威打折扣。为了活化乡村社会的文化基因，需要从乡村空间生产角度探索乡村文化的生存性、体验性和审美性的价值回归，通过重构资本参与乡村文化再生产的方式约束资本的过度套利行为，基于乡村的文化生产公平和效率公平实现乡村文化发展的空间正义。乡村社会是一个存在多样态文化需求的异质化群体，不同生活场域的个体的文化追求愿望存在较大差别，发展乡村文化需要量体裁衣，在构建文化信息传输链条过程中，考虑到编码能力与解码能力的对称性，不同消费能力和消费愿望的个体，都能在"文化盛宴"中以"自助餐"方式选择适合自身的文化产品。

### （四）基于吉祥符号使景观的物理空间变为文化空间

文化实体空间是乡村文化的物理属性，空间内文化信息的表意符号均为文化空间的重要组成元素。祠堂、牌坊、寺庙、道观、廊桥等都会有彰显文化内涵的吉祥符号，作为情感记忆和精神寄托的载体，形成乡村社会的价值

---

① 王铭铭，［英］王斯福. 乡土社会的秩序、公正与权威［M］. 北京：中国政法大学出版社，1997：260 - 261.

认同、共同记忆和礼仪规范的文化基础。文化空间是具有文化意义的场所①，作为承载文化信息的容器，通过动态的重复性的文化活动表现出来，不断强化和演绎着传统文化，农耕文明中的"福、禄、寿、喜、丰"主题逐渐固定下来并通过吉祥符号得以表达，这是乡村社会通过集体意识将客观对象固化为观念的产物。以节庆为节点繁衍出的系列化的吉祥符号成为乡村社会永续传承的文化景观，年画、彩灯、美食、喜字等都是表达不同情感的文化符号，吉祥语、吉祥图、吉祥物都是不同样态的吉祥符号。吉祥符号不仅通过静态的事或物表现出来，还可以通过广场、集市、庙会等举办的宗教法事、游戏娱乐以及民间节庆等动态的过程呈现出来。吉祥符号是历史中传承下来的文化资源，需要在行政指导下有序展开挖掘、修复、收集、复活等工作，使其以活的、现实的、能够呈现在生活场中的行为话语表达出来。吉祥符号作为反映乡土社会生活方式的民间艺术，因扎根于乡土社会而有极强的生命力，在传承乡土文化过程中呈现模式化、秩序化、审美化、产业化发展趋势，以吉祥符号为节点将乡土社会的文化资源连点成线，并将文化节点升级为文化增长点，创造条件使吉祥符号的景观的物理空间和自然空间转化为展示文化图景和承继文化信息的文化空间，将乡土社会的日常生活场域转化为文化再生产场域，将行政意愿转化为乡土社会文化主体发自内心的道德命令。同时需要创新吉祥符号的多种介质表达方式和多样态空间的融入方式，结合乡村文化地标打造吉祥文化、吉祥产业。

（五）重构村落共同体连接理想的此岸与现实的彼岸

随着乡村社会开放程度提高，乡村社会的文化辐射力已经远远超越了村落的行政界线。城市化进程逐渐改变了乡村社会的生活方式，也正在重构乡村社会共同体的连接方式，村民生活方式、生活信条呈现异质化趋势，现代生活方式改变了乡村社会的既有生活方式，传统共同体内个体间的连接方式断裂后再度回归到先前状态就不可能，社会发展的棘轮效应迫使乡村社会探索文化重构的创新发展模式。但既有的乡土文化与自然空间、地理空间并存，处于具有历史感的物理空间的个体会通过唤醒空间内存储的文化灵魂而受到感染，让自己成为"他"或者尽量接近"他"，但历史传承的文化灵魂需要

---

① 向云驹. 论"文化空间"［J］. 中央民族大学学报：哲学社会科学版，2008（3）：85.

辅以变化了的形式。重构村落共同体，除了需要在修缮、拓建和新建作为储存文化的容器的物理空间外，还要在文化的现代化形式方面做文章，处理好承与继的关系，给传统形式赋予新内容。乡村社会共同体是价值理念共同体，价值理念共同体基于观点交锋、情感融入和目标协同形成，使行政意愿与乡村社会的文化消费意愿相一致。乡村治理主体需要引导村民将物理空间转换成村民意愿的表达空间，逐步完善收集民众意愿的通道，让村民有质量的发声得到治理主体具有改变意愿的高质量回声。哈贝马斯（Jurgen Habermas）认为，公众舆论在公共领域内形成，该领域内的公众关于普遍利益的事务具有自由集会并表达观点的权利，公众领域内的话语表达由各种对话构成，作为私人的人们通过对话聚到一起形成公众，当规模较大时就构成了宣传和传播的手段①。因此，村落共同体是将理想的此岸过渡到现实的彼岸的桥梁，加固桥梁的措施是乡村治理主体需要进一步通过拓展舆论空间、完善制度设计、挑选文化精英等方式凝练村民意愿。

## 五、研究结论

村民是乡村社会文化发展的主体，但其参与乡村文化建设的愿望取决于在文化发展过程中的受益状态。因此以成本收益原则为导向的村民选择与以行政意愿为导向的村民选择就会存在冲突，村民会在坚守乡村与逃离乡村之间基于边际收益比较做出理性选择，行政主导下的文化植入方式就会因村民附和而存在效果与效率的不对称。在拓展乡村文化发展空间过程中，行政意愿需要通过展露服务诚意，在乡村场域内让村民有更多的意愿表达权和更广的意愿表达空间，在公共领域内完善舆论场，减少行政意愿与村民意愿之间的不对称，文化治理主体需要通过科学化和合理化的制度设计扩展生产可能性曲线，从而提升文化空间生产和再生产的水平，将发展乡村文化的制度力转化为乡村居民的实践力。理性的经济人总是趋向于以个人收益最大化为目标，当行政意愿与村民意愿不对等时，村民就会选择退场或者消极应对。在乡村空心化过程中，乡村文化空间存在着从感性到理性、从伦理逻辑到资本逻辑、从集体意识到精英文化、从均质化到区隔化、从普遍在场到集体退场

---

① 汪晖，陈燕谷. 文化与公共性［M］. 北京：三联书店，1998：125.

的转变，在这种转变过程中，乡村社会的群体结构在发生变化，集体意识也在发生变迁，既有的乡村文化场被打碎。个人理性在超越集体理性的情况下，个人发展的有序与乡村社会发展的无序之间就会形成强烈反差。这就需要乡村治理主体重构乡村文化的发展秩序，开发文化地标、培养特色资源、凝练文化符号、完善治理制度和重构文化共同体，将乡村社会的文化力量转化为村民的实践力量。行政意愿只有通过合理的制度才能转化为村民意愿，调整村民融入乡村文化建设的姿态，将村民意愿与行政意愿之间的非完全信息博弈转化为完全信息合作，拓展乡村文化生产与再生产的空间。

# 第 11 章

# 乡村公共文化服务：内卷化
# 困境、资源博弈与发展转向

乡村公共文化服务由于供需错位、机制偏差以及氛围缺失等发展困境，导致长期存在内卷化问题。村民在消费公共文化资源过程中为了追逐利益最大化而导致负和博弈，这在一定程度上会影响村民间的互信程度，增加村民互动的交易费用，从而影响乡村社会资本建构。因此需要在乡村公共文化服务的物理空间、制度空间、生活空间、角色空间以及价值空间等方面实现转向，为乡村公共文化服务的发展创造更高的平台。乡村公共文化服务需要以物质空间为载体，使得乡村公共文化发展的实体空间实现多元化，拓展乡村居民的生活空间，在乡村社会实现生活场、文化场和制度场的有效套叠，校准行政部门以及乡村居民的角色，从而理顺乡村社会的精神秩序和道德规范，推进乡村振兴的发展进程。

## 一、引言

乡村公共文化的发展需要制度支撑和以村民

为主要成员的文化主体的积极参与，更需要历史积淀中形成的文化空间载体作支撑。乡规民约、乡风民俗、民间艺术、神社庙场等都是乡村公共文化的重要形式。乡村公共文化建设需要将乡村社会的生活场、文化场、制度场等紧密套叠在一起，克服乡村文化发展中存在的内卷化问题①，在乡村场域内形成持续发展的文化生态。乡村振兴战略从产业兴旺、生态宜居、乡风文明、生活富裕和治理有效等方面对乡村发展进行了刻画，其中"乡风文明"既是其他诸方面发展的结果也是条件，乡村文化建设需要"以文化人、以文育人"，在厚重的文化氛围中促进人的现代化。乡村文化建设不仅体现在文化知识输入和文化知识的消费，还体现在人的内在涵养的提升和人的思维方式的改变，通过吸收文化滋养分享智慧和增长智慧，提升乡村场域内文化软实力的影响力，在引导、规范、矫正乡村居民行为过程中表现出强大的文化辐射力、影响力。美国人类学家朱利安·斯图尔特（Julian H. Steward）提出了文化生态的概念②，认为文化是社会及其环境在互动的特殊适应过程中逐渐形成的，文化生态具有不同地方特色的文化样态及其发展模式，文化生态的主要影响因素包括地理环境、生产方式和社会组织等。地理环境决定了村民在广泛区域内的沟通程度、生活方式以及村民与自然环境间的对话方式；生产方式决定了乡村文化的发展速度、发展水平，以及村民个体间的交往方式③，从而为形成具有地方特色的组织方式奠定了基础，从某种程度上讲，生产生活的过程就是乡村文化的创造过程；社会组织是个体基于一定的对话方式和相似语境建立起来的文化共同体，个体通过提高互信、互通水平建构社会资本，从而降低交易费用，因此社会组织的结构以及组织内部成员的互动方式就是建构文化的过程。地理环境、生产方式、社会组织以及社会组织嵌入不足④等都会成为乡村公共文化空间的发展约束。乡村文化发展基于地缘网络和血缘网络叠加形成，乡风民俗成为乡村文化内容的主体并在建构乡

---

① 孟祥林. 乡村公共文化内卷化困境与对策 [J]. 西北农林科技大学学报：社会科学版，2019 (5)：40－47.

② 唐家路. 民间艺术的文化生态论 [M]. 北京：清华大学出版社，2006：31－32.

③ 金莹，闫博文. 基于文化治理视角的公共文化服务公众满意度研究 [J]. 重庆大学学报：社会科学版，2020 (6)：1－13.

④ 王雪丽，王瑞文. 基层公共文化服务效能困境：成因与破局——基于"三圈理论"的阐释 [J]. 图书馆工作与研究，2020 (2)：19－28.

村文化发展空间过程中扮演着重要角色。乡村文化空间的建构过程在本质上就是人化自然的过程，在自然力远远超出人力的情况下，人们需要形成坚定信念作为发展支撑，乡风民俗据此得以发展和传承。发展乡村文化需要将乡风民俗、节庆庙场等考虑在内，从"惯习空间 + 体化空间 + 制度空间 + 生活空间"综合体的角度理解乡村文化的发展未来，就能前瞻性地规避问题，并从历史的对话语境层面建构乡村文化场的发展逻辑。① 乡村社会是基于地缘网络、血缘网络和趣缘网络在长期生活中构建起来的熟人社会，在文化传承过程中逐渐承继和保存下来整套的行为习惯，成为支撑乡村文化发展的重要载体。因此在论及乡村公共文化空间发展问题时，需要在空间形式、空间结构、空间主体、空间拓展等方面进行思考。② 通过多种形式建构乡村公共文化空间，使得乡村公共文化与乡规民约紧密联系在一起③，增加村民的接触机会，在高水平的情感沟通基础上拓展信息交换通道，提升村民间的互通、互信水平，降低情感沟通过程中的交易费用，从而提升乡村社会资本建构的贡献率。乡村公共空间为在乡村场域内以村民为主体建构乡村文化共同体提供了物理空间，在乡村社会中通过循环累积的放大效应会进一步提升文化建构的深度、广度，通过挣脱乡村社会中来自行政力量的"文化植入"与自发于乡村社会中的民间力量的"自我培育"之间的纠缠，为乡村公共文化空间的发展开辟一条创新型发展道路。伴随乡村社会经济结构变迁，乡村社会正在呈现碎片化趋势，原子化社会状态使得村民间的沟通成本提升，村民基于互信、互通建构社会资本的阻力增加。传统乡村社会中基于慢节奏形成的乡风民俗的发展基础正在变薄。传统乡村的美好记忆在时代变迁中逐渐成为美好回忆。④ 乡村文化建设需要将这些文化记忆拉回到现实生活中，展示其强大的文化辐射力和凝聚力。文化仪典等乡村文化形式自然会成为重要的文化景观，通过周期性的符号消费强化乡村记忆。随着城乡二元经济结构被打破，

① 孟祥林. 乡村公共文化空间建构的困境、向度与方向 [J]. 华南理工大学学报：社会科学版，2019（6）：102 – 110.

② 桂胜，陈山. 乡村振兴中村落民俗文化再造空间传承模式之认识 [J]. 河北学刊，2020（3）：162 – 167.

③ 路璐，朱志平. 历史、景观与主体：乡村振兴视域下的乡村文化空间建构 [J]. 南京社会科学，2018（11）：115 – 122.

④ 吕龙，吴悠，黄睿，黄震方. "主客" 对乡村文化记忆空间的感知维度及影响效应——以苏州金庭镇为例 [J]. 人文地理，2019（5）：69 – 77.

乡村居民进城务工导致乡村"空心化"，乡村公共文化发展的主体规模在缩小，乡村社会群体碎片化也使得公共文化主体被逐渐分解。以发展经济为主导的思维前提以及村民行为的趋利性动机，严重挤压着乡村公共文化空间的承继和拓展。乡村公共文化发展的物理空间、制度空间、价值空间、生活空间、创造空间等在缩小，公共文化空间的弱化正在成为乡村振兴的"软肋"。乡村文化振兴需要在多元空间交互与空间多元属性表达方面做文章①，通过"空间制造"拓展乡村公共文化发展空间②，空间是乡村文化发展的载体，因此需要对乡村公共文化空间进行多视角考察，为乡村公共文化发展设置更多"内存"。

## 二、乡村公共文化服务的内卷化困境

### （一）供需错位：行政导向下的文化供需不对称

通过乡村公共文化服务建设满足乡村居民的文化需求，只有供需对称才能够变村民的潜在需求为现实需求，也才能将文化供给变成有效需求。③ 单纯从行政角度出发而与村民需求不对称的文化供给，将公共文化服务机械地理解成为村民文化素质的提升、文化基础设施建设和文化活动的举办。这些做法将乡村公共文化建设简单化，忽视了文化服务中包含的文化空间的创造内涵，在"供给创造需求"与"需求引导供给"两大话语体系间存在严重不对称④，在乡村场域内没有形成以人为核心的文化空间建构体系⑤，将人的思想发展游离于物理的文化基础设施之外，乡村文化振兴的生活空间的建构需

---

① 王筱雯，王天泥. 公共文化服务视域下公共图书馆空间再造的实践与思考——以辽宁省图书馆新馆为例［J］. 图书馆，2017（4）：40－44.

② 谢锡文，郭佳琦. 空间制造：文化社区、文化资本与文化生产基于"文学生活馆"公共文化空间建构的研究［J］. 山东大学学报：哲学社会科学版，2016（4）：12－18.

③ 傅才武，李延婷. 公共文化建设为什么不能强化供给侧财政投入方式：一个解释框架［J］. 深圳大学学报：人文社会科学版，2020（2）：50－64.

④ 段小虎，谭佳峰，李宪霞. 需要的社会体系、历史序列与空间特征：公共文化服务供给改革再认识［J］. 图书馆论坛，2018（6）：11－15.

⑤ 疏仁华. 农村公共文化的场域、空间表达与结构再造［J］. 安徽师范大学学报：人文社会科学版，2019（1）：91－96.

求与行政指导下的文化设施供给之间缺乏一致性。前面论及，目前的乡村文化服务带有很强的行政色彩，但文化服务的供给与乡村文化需求之间经常出现错位。① 行政强制下的文化服务不具有持续性，村民看到的是一场演出或者一次报告，阳春白雪的文化服务与底层村民的文化需求之间不能无缝对接。乡村居民居住分散且文化的欣赏水平存在较大差别，标准化、规范化的文化产品供给湮没了村民的个性化需求。文化供给的方向是"向下"，而服务提供者的考核者则是上级主管部门，乡村居民在对文化服务供给方的考核制度中缺位，文化服务对象不能与上级行政管理部门直接对话，使得乡村文化服务机制中缺失了管理文化，基层文化行政部门对乡村居民的文化供给低于其向上级行政管理部门的文化服务承诺。行政导向与文化需求间严重错位，说明乡村公共文化服务缺乏基于乡村场域的村民与行政权力的对话机制，村民的文化需求愿望不能得到真实表达。乡村公共文化服务的行政化处置方式也在一定程度上侵占了乡村文化内生动力得以张扬的舞台，造成乡村文化发展的承接主体、组织主体和参与主体的主体意识淡化②，对行政力量的干预表现出很强的依赖性，成为乡村文化"风景"的观光者。乡村文化服务的强力推进与低水平运转问题同时存在，文化服务也出现了内卷化问题。

（二）机制偏差：商业操作偏离了乡村文化本真

乡村"空心化"以及村民行为的趋利性动机等问题的存在，导致乡村公共文化空间建构成为政府主导下的行政行为。乡村文化建设主要是通过项目拉动，项目拉动具有目的明确、责任清晰、运转有序的特点，能够在较短时间内完成既定发展目标。但是缺陷也很明显，这些项目在运作过程中具有较强的行政性，一般都是将服务内容打包推向乡村，打包的内容中有很多并不贴近村民的真实需求，同时打包过程更多掺杂的是行政意愿，村民作为乡村文化的服务对象，不具备甄别打包内容的选择权。项目推送方在以牟利为目的的情况下，在建构乡村文化空间过程中就会存在严重的"名实分离"问题。村民是基于乡土文化而形成的群体，对本真文化具有强依赖性。行政性

① 傅才武，刘倩. 农村公共文化服务供需失衡背后的体制溯源——以文化惠民工程为中心的调查［J］. 山东大学学报：哲学社会科学版，2020（1）：47 – 59.

② 唐义，徐静. 推动社会力量参与公共文化服务的政策法规体系研究［J］. 图书馆理论与实践，2020（2）：13 – 18.

的文化项目并非嫁接于本真文化基础上，影响了村民消费文化的"口感"，填鸭式的文化供给忽视了村民的文化认同，并在一定程度上会对乡土本真文化形成冲击，消费疲劳进一步弱化了村民对具有浓厚行政色彩的文化吸收。社会学理论认为，公共文化空间建构着眼于个体对一般规制的认同，从而形成文化共同体，增加个体的社会感和道德感。但项目运作过程中会介入更多的商业操作，在利益诱导下文化服务供给者会将乡土本真文化分离出来进行职业化、商业化运作，淳朴的乡村文化在市场机制的挤压下生存空间变得很狭窄。商业化运作后的乡土文化成为行政干预下乡村文化建设项目的"俘虏"。前面论及，在乡村文化振兴过程中存在外生动力和内生动力，外生动力需要通过内生动力才能够更好地发挥作用，强化乡村文化的区域特色，这需要外生动力适应内生动力，并在与本真文化对话过程中形成不失本真色彩的乡村文化。但目前的乡村文化发展过程中，在行政强制力的影响下让本真文化服从行政干预，通过商业化运作夸张地表现乡土文化，乡土文化发展以失去本真为代价谋取商业利益，乡土文化在这种发展机制作用下进一步强化了乡村文化商业化的张力。

（三）氛围缺失：乡村文化发展的平台不高

乡村公共文化服务水平的提升有助于改善乡村文化环境，增强文化软实力在乡村社会发展过程中的影响力。文化是一个复杂的概念，乡村的风土人情、建筑格局、吃饭穿衣等都属于文化中的重要成分。实际上乡村居民的日常生活表现都是乡村文化的重要内容。乡村文化建设需要"气场"，当氛围达到一定程度后，村民就会自觉参与其中，并且当文化元素能够对百姓的日常生活产生积极影响，能够提升百姓的生活质量时，村民就会有强烈的愿望繁荣乡村文化。与乡村文化发展的预期目标相比，乡村文化发展过程中存在的瓶颈是多方面的：（1）农民缺乏参与热情。目前乡村社区文化走的是一条"政府主导—社区配合—农民参与"的道路，村民一般是被动地参与文化活动。乡村文化的这种发展机制一般都是政府定量考核应时之需，与村民的日常生活联系较小，于是村民的参与愿望也不高。在乡村文化发展进程中村民有"置身事外"的感觉，这与政府相关工作人员发展乡村文化的高涨热情形成了强烈反差。（2）文化设施投资不足。发展乡村文化事业需要以相应的投资为基础，目前的资金来源包括财政预算、社会捐赠和村民投入等，其中政府投资是相对稳定的来源，发展乡村文化主要靠政府拉动。乡村在经济转型过程中，很多青壮年劳动力都外出务工，村民对文化需求并无过高的愿望，文化基础不牢和文化产业化力度不高的乡村兴办文化事业的愿望不高，农民投资兴办文化事业的可能性也会降低，部分农村地区存在公共文化空间弱化问题。[①]（3）文化需求愿望不高。前面论及，在乡村经济转型过程中，乡村群体的成员主要是老人、妇女和儿童，生活水平主要集中在马斯洛需求层次的中下层，卫星电视和智能手机已经完全能够满足该群体的信息沟通需要，对文化的需求也主要锁定在看看电视剧和家长里短方面，没有更多愿望了解国家大事，因此文化的需求愿望不大，文化的需求层次也不高。（4）缺乏优秀文化人才。乡村地区总体上讲没有足够的文化市场，没有足够丰厚的文化土壤让优秀的文化人才在这里扎根。在城市化进程中有能力的乡绅、乡贤都到城市定居，在城市这个平台上谋求更多的发展机会。乡村文化振兴不但要凝聚资本，更要凝聚人才，要通过打造更好的人文环境让"候鸟"式的人才变为"留鸟"式的人才，为发展乡村文化事业留住种子。

## 三、乡村公共文化发展的资源博弈与效用释放

### （一）乡村公共文化发展的资源博弈

乡村公共文化服务的发展过程实际上就是资源定位、空间定位与利益相关者的思考定位过程。经济人总是从效用最大化层面考虑问题，但当所有行为人都以此为思考基点并谋求效用最大化时，行为主体间因博弈存在会导致宏观上的无序发展格局，尤其当公共文化资源作为免费要素加入文化生产过程中时，更会因资源无效使用而造成浪费。因此对乡村公共文化的消费主体的博弈机制进行分析，有助于探索行为主体的决策过程并引导乡村公共文化服务空间进行科学转向。

图 11 - 1 展示了 $X$ 与 $Y$ 两个人在乡村公共文化服务层面的博弈，由此可以拓展为多个人之间的博弈。在图 11 - 1 的坐标系中，左下角代表 $X$，右上

① 陈波，李婷婷．城镇化加速期我国农村公共文化空间再造：理论与模式构建 [J]. 艺术百家，2015（6）：64 - 72.

角代表 $Y$，在一定时期内由于公共文化服务的资源也是相对既定，在消费行为存在排他性的情况下，$X$ 与 $Y$ 在公共资源服务的消费层面是存在竞争性的。图 11 − 1 中以 $X$ 为中心沿横向和纵向的箭头方向分别表示 $X$ 能够占有的 $a$、$b$ 两种资源的数量，以 $Y$ 为中心沿横向和纵向的箭头方向分别表示 $Y$ 能够占有的 $a$、$b$ 两种资源的数量，$X$ 与 $Y$ 在消费 $a$、$b$ 两种资源的过程中满足如下关系：$X_P^a + Y_P^a = X_Q^a + Y_Q^a = X_R^a + Y_R^a$，$X_P^b + Y_P^b = X_Q^b + Y_Q^b = X_R^b + Y_R^b$。图 11 − 1 中的 $L_X^1$、$L_X^2$、$L_X^3$ 为 $X$ 的效用线，离 $X$ 的距离越远表示效用水平越高。$L_Y^1$、$L_Y^2$、$L_Y^3$ 表示 $Y$ 的效用线，离 $Y$ 的距离越远表示效用水平越高。无论是 $X$ 还是 $Y$，同一条效用曲线上的任何一点的效用水平相同。在 $X$ 与 $Y$ 的博弈过程中，每个人都希望消费到更多的资源，但是在既定时间内资源的数量是有限的，在 $X$ 消费的资源数量增加时即 $X$ 的效用水平提高时，$Y$ 消费的资源数量就会减少即 $Y$ 的效用水平就会降低。理性经济人会尽量通过占有更多资源提升自身的效用水平，于是 $X$ 总会尽力将其效用线沿着 $X{\rightarrow}Y$ 方向移动，$Y$ 总会尽力将其效用线沿着 $Y{\rightarrow}X$ 方向移动。在这种排他性的消费过程中，$X$ 与 $Y$ 每个人都会尽量降低自身投入，而将公共文化服务资源的建设成本转嫁给他人，这种"搭便车"心理会逐渐加大公共文化服务资源的建设成本。尤其在公共文化服务资源的起步阶段，由于在发展过程中没有更好的乘数效应，每个人进行私人投入的愿望都不高，于是社会投入的压力就会很大。$X$ 与 $Y$ 两个人都预期能够占有更多的资源，但最终都不能达到自己的预期，二者会在资源竞争过程中对对方有一定程度的妥协，最后在距离自己预期程度稍低的水平上与对方实现均衡。图 11 − 1 中的 $Q$ 点是相对较为理想的位置，这里到 $X$、$Y$ 的距离相差不大，每个人的效用水平都相对较高，这时 $Y$ 的效用水平为 $L_Y^2$，$X$ 的效用水平为 $L_X^2$。假设 $Y$ 的效用水平在 $L_Y^M$，$X$ 的效用水平为 $L_X^2$，这时 $L_Y^M$ 与 $L_X^2$ 的交汇点在 $M$。从图 11 − 1 可以看出，$L_Y^2$ 是较 $L_Y^M$ 水平更高的一条效用线，两个人在资源竞争过程中，如果 $M$ 点顺着 $MF$ 箭头方向沿着 $L_Y^W$ 线移动，这时 $Y$ 的效用水平不会降低，但 $X$ 的效用水平会提升，提升到较 $L_X^2$ 更高的效用水平上。如果 $M$ 点顺着 $ME$ 箭头方向移动，$X$ 的效用水平保持不变但 $Y$ 的效用水平会得到提升，即从 $L_Y^M$ 提升到 $L_Y^2$。但事实上 $M$ 点不会这样移动，$M$ 点会向区域 $U$（不包括边界线）内的任何一点移动，这样会使 $X$ 和 $Y$ 的效用水平均得到提升。同样对于 $N$ 点而言，移动过程与 $M$ 点相同，$N$ 点沿着 $NG$ 方

向移动或者沿着 $NH$ 方向移动时都只会提升其中一个方面的效用水平而另外一方面保持不变：沿着 $NG$ 方向移动时，$Y$ 的效用水平不变（$L_Y^1$）而 $X$ 的效用水平从 $L_X^N$ 提升到 $L_X^2$；沿着 $NH$ 方向移动时，$X$ 的效用水平不变（$L_X^2$）而 $Y$ 的效用水平提升到较 $L_Y^2$ 更高的水平上。在图 11-1 中很多情况下会出现类似 $U$ 或者 $V$ 这样的枣核区域，既定均衡点（如 $M$ 或者 $N$）沿着枣核区域的边缘移动，博弈双方一方的效用水平保持不变而另一方的效用水平会获得提升，既定均衡点向枣核区域内部移动时，博弈双方的效用水平会同时得到提升。

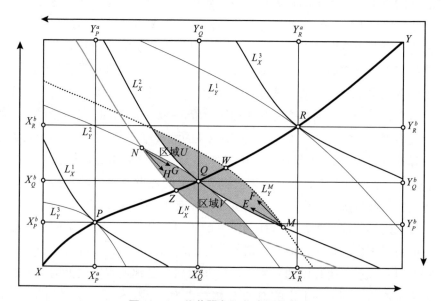

图 11-1  公共服务文化资源的博弈

如上讨论是以博弈双方不受任何外力影响为基础的，这种情况下的博弈不会给博弈双方带来任何负面影响，双方是建立在公平公正基础上以占有资源量最多和收益最大化为目标进行博弈的。在有外界附加条件的情况下，博弈中受到约束的一方能够分配到的资源量就会尽量减少，另一方能够占有的资源量会增加，其达到的效用水平也会增加。如果博弈双方都是在免费占有公共资源，在这样的互动过程中公共资源的有序使用机会受到影响，而且会发生"劣币驱逐良币"的问题。根据如上分析，乡村文化振兴如果考虑多元化投资主体，私人投资主体至少在文化振兴的起步阶段应该尽量降低权重。

理性经济人投资的前提是获利，在文化发展的初期阶段投资风险较高，在没有明确的预期收益情况下投资者会谨慎投资。依托公共资源平台让自己获得较为稳定的收益是多数村民的理性抉择。但在乡村文化振兴过程中，乡村文化基础设施不完善，完全依靠政府投资重建，投资成本就会很高。因此，依托既有资源和文化基础设施振兴乡村文化事业就成为当务之急。南方地区很多村庄都建有祠堂，作为家族文化传承的重要纽带凝聚了深厚的文化内涵，充分开发祠堂蕴含的文化元素是振兴乡村文化的理性选择。

（二）乡村公共文化发展的效用释放

乡村公共文化的发展质量关系到乡村社会的发展样态，但长期以来因供需错位、机制偏差、氛围缺失等多种原因，导致乡村公共文化存在内卷化问题。在既定时间和场域内，乡村公共文化可利用的资源存在稀缺性，如果能够对乡村文化资源进行划等分级，并相应地在完全免费和适当付费方面进行制度设计，就能够优化乡村文化服务供给结构和促进效用释放。因此，基于乡村公共文化服务发展的内卷化困境探索效用释放的路径就很重要。

1. 效用释放的理论支撑："编码—解码"基础上的平等对话语境

乡村文化发展过程中的资源博弈过程，就是个体通过改变资源占有状态从而改变在群体中的位置状况的过程，博弈各方都会按照自身效用最大化原则开展实践活动，但是乡村社会文化场的发展样态是各方发展意愿相互较量的结果，最终是按照各方意愿的合力方向发展，在个人理性超越集体理性时，就会因内耗而阻碍乡村文化发展速度。因此，通过合理的制度建构增强编码质量和提升解码能力，从而建构文化管理主体与管理客体间的平等对话语境就非常重要。"编码—解码"理论为社区治理模式从"行政强制"转向"服务指导"提供了理论依据。英国学者霍尔（Stuart Hall）认为，管理需要经历从编码到解码的完整过程[①]，在编码环节内管理者会将预期目标以赋予一定语义的符号呈现出来，并通过信息传递链条传导到信息接收者那里，通过信息接收者解码完成管理行为。但是在这个链条中，编码能力、解码能力以及信息传输链条的质量等都在不同程度上对管理目标的实现产生影响，这就需要在管理方式上做文章，降低因编码质量不高、解码能力不强和信息传输

---

① 罗钢，刘象愚. 文化研究读本 [M]. 北京：中国社会科学出版社，2000：359-360.

通道不畅等导致的信息不对称问题，从而在编码与解码之间实现高质量对话。基于"编码—解码"理论，管理者与管理对象间"编码—解码"质量决定了不同层次的互动水平，其目标是致力于在管理主体与社区居民间形成平等对话语境，管理主体的编码能力和乡村居民的解码能力都得到提升，双方的对话质量得到改善。这种状态下的管理者能够主动与被管理者高效互动，并从管理对象角度思考问题，诱导出管理对象需要的结果。在这样的管理实践中，传统意义上的行政强制逐渐淡出。"编码—解码"理论从管理者的编码水平、信息传输通道以及管理对象的解码能力等三方面进行了强调，三种要素的不同组合样态就决定了乡村文化发展水平。

如图 11-2 所示，坐标系的横轴表示行政放权程度，纵轴表示治理效率，$S$ 曲线表示乡村文化发展的三个阶段。坐标系的左下方是"治理效率低 + 行政放权少"的组合，这是强调行政控制力的阶段，管理者的编码能力较强而管理对象的解码能力较弱，导致治理效果不能达到预期；坐标系的右上角是"治理效率高 + 行政放权大"的组合，管理者的编码能力较强同时管理对象的解码能力也相对较强，因此社区治理效率相对较高。$S$ 曲线中段是行政权力与社会力量在博弈中的发展，行政意志和社会愿望都得以实现时，两种力量达到均衡状态，否则都会因为编码能力与解码能力未在同一平台上而影响

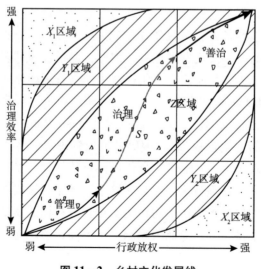

图 11-2　乡村文化发展线

对话通道的通畅程度。图 11－2 中的 $Z$ 区域内管理主体与管理对象间的对话质量最高，"$Y_1 + Y_2$"区域对话质量较低，"$X_1 + X_2$"区域的对话质量最低，编码能力与解码能力严重不对称以及行政干预下管理者对象不在场等问题是影响社区治理效率较低的主要原因。行政强制从管理场域中退出并基于管理对象的解码能力进行编码，才能在管理主体与管理对象间实现信息对称，推进乡村社会的文化场从行政植入到本土发展的转向。"编码—解码"理论为乡村文化场域内的治理主体与治理客体之间实现平等对话语境提供了理论支撑，行政意志转化为乡村文化场内文化主体的消费实践需要从"你就是你、我就是我"到"你就是我、我就是你"的转向。

2. 效用释放的实践基础：文化场基础上的价值理念共同体

社会学理论认为，场域是区域内具有共同价值理念的人群在行动过程中形成的社会圈，这是由相互联系的"位置"在互动中形成的客观关系网络，这个圈内的每个人都在谋求通过改变其在场域内的位置而能够占有更多的资源，因此场域实际上是一个竞争的空间。① 在此过程中，如果个人理想超过了集体理性，个体在博弈过程中就会造成制度损耗，个体通过在场域内的位置变化谋求占有资源量的增加，零和博弈并不能增加社会资本总量，致使乡村文化长期出现内卷化困境。乡村文化发展需要建立在管理主体与管理客体合作基础上，个体在乡村社会场内的自由是有限制的自由。这种合作不仅需要以高质量的"编码—解码"机制为前提，也需要基于文化场构建价值理念共同体为基础。行政植入模式下的乡村文化发展是单向度的供给模式，这种"你就是你、我就是我"的在文化供需双方间因缺乏沟通而不易创造有效供给，供给愿望与消费愿望间存在偏差。在新时代乡村居民美好生活目标实现过程中，高质量的文化资源成为乡村社会发展的精神动力和智力支持，只有从传统发展样态转向"你就是我、我就是你"的发展格局，才能够将文化供给与消费愿望实现融合。滕尼斯（Ferdinand Tonnies）提出，社会共同体是建立在血缘、情感以及地缘基础上的充满人情味的非正式组织②，单纯的行政约束不能解决问题，"需要"是创造文化生产的直接动力。因此，乡村文化

① 高宣扬. 布迪厄的社会学理论 [M]. 上海：同济大学出版社，2004：137.
② ［德］斐迪南·滕尼斯. 共同体与社会：纯粹社会学的基本概念 [M]. 林荣远，译. 北京：商务印书馆，1999：58－61.

服务的本质即"共同体化"，包括供给与需求的共同体以及乡村居民价值理念共同体。该共同体的消费选择以及实践选择是有限制的自由。卢梭（J. J. Rousseau）认为，社会契约基于利益相关者结成共同体得到保证，其中的每个个体为了得到自由需要受到限制，个体因为受到限制而使得到的自由更加充分。① 个体在这种限制中进行行为内敛，从而能够积极主动地产生与其他个体进行合作的愿望，共同体个体间的诚信水平得到提升，社会资本积累速度得到提升，个体因持续的帕累托改进而成为其他个体生活质量得到提升的福利，每个人的存在或者每个人的行为改变都会改善其他人的生存环境，个体间的合作愿望会变得更强，个体内心深处形成不需要他人提醒的行为自觉。在这样的高水平互动过程中，每个个体的最优状态都是在其他人实现最优状态的前提下实现的，最终在图 11 - 1 中的区域 $U$ 或者区域 $V$ 的位置上实现均衡。

## 四、乡村公共文化服务空间转向：从有形转向无形的多向度发展对策

随着社会分工趋于复杂化、精细化，乡村社会的群体划分不再单纯以血缘网络为依据，宗族共同体也逐渐被分解，基于趣缘网络的乡村文化空间正在形成。乡村居民的闲暇时间转化为生活享受的通道存在阻力。② 现代通信技术在农村的普及，推进了乡村公共文化空间的多元化发展形势，乡村公共文化发展的空间也不再局限于单纯的物理空间，乡村居民的文化消费正在从有形的物质空间转向无形的文化空间，在建构乡村公共文化空间过程中，需要从物理空间、制度空间、生活空间、角色空间、价值空间等多层面进行拓展。

### （一）物理空间转向：多元投资主体搭建乡村公共文化发展平台

公共空间的关键在于"公共性"。③ 哈贝马斯（Jürgen Habermas）认为，

---

① ［法］卢梭. 社会契约论 ［M］. 何兆武，译. 北京：商务印书馆，2003：18 - 19.

② 张培奇，胡惠林. 论乡村振兴战略背景下乡村公共文化服务建设的空间转向 ［J］. 福建论坛：人文社会科学版，2018（10）：99 - 104.

③ 陈杏. 公共文化服务与公共文化空间的关系探析 ［J］. 图书馆杂志，2008（2）：9 - 12.

公共性的本质在于平等主体间的沟通平台①，基于该平台产生公众认可的一致性意见从而形成个体共同遵守的规则，因此公共空间实际上就是行为个体间相互影响并产生教化作用，从而形成文化共同体的文化场，在乡村场域内建设公共文化阵地方阵。② 物理空间是乡村公共文化得以存在的具象化的几何空间，公园、广场、博物馆、体育场、图书室、文化站、艺术馆等物理空间成为承载乡村公共文化的物质载体。③ 乡土社会较城市社会而言，村民由于长期依附土地而在活动领域方面存在较强限制性，因此长期内未形成现代意义上的公共文化空间。乡土社会的地方性限制促成了生于斯、死于斯的社会。④ 物理空间是乡村公共文化发展的基础空间，也是乡村居民进行文化活动和构建乡村文化地标的重要载体⑤，节庆仪典⑥、休闲娱乐、迎神祭祖等都需要依托既定的文化物理空间进行。在既定的物理场域内，村民通过频繁交往得以充分沟通信息，基于厚实的情感基础增加村民间的信赖感、依赖感。随着现代通信技术应用以及乡村空心化问题的存在，传统经济时期以政府为主导的带有厚重行政色彩的乡村文化植入方式正在淡出，而在此期间新型的乡村公共文化形式还未形成，各种干扰因素导致乡村公共文化发展的物理空间被严重挤压，碎片化、小众化的乡村文化样态正在替代整体化、大众化的传统乡村文化样态。乡村公共文化发展的物理空间载体在弱化、虚化和边缘化，这就需要强化乡村公共文化空间发展的物质载体，形成"政府拉动 + 社会投资 + 项目支持 + 村民参与"的多元资金支撑发展格局，为乡村公共文化发展搭建物理空间平台，强化乡村公共文化发展的凝聚力和持久力。

（二）制度空间转向：单一向度的植入转变为多向度的立体支撑

制度为不同文化资源互动预设了体制机制，不同体制机制下文化资源相

① ［德］哈贝马斯. 公共领域的结构转型 ［M］. 曹卫东，译. 上海：学林出版社，1999：169 – 170.

② 唐亚林，刘伟. 党建引领：新时代基层公共文化建设的政治逻辑、实现机制与新型空间 ［J］. 毛泽东邓小平理论研究，2018 (6)：21 – 27.

③ 马永强. 重建乡村公共文化空间的意义与实现途径 ［J］. 甘肃社会科学，2011 (3)：179 – 183.

④ 费孝通. 乡土中国 ［M］. 上海：上海人民出版社，2006：12 – 13.

⑤ 邵佳. 以公共文化空间为形态的乡村文化地标研究 ［J］. 中共宁波市委党校学报，2015 (2)：111 – 114.

⑥ 王霄冰. 节日———一种特殊的公共文化空间 ［J］. 河南社会科学，2007 (4)：5 – 8.

互作用的方式不同，文化发展的样态也会存在较大差异。① 因此，合理的制度设计能够拓展文化的发展空间、促进文化再生、丰富文化表现形式并能够让文化产品更加贴近村民生活。② 改革开放以来乡村社会经济格局在发生变化，村民作为乡村公共文化建设的主体，在人群构成、思维方式、关注内容、行为空间等方面都在发生变化，传统经济背景下乡村公共文化发展的单向度思维方式需要尽快转变。乡村公共文化服务的发展需要以人群、制度和优势的文化资源为依托，其中制度设计在理顺村民关系和降低村民关系建构的交易费用方面扮演着重要角色。乡村公共文化服务的发展需要在行政管理、社会支撑和居民参与等多方面建构制度，理顺文化资源间的关系，让乡村公共文化建设与村民的激情、表情、热情和心情协调一致。制度空间转向需要在制度建构、制度整合、制度导向、实施效果等方面进行多方位考虑，着眼于在村民之间构建文化共同体，在既定制度基础上在村民间、村民与文化管理部门间形成平等的对话语境。基于制度空间在乡村场域内形成文化资源高效互动的逻辑，在资本、权利之间形成整合博弈。制度决定了资源流向与村民间的互动方式。制度空间转向着眼于将所有文化资源聚合整合在一起，在乡村场域内创造非功利性的对话语境，政府组织、社会组织、企业组织为发展乡村公共文化服务构建立体支撑。传统经济时期以政府为主导的单一的乡村文化植入发展方式已经逐渐淡出，因此需要构建新的制度构架，在乡村文化发展进程中形成多元融资格局和多元主体参与格局。

（三）生活空间转向：基于物质生活空间活化精神文化空间

生活空间是乡村公共文化得以发展的载体，因此需要将乡村公共文化建构在乡村居民的日常生活中。依托民俗、仪典、神社、庙会、工艺，为村民构建对话场域。文化生活空间的退缩会导致村民精神生活空虚与伦理价值体系迷失。③ 布尔迪厄（Pierre Bourdieu）认为，场域是位置之间客观关系的网络和构型，这些位置得到了客观的界定，其根据是这些位置在不同类型的权

---

① 颜玉凡，叶南客. 新时代城市公共文化治理的宗旨和逻辑 [J]. 江苏行政学院学报，2019 (6)：66 – 72.

② 孟祥林. "村官缺位＋乡贤补位＋管理归位"：乡村治理走向乡村善治的问题与出路 [J]. 盐城师范学院学报：人文社会科学版，2019 (2)：1 – 7.

③ 何兰萍. 关于重构农村公共文化生活空间的思考 [J]. 学习与实践，2007 (11)：122 – 126.

力分配结构中实际的和潜在的处境。① 在传统经济时期，乡村居民在公共文化服务方面只能被动供给，单向度的公共文化供给机制虽然适应相对贫乏的文化生产状态，但也在很大程度上限制了村民的文化需求愿望表达，文化的供给侧与需求侧之间未曾建立对话通道，乡村文化的自组织和自生产力量也未得到充分展露。随着乡村社会经济样态转变，乡村公共文化空间不仅局限于既有的物理生活空间，虚拟生活空间的宽度会更多地影响居民生存质量，村民对乡村公共文化的表现形式也呈现多样态诉求。农家书屋、文化俱乐部、文化站、娱乐广场以及祠堂社庙等具象化的文化载体在乡村公共文化服务均等化方面的局限性显得更加突出。乡村公共文化空间需要从传统思路下的单纯的物理空间向"物理空间 + 虚拟空间"拓展，乡村公共文化的存在形式也需要作出相应调整，与虚拟文化空间相适应的文化形式需要尽快得到发展，丰富乡村居民的生活内容，从此前单一向度的物质生活空间向多向度的"物质文化空间 + 精神文化空间"转化，通过拓宽视野开阔眼界，提升生活质量和激发生活追求，拓宽乡村文化的发展空间。

（四）角色空间转向：彰显村民多元主体功能拓宽文化供给通道

在乡村公共文化服务发展过程中，村民不只是文化产品的消费者，更扮演着参与者、决策者、校对者、监督者、生产者等角色。② 村民角色随着公共文化服务产品供给过程的变化而变化，公共文化产品的性质也对村民角色产生重要影响。因此，乡村公共文化发展需要建立在供给侧与需求侧高效互动基础上，行政力量影响下的文化供给带有明显的纯公共物品特征，文化产品供给过程的计划性、行政性特点会导致文化资源的空间配置、服务方向带有明显的指向性，只有将"自上而下"的供给与"自下而上"的需求紧密结合，才能够保障文化供给的高效率。公平和效率是公共文化服务供给过程中需要考虑的两个层面，市场逻辑虽然可以修正政府效率存在的不足，但文化产品在地域上的均衡性即公平性上会存在问题。因此需要尽快建构村民在公共文化服务供给层面的监督者、校对者角色，并通过合理的体制机制设计激

---

① ［法］皮埃尔·布尔迪厄，［美］华康德. 实践与反思：反思社会学导引［M］. 李猛，李康，译. 北京：中央编译出版社，1998：133 – 134.

② 李兵园，唐鸣. 村民参与公共文化服务供给：角色、空间与路径［J］. 社会科学家，2016（5）：39 – 43.

发村民的决策者和生产者角色，改变传统思维方式下村民只是文化接受者的角色定位，以及政府完全控制文化供给的决策权的角色定位。政府影响下的文化供给需要在"供给什么、怎样供给以及为谁供给"等问题上与乡村文化消费主体进行充分融合。政府为村民扮演多元化角色建构合理的制度空间，激发村民参与乡村公共文化服务建设的激情，使其在乡村文化发展中乐为、敢为、有为。角色空间转向能够创造"自下而上"的文化生产机制，让村民更好地扮演文化生产者角色，从而能够活化乡村公共文化服务的生产机制，形成"政府＋村民＋企业"的多元生产格局。角色空间转向，将政府放权与乡村自治有效整合，文化内容和形式根植于日常生活，富有区域特色、生活情调、乡土情怀的乡村文化，在乡村场域内能够尽快形成文化发展的造血机制。

### （五）价值空间转向：基于乡村公共文化理顺精神秩序和道德规范

乡村公共文化服务的发展着眼于为乡村发展构建文化软环境，在以经济为中心的发展导向影响下，乡村居民的思维惯性和行为惯性在短时间内不易得到扭转。但文化的影响着眼于持久性、根本性变化，可以在长期内对村民价值观产生影响。文化对乡村发展的影响表现在人性力层面，即文化贴近人性而表现出来的力量。[①] 通过乡村文化发展促成村民价值空间转向，包括乡村文化产业振兴、乡村伦理文化复兴、乡村自治文化重建以及乡村农耕文化强化等多个层面。[②] 乡村公共文化服务的发展与乡村振兴不可分割，文化发展是乡村场域整体发展过程中的一个侧面，其他各方面的发展都与乡村公共文化发展的质量存在紧密联系。但文化发展是乡村振兴的最终决定力量，乡村政治建设、经济发展样态、社会问题解决以及生态环境优化等最终取决于文化发展质量，文化决定了乡村社会的价值观念，从而决定了文化发展动因。在乡村公共文化发展样态转变过程中，乡村公共文化发展的价值空间得到转向，价值空间拓展宽度、发展结构以及容纳能力等都需要与村民对文化的需求相适应。在城乡二元经济格局被打破后，乡村社会的文化秩序格局面临重

---

① 易小明. 文化软实力的"硬核"［J］. 吉首大学学报：社会科学版，2018（4）：1－3.
② 吴理财，解胜利. 文化治理视角下的乡村文化振兴：价值耦合与体系建构［J］. 华中农业大学学报：社会科学版，2019（1）：16－25.

建并存在秩序危机问题，文化空间决定着乡村发展的生活秩序、精神秩序和自觉秩序，这分别涉及和谐的生态智慧、道德交往空间以及非制度性的制度规范的建构①，但是长期以来乡村社会将发展目标锁定在经济层面后，乡村文化处于无语、无位、无序状态，乡村文化缺失使得乡村社会共同体建设缺少了坚实的文化基础，再加上乡村社会道德体系碎片化以及乡村精英缺失，导致乡村居民道德世界发展无序并缺少了乡村社会凝聚人心的价值力量，因此乡村价值空间转向与乡村公共文化发展需要同向同行、同频共振。

## 五、研究结论

乡村公共文化服务在发展过程中由于供需错位、机制偏差以及氛围缺失等多方面的制约因素存在，致使长期内存在内卷化问题。因此需要对传统模式的乡村文化供给主体、投资主体、参与主体等问题进行系统思考，从根本上解决内卷化问题。乡村公共文化发展过程中存在多要素博弈，在此过程中会因为理性经济人的理性寻租而导致交易费用提升，弱化乡村社会资本建构，基于乡村文化建立村民价值共同体的路径受阻，因此需要在政府行政力量干预下，通过政府组织的拉动，激发企业组织和社会组织参与乡村文化建设的积极性，让村民充分参与到乡村文化建设当中来，重构乡村公共文化发展的空间，在物理空间、制度空间、生活空间、角色空间和价值空间等方面进行转向。物理空间是乡村公共文化发展的物质载体，也是村民聚集并发生思想碰撞进而构建价值共同体的关键，因此需要在物理空间的建构方面得到强化，在合理性、有效性方面做文章，在乡村场域内形成村民乐为、善为和有为的发展环境；在制度空间层面需要更加完善，形成发展乡村公共文化的多元制度体系，形成政府投资与社会投资的复合投资体制，同时在投资主体、受益主体与参与主体之间形成高效互动机制，并且与农村土地确权、规模经营结合在一起建构长效的制度体系；在生活空间方面，以文化建设为抓手丰富乡村居民生活，以文化为中介将享受生活与创造生活整合在一起，吸引村民主动参与到乡村文化建设当中，将村民的生活空间与乡村文化建设空间融为一体；角色空间转向体现在扩大乡村居民的参与空间和缩小行政权力的控制空

---

① 赵霞. 传统乡村文化的秩序危机与价值重建 [J]. 中国农村观察, 2011 (3)：80 – 86.

间，行政部门的角色需要从行政管控向行政服务方向转化，乡村居民也要从文化消费主体、文化植入对象向文化生产主体方向转化；价值空间拓展在乡村文化发展过程中容易被忽视，在乡村社会经济转型情况下理顺道德秩序和道德空间对于乡村社会全面发展具有重要影响，因此需要尽快实现乡村公共文化发展的价值空间转向。

# 第 12 章

# 乡村公共文化空间建构：场域困境、考察向度与发展方向

　　价值观念碎片化和居民群体异质化导致乡村公共文化空间式微，为发展乡村公共文化增加了阻力。这要求从历史视角对乡村公共文化进行深入考察，厘清乡村公共文化变迁的轨迹并对其发展进行前瞻性思考，处理好国家干预、市场机制以及乡村精英三种力量间的关系。乡村公共文化发展经历了改革开放初期的复活到目前新旧理念纠缠的变化，在乡村社会经济结构变迁情况下，乡村公共文化空间正在面临需求场域、空间场域与情感场域的发展困境，因此对乡村公共文化发展进行多向度考察就显得非常重要，其中观念表达、力量支撑和功能承载是三个关键向度，成为乡村公共文化空间建构质量的三个测度标准，分别从乡村公共文化空间建构的内在素养、底层支撑、功能外显等方面进行把控。与三个测度标准相对应，在推进乡村公共文化空间建构过程中需要在培育精神、整合资源与打造空间等方面下功夫，这成为乡村公共文化发展的三个重要方向。

## 一、引言

乡村公共文化作为乡村居民共享的文化符号系统，在村民价值观、社会态度、社会责任感的塑造以及规范行为方式方面具有非常重要的作用，乡村社会据此形成成员共同遵守的行为规范。乡村公共文化的发展必须以既有的物理空间为载体规范乡村居民的精神空间，但是在体制机制设计不到位的情况下，乡村公共文化空间的发展就会出现内卷化问题。乡村文化空间的建构是乡村文化振兴的重要举措，乡村文明、生活富裕和治理有效最终都要体现到乡村公共文化空间的发展状态上来。乡村文化振兴为村民满足"求知、求乐、求富"的愿望搭建了文化平台，于是乡村文化振兴成为学界关注的热点问题。专家学者从公共文化服务的产品供给、政策支持、设施建设、机制创新等多方面进行了讨论。乡村公共文化空间的建设离不开公共场所、公共权威、公共事件和公共资源等基本要素①，四种要素的不同组合方式会繁衍出不同的文化形式并助力扩展乡村公共文化空间。在多种形式的乡村文化中，地方戏特色鲜明，可以作为发展乡村文化的切入点构建起乡村公共文化空间。地方戏是乡村社会的重要文化仪典，也是乡村公共文化生活的重要表达方式。研究认为，在乡村社会变迁过程中，村民生活的公共文化空间正在由传统经济时期的公共性、全民性、狂欢性样态转变为私人化、小众化和日常化样态。在经济分化背景下，乡村社会分层带来了公共文化呈现圈层发展，农村社区出现价值异化和底层个性化闲暇特征②，这为乡村公共文化空间的发展需求侧增添了发展动力。乡村公共文化空间是村民可以自由进入并进行文化生活的空间，具有本土性、主动性、参与性、聚集性等特点③，乡村公共文化空间的建构需要考虑这些因素，才能让乡村文化更加贴近群众、贴近生活。地方戏种在乡村公共文化服务发展过程中通过将民间礼俗嵌入地方戏曲，可以将乡村文化与村民日常生活紧密联系在一起，从而强化居民的参与热情，居

---

① 董磊明. 村庄公共空间的萎缩与拓展 [J]. 江苏行政学院学报，2010 (5)：51 – 57.

② 宣朝庆，韩庆龄. 文化自性与圈层整合：公共文化建设的乡村本位 [J]. 学海，2016 (3)：65 – 71.

③ 张琳，刘滨谊，宋秋宜. 现代乡村社区公共文化空间规划研究——以江苏句容市于家边村为例 [J]. 中国城市林业，2016 (3)：12 – 16.

民参与程度是衡量村民获得感和文化权益保障程度的重要测度指标①。广受村民喜欢的地方戏是大众化的文化资源，可以在乡村地区形成强大的文化磁场②。有些地方即使出现了乡村文化凋敝的问题，但富有朝气的地方戏却日渐繁荣，这与其展演方式以及小众化、常态化的乡村欣赏氛围紧密相关，这可为乡村文化发展创造更广泛的空间。地方曲艺将文化内容与村民日常生活紧密整合在了一起，使得乡村文化具有了肥厚的土壤。研究认为，乡村居民的准熟人社会、居民关系疏离化以及居民生存状态原子化等问题对乡村公共文化的发展产生了重要影响③，乡村文化发展空间在不同程度上受到挤压。乡土社会是一个多元公共空间的集合体，除了地方戏外还有诸如神山、祭祀、锅庄、聚餐等多种乡村文化形式，其通过善意讽刺、暗喻、揭短等方式揭露不良行为，在乡村发展过程中达到扬正气抑邪气的作用④。乡村公共文化空间的拓展需要从乡村治理的角度出发组建村民自治合作社群，将乡村文化的重心下沉到村一级组织进行乡村文化生活重构⑤。政府、村委会以及乡村核心人物在乡村公共文化空间发展过程中发挥着重要作用⑥。乡村公共文化服务存在总量短缺、结构失衡、供需错位、内容匮乏等问题⑦。乡村公共文化空间弱化正在成为乡村文化振兴的"软肋"⑧。因此，以乡村文化空间的建构为切入点对乡村公共文化空间进行多向度考察，探索乡村公共文化空间摆脱困境的措施就显得非常重要。

---

① 陈庚，崔宛. 乡村振兴中的农村居民公共文化参与：特征、影响及其优化——基于 25 省 84 个行政村的调查研究 [J]. 江汉论坛，153 – 160.

② 王易萍. 地方戏剧在乡村公共文化生活变革中的价值——以广西平南牛歌戏为个案 [J]. 湖南农业大学学报：社会科学版，2010（3）：18 – 24.

③ 鲁可荣，程川. 传统村落公共空间变迁与乡村文化传承——以浙江三村为例 [J]. 广西民族大学学报：哲学社会科学版，2016（6）：22 – 29.

④ 李志农，乔文红. 传统村落公共文化空间与民族地区乡村治理——以云南迪庆藏族自治州德钦县奔子栏村"拉斯节"为例 [J]. 学术探索，2011（8）：61 – 65.

⑤ 黄胜胜. 基于乡村治理的视角重塑乡村公共文化——以武汉市蔡甸区 L 村调查研究为例 [J]. 华中师范大学研究生学报，2015（2）：42 – 46.

⑥ 周尚意，龙君. 乡村公共文化空间与乡村文化建设——以河北唐山乡村公共空间为例 [J]. 河北学刊，2003（2）：72 – 78.

⑦ 曹爱军. 乡村振兴战略中农村公共文化建设检视——基于陕甘宁 3 省（区）的调查 [J]. 开发研究，2018（4）：100 – 106.

⑧ 陈波. 公共文化空间弱化：乡村文化振兴的"软肋" [J]. 人民论坛，2018（7）：125 – 127.

## 二、乡村公共文化发展的历史变迁与文化空间建构的场域困境

（一）乡村公共文化发展的历史变迁：从政府放权背景下文化复活到新旧理念较量的纠缠

健康的公共文化生活是维系乡村正常发展秩序的基础，改革开放四十余年来，乡村公共文化空间式微已经成为不争的事实，该论题成为学界关注的热点。在乡村公共文化空间建构过程中，国家干预、市场机制以及乡村精英三种力量相互交融，共同影响着乡村公共文化的发展和乡村公共文化空间的建构。在乡村公共文化空间建构的历史脉络中，政府力量逐渐退出，市场机制和乡村精英在乡村公共文化发展进程中开始扮演主要角色。美国人类学家玛格丽特·米德（Margaret Mead）认为[1]，在社会变迁过程中，群体中的个体在价值观念和行为方式上存在差异，在乡村场域内新的社会秩序还未建立起来时，既有的价值观念正在趋向碎片化以及既有场域内的人群正在趋向异质化的过程中，年轻一代因为新的价值体系仍未形成从而不具可以效仿的楷模以及没有可以遵循的规则而变得非常茫然，于是在新旧价值观念之间较量的过程中就会存在长时期的纠缠，乡村场域内文化空间建构的这种样态会在很大程度上影响乡村公共文化的高质量发展。在时代变迁中，现代化通信手段在乡村场域的广泛应用逐渐溶解了传统经济模式下的乡村公共文化空间。随着新农村建设、"三农"问题解决以及乡村振兴等强农惠农政策的出台，政府力量的回归以及乡村精英力量不断增强，正在改变乡村公共文化服务的发展局面。在乡村社会变迁过程中，改革开放之初的国家放权在一定程度上拓展了乡村公共文化空间，乡村居民在支配休闲时间方面具有了更多自主权，这一时期政府力量主导下的指向乡村的文化供给与乡村文化资源极度匮乏状态下乡村居民在文化消费方面的强烈需求高效对接，丰富了乡村文化生活，拓展了乡村文化空间，激活了乡村文化氛围。但是随着城乡二元经济结构被打破、农村居民流动性增加以及乡村场域社会主体结构改变，乡村居民日益丰富的文化自主空间逐渐为被碎片化的私人空间所取代，乡村场域公共文化

---

① ［美］玛格丽特·米德. 代沟［M］. 曾胡，译. 北京：光明日报出版社，1988：20－21.

空间式微，趋于原子化的乡村居民群体开始被利益分解，乡村社会中构建文化共同体的发展目标遇到阻力，传统的价值观念正在被撕碎，传统经济状态下乡村居民基于地缘网络、趣缘网络、血缘网络而形成的对群体的情感依赖正在受到挑战，而这会严重影响乡村场域公共文化体系的建构，进而遏制村民间的社会关系建构和乡村社会的持续发展，因此从历史角度考察乡村公共文化建设，能够为拓展乡村公共空间的建构提供有力注解，并能够清晰地思考乡村公共文化空间发展"到了哪里"以及"到哪里去"等问题。

（二）乡村公共文化空间建构的场域困境：需求微分化、空间隔离化与关系疏离化

乡村公共文化空间一方面需要以物理空间为载体，另一方面需要打通不同物理空间之间的阻隔，为村民创造享受公共文化的氛围。小众化、家庭化、私人化的乡村文化状态说明乡村公共文化空间的传统发展格局正在面临挑战。讨论乡村公共文化服务需要将文化需求主体放在相应的场域内进行思考，公共文化的供给侧需要将文化的需求场、空间场和关系场充分整合，为乡村居民创造消费文化的公共场域，在该场域内传递信息、沟通情感、消费文化、决策事宜。但是乡村居民文化需求微分化、文化空间隔离化和村民关系疏离化正在成为乡村公共文化空间建构的场域困境。

1. 需求场域困境：乡村公共文化需求微分化

乡村居民在公共文化层面的需求组合构成乡村文化发展的需求场域，表现为以文化基础设施为物理载体的文化需求氛围。乡村居民的公共文化需求通过日常沟通、宗教信仰、体育锻炼、公共娱乐、知识汲取等多种方式表现出来。日常沟通主要是谈天说地、聚众聊天；宗教信仰主要是祭神祈福、庙会节场；体育锻炼主要是踢毽子、摔跤、抖空竹、荡秋千、跳绳等多种民间体育项目；公共娱乐是指说书、唱戏、唱歌等各种民间娱乐活动；知识汲取主要指通过公共图书馆[①]、文化站、博物馆等文化载体吸收新知识和新信息。除了以上各种形式的乡村文化形式，与村民日常生活紧密相关的就是各种民俗，这是乡村在长期发展过程中与生活、生产紧密相关的各种习俗文化，包

---

① 戴丽. 公共图书馆服务乡村少儿文化建设的途径探微 [J]. 图书馆情报工作，2013（1）：194－196.

括农事文化、利益文化、乡规村治、民间手艺、餐饮文化、民族风情等。这些习俗文化是乡村居民需要共同遵守的风化礼制。乡村并不缺乏公共文化资源，缺乏的是使得乡村公共文化得以建构和发展的机制。乡村因地域空间差别以及村民的生活状态而划分出乡村文化子空间，这些子空间相互联系并形成不同类型的场域，不同文化场域内的相应文化主体在享受和创造文化资源过程中处于平等地位，但不同文化主体依据其占有的文化资本的数量而有不同程度的话语权，不同文化符号在争夺话语权过程中会存在竞争。因此乡村场域内构建文化发展空间过程中，需要在文化形式、文化内容等方面进行筛选，相互关联的文化形式间通过揉搓充分融合，为村民表达生活态度、价值观念和展示社会责任感、道德感搭建更大的平台，减少文化形式间的恶性竞争。乡村公共文化发展关注的是文化释放的有效空间，由于乡村文化发展进程中的有效场域仍然需要扩展，有限的乡村文化场域及文化生产场域对教育系统存在严重依赖，这种有限的文化市场也是高度专门化的市场，文化生产场域内的大量受众作为建构文化空间的参与者通过其行为方式、行为趋向为构建乡村公共文化空间做贡献。乡村公共文化空间的发展存在诸多扰动因素，民间文化力量对传统经济背景下行政力量单向植入的替代，在不同程度上改变着乡村公共文化空间的发展格局，乡村文化的大众化、全民化发展空间正在被微分化，村民按照自己的喜好尽心分类分群并参与到不同的文化形式当中，这就是前面论及的乡村文化的小众化、家庭化发展空间，这些成为在乡村场域构建整合度高的大众化、全民性的乡村公共文化空间的不利因素，成为乡村公共文化空间发展的第一道障碍。这种发展状况需要行政力量介入，在乡村公共文化空间发展过程中求出最大公约数，从而激发村民融入乡村公共文化的积极性，从乡村文化发展的观众转变为乡村文化建设的演员，使得村民能够静下心来品味文化和创造文化，让快节奏背景下的村民享受慢生活。

2. 空间场域困境：乡村公共空间隔离化

乡村公共文化空间需要依托物理空间（地理空间）得以发展，这是乡村共同体长期生活过程中形成的促成居民生活方式与生活状态的物质化场域或者虚拟化场域，前者指乡村居民生活的物理空间，后者指乡村居民的精神归属空间，因此乡村公共文化空间是物质化空间和虚拟化空间的复合体。哈贝马斯（Jürgen Habermas）认为，公共空间是国家和社会之间的连接地带，民众可在该空间内自由发表意见和平等对话，民众在公共空间内自由发表意见具有公开性、理性批判和公益性特点①。乡村公共文化空间既包括有形的物质空间，也包括无形的精神文化空间，后者依托前者存在并得到发展，精神文化空间是基于人际交往形成的具有特定社会结构的社会关联。在城乡二元经济结构被打破后，乡村富余劳动力因谋求劳动力边际生产力提升而在向城镇转移过程中造成乡村人口空心化问题，乡村公共空间呈现萎缩趋势。计划经济体制时期行政干预主导下的嵌入型乡村公共空间呈现萎缩趋势的同时，基于乡村场域的内生型乡村公共空间开始发展②。以祠堂为例，新中国成立前宗祠是维系宗族共同体的中心，规范着乡村居民的道德秩序和人文教化，进而在乡村社会共同体的整合过程中扮演着重要角色。因此，物理的乡村公共空间对乡村居民间的关系状态、价值观养成以及风俗教化的传承等具有形塑作用，依托该物理平台村民通过集会以及对重大事件进行表决，将村民紧密联系在一起，物理空间从而也就成了精神的宿主，乡村公共文化从而呈现为显性的物化文化和隐性的精神文化两种样态，后者较前者具有更强的辐射力，在发展到一定程度时可以脱离物理的文化空间而在村民间传承。祠堂是祭祀祖先、传承祖训、教育子弟和决策要事的场所，因此祠堂自然就成为族人的权利象征，成为乡村中具有较强的文化承载力的族人活动的公共空间。祠堂已经成为集宗法、礼仪、习俗、教化于一体的文化综合体，村民以祠堂为空间载体进行信息交换、意愿表达、融通情感，在思想碰撞中形成一致性的观点并塑造村民共同遵守的一般规制。祠堂作为物理空间为村民的思想空间的形成和发展奠定了基础，从不同方面规范着思想空间的边界、空间内容的丰富程度及其结构变迁。随着乡村社会结构变迁，包括祠堂在内的乡村公共文化空间发展的物质载体被边缘化，小众化、家庭化的文化发展模式将乡村公共文化发展空间碎片化、异质化和格子化，大众化的乡村公共文化空间场域面临解构困境，乡村公共空间隔离化成为乡村公共文化发展的第二道障碍。

3. 情感场域困境：乡村场域内的村民关系疏离化

情感场域是基于村民情感关系建立起来的互信、互依、互助、互勉的交

① ［德］哈贝马斯. 公共领域的结构转型——关于一种资产阶级社会的调查［M］. 曹卫东，王晓珏，刘北城，宋伟杰，译. 上海：学林出版社，1999：35.

② 曹海林. 乡村社会变迁中的村落公共空间——以苏北窑村为例考察村庄秩序重构的一项经验研究［J］. 中国农村观察，2005（6）：61-63.

往关系场，该场域需要奠定在村民频繁沟通并据此形成一致性的价值观念基础上，但是伴随乡村空心化，村民也在向原子化方向发展，乡村情感场域逐渐被撕碎，村民关系疏离化成为乡村公共文化空间建构的第三道障碍。乡土社会的村民关系退缩为两种联系纽带：其一是利益纽带；其二是血缘纽带。狭窄的纽带联系使得村民间的交往关系简单化，乡村公共文化空间日渐式微。村民间的关系链条从传统乡土社会时期的重交往、重友情转变为重利益、重回报。村民间基于道义的互帮互助的淳朴情怀正在淡出。传统乡土社会背景下的类似婚庆仪典等表征乡土的文化符号都被掺杂上世俗成分，各种小众化的具有浓重乡土文化气息的文化元素被同化为经济行为，进而成为彰显经济实力以及人脉网络的象征，乡村居民据此进行分层画圈。乡村公共文化空间正在依据血缘网络、经济纽带等联系方式撕碎。联产承包责任制以来，分户经营的农业作业方式乡村文化的主体首先从集体作业的物理空间中隔离。随后随着村民择业方式多元化，村民聚集在一起的机会逐渐降低，传统的乡情对村民的凝聚力逐渐减弱。传统经济背景下村民集会、议事的公共空间也逐渐被挤压，乡村公共文化发展缺失了必要的文化载体。传统经济条件下，乡村公共文化空间的建设是在行政控制下通过政府行为植入乡村社会，在乡村文化资源匮乏和居民生活方式选择空间狭窄的情况下，乡村文化虽然单调但对村民构成了较强的吸引力。村民在丰富乡村文化过程中具有较强的参与热情。低生产力水平以及村民近乎复制的生活方式，使得乡村居民文化生活空间近乎静止，村民的交往方式也是基于传统伦理。基于诚信和互助的频繁交往不断积累着乡村社会资本。经济发展方式的变化对村民的行为方式形成较大的影响，村民流动性的增加疏远了彼此之间的物理距离，公共活动的物理空间被撕碎的同时精神文化空间也呈现碎片化、异质化趋势。村民交往的交易费用提升，圈子化、小众化的交往方式降低了社会的凝聚力。

三、乡村公共文化空间建构的考察向度：观念表达、力量支撑与功能承载

考察乡村公共文化空间的建构需要进行多向度考察，其中观念表达、力量支撑和功能承载三个向度需要放在突出位置：观念表达向度从乡村公共文化空间在地方文化塑造与居民价值观表达方面进行考察；力量支撑向度从行

政干预与民间基础交互作用方面进行考察；功能承载向度从乡村文化的表现形式方面进行考察。

（一）观念表达向度：地方文化塑造与居民价值观表达

乡村公共文化空间通过村民集体行为得以展露，与村民的生活空间复合在一起，在地方文化塑造与居民价值观表达方面形成整合力。不同的乡村场域会结合本地实际以富有特色的乡村文化形式塑造地方文化和表达村民价值观以及展露村民的生活态度。地方戏在乡村文化发展过程中带有明显的公共性，在乡村振兴战略背景下应该成为乡村公共文化发展的节点。传统经济条件下行政力量在农村文化发展过程中扮演主角，文化内容也以说教为主。地方文艺的发展空间被挤压的同时也带有更多的政治色彩。城乡二元经济格局被打破后，乡村居民具有了更多的择业权，乡村文化形式也逐渐增多。地方曲艺在乡村文化发展过程中扮演的角色从未削弱，成为家庭伦理、善恶有报等传统文化内涵的重要载体，将主流意识形态的内容以丰富多样的文化形态进行展演，凡逢婚庆、乔迁、寿辰等都不能缺少具有欢庆气氛的地方戏的身影。地方戏已经成为乡村居民表达心情、赞扬生活、传承价值观的重要方式，这种文化仪典可以融入村民日常生活细节。建筑落成、孩子满月、灾后重生、喜获丰收、岁时节庆、金榜高中等村民生活中的日常小事都可以有地方戏助阵。地方戏在展示村民生活状态的同时，正在成为村民经济实力的测度指标：地方戏的规模、级别、演出人员的层次、演出场次、观众数量等都与出资者的能力联系在一起。地方戏从传统经济时期的政治行为主导下的全民性的文化形式转型成为家庭化、小众化的文化形式，这是以家庭经济能力为支撑的反映出资者人际交往圈子规模的文化形式，在充分表达民间底层生活态度、价值观与意识形态层面更接地气，该种文化形式成为村民之间、村民生活与乡村文化发展的对话形式，以地方戏为依托在乡村场域内塑造了村民与社会、村民与国家之间的对话语境。在多个出资人共同聘请的演出开始，节目主持人会报出出资人名单，该环节从而具有了广告效应和基于"夸富"含义的凝聚人脉的可能，能够彰显出资人的经济实力，进而在个人事业的发展层面能够放大循环累积效应。地方戏展演现场可以通报村政事宜，将村政与乡村文化发展融在一起。看戏、评戏、学戏、唱戏成为村民生活的重要组分，也成为村民间沟通的重要通道。

### （二）力量支撑向度：行政权力退出与民间力量介入

行政力量和民间力量成为建构乡村公共文化空间的力量支撑组合。在乡村社会结构变化背景下，传统经济时期的依托政府行政力量在乡村公共文化发展方面的单向植入力量正在弱化，与此同时民间力量在乡村公共文化空间重构过程中的张力逐渐得到强化。因此，在考察乡村公共文化发展的力量支撑向度过程中，需要从两个方面进行思考，并据此厘清建构乡村公共文化空间主导力量的切入点。

1. 两种力量的纠缠：行政力量淡出与民间力量介入

在生产力水平较为低下的传统农耕文明中，村民在劳作时间之外几乎没有闲暇，因此节庆都与民俗连接在一起，庙会、社火以及地方戏等都成为一种全民化的活动，参与主体以地域而不是以职业划分，人们以极高的热情参与其中，在愉悦的氛围中村民享受文化的充实感并暂时消除单调的田间劳作所造成的压抑。庙会、社火和地方戏等实际上已经成为一种乡村文化仪典，在乡村居民价值观塑造、社会态度养成、村民互动关系的构建等方面发挥着重要作用，乡村文化的这种重要组织形式建构着村民生活，成为乡村变迁中对村民发挥凝心聚力作用的重要文化元素。乡村来自国家行政力量控制下的文化在渲染力度层面相对较弱，在行政化的文化宣传和项目制的文化建设推进过程中，由于村民生活的"最后一公里"问题没有得到妥善解决，于是在文化的供与需之间存在"名实分离"的问题，行政意义上的文化供给力度与村民在相应的文化形式、内容上的需求强度之间形成强烈反差，而庙会、社火和地方戏则将意识层面强调的文化意愿与村民的日常生活结合在了一起，从而村民会"发于内、形于外"地接受这种文化形式并能够充分参与其中，行政力量可以通过这种乡村文化符号体现文化意志。这种传统的乡村文化形式实际上是在两种力量的纠缠中发展：一是国家行政力量，作为乡村文化符号的发展平台；二是民间市场基础，反映底层民间意识而获得广泛的群众基础。以上两种力量中，过分强调前者就会造成公共文化服务具有很强的行政味道，进而脱离底层民间的群众基础而不能得以广泛开展；过分强调后者就会使得乡村文化偏离国家意志表达的轨道，进而使得乡村文化符号失去来自行政力量的支撑。因此庙会、社火、地方戏等富有村落区域文化色彩的乡村文化符号就需要在如上两种力量中搜索合适的契合点，成为代表村庄利益的公共活动①。既要将国家意志体现在农村公共文化形式中，又要避免行政意识上的说教，因此就产生了种类繁多和形式多样的介于虚构与真实之间繁衍出来的迎合村民需求的文化形式。

2. 两种繁荣的模式：依赖型繁荣弱化与市场扩张增强

在长期的计划经济体制时期，国家对乡村公共文化生活实行包办方式，国家行政力量对公共文化发展的影响深入到乡村底层，乡村居民在公共文化消费层面不具有选择权。样板戏和红色歌曲成为乡村的主要文化形式，巡回的农村放映队也成为村民在文化消费方面的期盼，这时期的农村文化消费带有明显的计划特点。单调的文化形式严重挤压了村民的文化消费空间，乡村公共文化的行政供给方式也遏制了民间文艺团体参与乡村公共文化建设的自由度。一直到改革开放后的很长一段时间内乡村公共文化发展存在路径依赖问题，乡村公共文化发展过程中的民间力量的参与度较低。前面论及，乡村公共文化是在行政供给和民间基础的两种力量的纠缠中发展的，在相当长的一段时间内来自国家行政力量的文化供给占据主导，乡村文化的消费方式需要以国家强制力的持续跟进为前提，行政力量一旦削弱乡村文化发展的民间力量就会扮演主导角色，乡村文化发展状态就会由政府主导下的依赖型繁荣转轨到民间力量主导下的市场繁荣。改革开放后村民有了更多可资支配的时间，"政治挂帅"背景下的政府强势介入开始退出，继而以政府行政力量为依托的农村大型公共文化活动也开始削弱，乡村居民在文化消费方面开始向小型化、家庭化方向发展，村民在文化消费层面的主体性得到强化。民间力量参与乡村公共文化建设的空间得到释放，乡村场域的公共文化消费开始了村民与乡村民间文化团体的直接对话。民间力量的广泛参与照顾到了乡村居民多层次的文化需求，为小众化的乡村文化市场的发展开辟了空间。

（三）功能承载向度：意愿表达、集体记忆与规则恪守

乡村公共文化空间为村民交往、沟通搭建了平台，村民通过频繁互动形成一致遵守的行为规范，在行为方式上相互渲染，为村民传承文化、形成记忆和恪守规则营造氛围。因此建构乡村公共文化空间，需要对其功能向度进行考察，为建构乡村公共文化空间提供决策依据。

---

① 李晓斐. 庙会、公共性与乡村发展的文化意涵 [J]. 西北民族研究，2014（3）：208－217.

1. 居民意愿的表达载体：村民展示个人魅力的公共文化空间

乡村公共文化空间既包括物质空间也包括精神文化空间，成为乡村居民表达意愿和进行信息交流的平台。村戏是以村民小组（生产队）为单位聚合在一起的村落文化行为，相对于电视或者网络媒体呈现的文艺形式，乡村居民能够参与其中，并且在参与过程中与其他村民进行情感沟通，因此这种大型公共文化活动能够展示村民个人魅力进而扩展影响力的公共空间，村民通过参与感受文化并成为文化的渲染者。村戏的组织规模、后续影响力也成为乡村品牌含金量的重要影响元素，村戏能够强化村集体的凝聚力，在形成村民共同遵守的行为规范、一致性的生活态度从而形成共同追求的生活秩序过程中扮演着重要角色，因此村戏在乡村公共文化空间建构过程中发挥着整合功能。地方节庆与村戏相比较，在创造乡村公共文化空间过程中发挥着重要作用。地方节庆具有全民参与性，通过熟人间进行传统文化交流完成了乡村公共文化在传统价值观念维护和乡村道德秩序建构的任务。乡村是基于血缘建立起来的成员相对固定的具有一致性价值观念的熟人社会，因此在维护乡村良好的道德秩序过程中不宜采取生硬刻板的行政方式，乡俗节庆风趣幽默地将村民日常生活中存在的问题反映出来，对村民的日常行为能够产生教育点化作用，发自内心的自律较外在的行政强制更能发挥较好的规范作用，在乡村场域内形成健康向上的文化氛围，因此地方节庆在建构乡村道德秩序方面具有不可或缺的作用。服装、美食、歌舞、礼仪的乡村文化形式中承载了村民价值观念、生活态度、理想信念、邻里情感，通过恰当的形式将讽刺伪善、弘扬正义、颂扬美德的民间底层愿望与国家的政治意志紧密结合在一起。村民在乡村公共文化空间中受到渲染，按照民众共同遵守的行为规范约束自己，促进乡村社会资本增加，在互通、互信基础上村民交往的交易费用降低，村民个体都在内敛行为过程中增加外部经济效应，从而促进帕累托改进，乡村公共文化空间的放大使村民具有更多的获得感，从而在乡村振兴过程中发挥着抚慰心灵和社会控制功能。在抚慰心灵方面，地方节庆在民众参与过程中强化了仪式参与者对规则的敬畏感，在严守规则和遵守禁忌方面产生了教化作用，增加了人们交往过程中的信任感，消除恐惧和猜忌；在社会控制方面，地方节庆虽然是以幽默风趣的方式呈现，表演项目也可能是真人假事或者是假人真事，但都在暗示民众的底线思维意识，乡村公共文化能够让民众充分表达意见并对乡村权力进行监督和约束，从而使得基层管理者做到廉洁自律，使普通民众恪守公共规制而免于犯错，这种自律的控制较行政强制下的他律会产生更好的效果。因此，乡村公共文化空间的存在方式以及建构格局在乡村走向乡村善治过程中发挥着重要作用。

2. 集体记忆的承接载体：文化传承与规则恪守的公共文化空间

乡村公共文化空间是乡村集体共同记忆的载体，也是乡村集体文化和社会规则的载体①。乡村公共文化空间是村民聚集议事、发表意见和评论时政的场所，维系着乡村制度规范并建构着乡村道德体系。乡村公共空间作为乡村规制的载体在规范人们的日常行为过程中发挥着作用。廊桥、碑亭、祠堂、神庙等传统的文化空间都可以成为规范村民行为的物质场域，家庭纠纷或者邻里纠纷等都可以在这些物质场域中亮相，让公众作为是非曲直的裁判员，而公众都会按照乡村的一般规制思考问题并做出正确结论。乡村社会是在血缘关系基础上建立起来的熟人社会，与具有异质性和碎片化特点的城市社区存在较大差别，世代繁衍生息的乡村社会中，村民通过乡村公共文化空间捆绑在一起，形成同质性的集体文化、价值观念和社会态度，村民在互动中监视和纠正彼此的行为，每个人都成了乡村文化的建构者。具有规范乡村居民行为功能的物理空间是可以承载歌功颂德、彰显才艺、积德向善等文化导向的载体。因此，乡村公共文化空间既是居民传统文化的记忆载体，也是规范、激励、震慑、疏导后人行为的文化方向。乡村文化发展的物质空间成为精神文化空间的宿主。乡村公共文化空间通过修复、建构乡村文化，使得乡村居民做到心灵美、语言美、行为美，保证了乡村环境美。该环境既包括居民生存的物理环境，也包括指导行为发生的心灵环境。乡村公共文化空间通过物理空间与精神空间互动实现了村民与祖先、后代之间的对话，在文化软环境建设过程中对人的行为进行了规范，形成了文化传承的脉络。乡村公共文化空间内以文字、图画方式传承下来的故事、美德、善举、规制等都成为村民恪守的准则，触犯者会受到惩罚，乡村公共文化空间的营造使得村民形成对社会规制的敬畏感，不需要过多的政治宣传，在村民心底能够形成持续的"讲规则有纪律、讲道德有品行"的文化软实力。

---

① 吴燕霞. 村落公共空间与乡村文化建设——以福建省屏南县廊桥为例 [J]. 中共福建省委党校学报，2016（1）：99－106.

## 四、乡村公共文化空间的建构方向：整合资源、打造空间与培育精神

### （一）整合乡村公共文化资源：合并同类项扩大乡村文化张力

根据前文，乡村文化得以附着的载体即物理空间被碎片化，已经成为乡村公共文化服务发展的严重瓶颈。神社、庙会、祠堂等虽然在承载乡村公共文化发展过程中发挥着重要作用，但由于空间分布差异较大，在乡村公共文化发展过程中不具复制的可能性。乡村居民居住分散，并非所有乡村都有标志性的文化资源。因此在乡村文化发展过程中，需要以镇为行政单元对特色的文化资源进行整合，以其为节点带动腹地内邻近村庄发展。地方戏、传说、民俗、手艺、花会的各种文化形式通过优中选精、以一带多，强化乡村文化渲染力。"整合"并非单纯意味着将摊子铺大，而是通过合并同类项扩大乡村文化精品的张力，打造精品和扶植创新。乡村"空心化"、乡村居民生活方式多元化以及乡村文化物理空间的碎片化等问题既然已经成为乡村文化发展的严重瓶颈，说明行政手段切入乡村文化建设的方式需要尽快得到改变。乡村公共文化空间的建设实际上就是要构建以村民为主体的乡村文化共同体，这需要村民具有较高的参与积极性。因此乡村公共文化空间的建构需要与村民的生活空间整合在一起，让文化服务村民日常生活。乡村文化原本是从村民生活中产生并在形成抑恶扬善、美化生活、传承美德、教化子孙、恪守规制的文化氛围中发挥作用。因此乡村文化发展过程中单纯的行政植入，就会使乡村文化发展项目化、命令化，由于缺乏村民参与而失去了民众土壤。整合文化资源能够让乡村精品文化先发展起来，政府拉动与村民推动形成的合力有助于乡村公共文化的精神空间与物理空间同向发展，营造乡村文化发展氛围。

### （二）依托地理空间打造文化空间：降低村民参与文化活动的交通成本

公共文化空间的构建需要尽量降低乡村居民参与的交通成本。公共基础设施需要集中建设，这与乡村居民分散居住的空间格局相悖，因此需要依托地理空间打造乡村公共文化空间，打造乡村公共文化空间时在考虑人群分布

的集中程度的同时还要将时间成本考虑在内，乡村公共文化服务设施的最佳辐射半径应该控制在 20 分钟的路程以内，该时间是以步行为标准。随着乡村交通工具升级，较高级别的公共文化辐射设施的辐射空间可以继续向外拓展，依托核心设施打造"十里文化圈"。按照这样的发展思路，乡村公共文化基础设施需要划等分级，不同辐射半径内的公共文化设施可以分别满足日常活动、小众活动和定期的大众活动需求。村民可以根据其喜好以及个人对交通成本的承受能力选择不同辐射半径的服务产品。地理空间成为村民广域活动的限制性条件，也会影响村民间的对话质量，而乡村公共文化空间的构建需要突破基于地理元素的物理条件的限制，提升人与自然、人与人之间的对话效率。乡村社会是基于血缘网络构建起来的熟人社会，计划经济体制下村民的交往限于以村为单元的地域空间，公共文化空间也是基于熟人社会得以建构，因此"地理空间＋熟人社会"在一定程度上禁锢了乡村公共文化空间拓展，突破乡村行政界线构建镇域范围内的公共文化基础设施，在行政力量引导下挖掘乡村文化资源，在更大的地域空间内构建起熟人网络，才能为乡村公共文化服务的发展构建起软环境。变行政向度下的公共文化植入模式为村民需求向度下的公共文化成长模式，通过村民个体的文化资本积累强化村民在乡村公共文化服务过程中的主体性，在乡村文化发展中促进村民获得感的循环累积效应。布尔迪厄（Pierre Bourdieu）认为，以趣味为基础构建起来的文化资本划分出来的社会阶层具有不同的生活情趣，生活方式是阶层关系的符号表达①，居民的文化消费和生活方式沿着相似的轴线分布，这说明居民的生活场域与生活方式存在着结构同源性。具有不同文化资本的社会阶层对文化的解码能力存在较大差别，乡村公共文化服务水平的提升需要在乡村居民对文化的解码能力的提升方面做文章，注重村民的文化解码能力培养以及对传统文化习得能力的强化。

（三）乡村居民公共精神的培育：强化文化服务空间建设的持续动力

公共精神是一种氛围，村民都是这种氛围的受益者也是创造者，这需要通过基于规则制度的外在约束整合基于内在修养提升的行为自律，认识乡村

---

① ［美］戴维·斯沃茨. 仪化与权力：布尔迪厄的社会学 ［M］. 陶东风，译. 上海：上海译文出版社，2006：186 – 187.

公共精神的培育问题，不仅要从历史维度审视也要从当前存在的发展困境角度进行审视①。公共精神是乡村文化振兴进而推进乡村公共文化服务空间建设的内在推动力，这种精神是村民在处理利益关系时基于奉献精神、关心情怀所具有的公共价值理念。从经济学角度看，公共精神就是经济人在展开实践活动时进行自我收敛，通过进行自我调整实现帕累托改进从而形成外部经济效应的行为理念、价值观念，在此过程中能够充分体现村民的社会感和道德感。在乡村公共文化发展过程中培育公共精神仍然存在一定难度，主要表现在：以家庭为核心的村民个体间的社会关系是基于私人关系的叠加建立起来的，思考问题的前提是个人效用最大化，通过抑制个人目标培养公共精神的通道狭窄；联产承包责任制以来的分户经营以及农村空心化，村民参与公共生活的空间和机会有限，村民过分看重经济利益，以私利为主的思考前提弱化了村民的公众意识，这种局面的转变需要较大的时间成本；差序格局下的村民分层以及村民原子化状态增加了村民的文化共同体的难度。乡村公共精神的培育需要打破如上论及的发展瓶颈，通过再社会化和继续社会化过程提升村民的内在素养，使其具有依托乡村社会形成的集体价值观念从事实践活动的内在约束，通过行为内敛增加村民间的互信程度从而降低交往过程中发生的交易费用，从而促进乡村社会资本存量增加，增加村民间互助合作的愿望，在村民间形成文化共同体。因此乡村公共精神的培育需要以提升村民的合作愿望为前提，使村民在合作中享受获得感并不断放大循环累积效应。乡村公共精神的培育需要依托物质载体即公共文化发展的物质空间，依托物质载体为村民创造更多的见面机会。村"两委"是培养乡村公共精神的建构者、指挥者，提升村"两委"的管理能力，在乡村经济得到快速发展的同时，通过合理方式打造村民的文化家园就非常必要，在村民间形成"讲规则有纪律、讲奉献有作为"的氛围。

---

① 周燕妮，陈永强. 乡村公共精神的培育——基于浙江省永康市乡村文化礼堂的功能研究 [J]. 中共珠海市委党校学报，2017（8）：62 – 69.

# 参 考 文 献

[1] [德] 阿莱达·阿斯曼. 回忆空间：文化记忆的形式和变迁 [M]. 潘璐, 译. 北京：北京大学出版社, 2016.

[2] [德] 阿莱德·阿斯曼. 记忆中的历史——从个人经历到公共演示 [M]. 袁斯乔, 译. 南京：南京大学出版社, 2017.

[3] [德] 斐迪南·滕尼斯. 共同体与社会：纯粹社会学的基本概念 [M]. 林荣远, 译. 北京：商务印书馆, 1999.

[4] [德] 哈贝马斯. 公共领域的结构转型 [M]. 曹卫东, 译. 上海：学林出版社, 1999.

[5] [德] 哈贝马斯. 公共领域的结构转型——关于一种资产阶级社会的调查 [M]. 曹卫东, 王晓珏, 刘北城, 宋伟杰, 译. 上海：学林出版社, 1999.

[6] [德] 哈拉尔德·韦尔策. 社会记忆：历史、回忆、传承 [M]. 季斌, 王立军, 白锡堃, 译. 北京：北京大学出版社, 2007.

[7] [德] 柯武刚, 史漫飞. 制度经济学——社会秩序与公共政策 [M]. 韩朝华, 译. 北京：商务印书馆, 2000.

[8] [德] 马克斯·韦伯. 经济与社会（上卷）[M]. 林荣远, 译. 北京：商务印书馆, 1976.

[9] [德] 扬·阿斯曼. 文化记忆：早期高级文化中的文字、回忆和政治身份 [M]. 金寿福, 黄晓晨, 译. 北京：北京大学出版社, 2015.

[10] [法] 爱弥儿·涂尔干. 道德教育 [M]. 陈光金, 沈杰, 朱谐汉,

译．上海：上海人民出版社，2001.

[11]［法］居伊·德波．景观社会［M］．王昭风，译．南京：南京大学出版社，2006.

[12]［法］列斐伏尔．空间：社会产物与使用价值［M］．王志宏，译．上海：上海教育出版社，2003.

[13]［法］卢梭．社会契约论［M］．何兆武，译．北京：商务印书馆，2003.

[14]［法］莫里斯·哈布瓦赫．论集体记忆［M］．毕然，郭金华，译．上海：上海人民出版社，2002.

[15]［法］莫里斯·梅洛－庞蒂．知觉现象学［M］．姜志辉，译．北京：商务印书馆：2001.

[16]［法］皮埃尔·布迪厄，［美］华康德．实践与反思——反思社会学导引［M］．李猛，李康，译．北京：中央编译出版社，1998.

[17]［法］皮埃尔·布尔迪厄，［美］华康德．实践与反思：反思社会学导引［M］．李猛，李康，译．北京：中央编译出版社，1998.

[18]［法］皮埃尔·布尔迪厄．科学的社会用途：写给科学场的临床社会学［M］．刘成富，张艳，译．南京：南京大学出版社，2005.

[19]［法］皮埃尔·诺拉．记忆之场——法国国民意识的文化社会史［M］．黄艳红，等译，南京：南京大学出版社，2017.

[20]［法］雅克·勒高夫．历史与记忆［M］．方仁杰，倪复生，译．北京：中国人民大学出版社，2012.

[21]［古希腊］柏拉图．斐多：柏拉图对话录之一［M］．杨绛，译．沈阳：辽宁人民出版社，2000.

[22]［加］丹尼尔·亚伦·西尔，［美］特里·尼克尔斯·克拉克．场景空间品质如何塑造社会生活［M］．祁述裕，等译．北京：社会科学文献出版社，2018.

[23]［美］杜赞奇．文化、权力与国家——1900～1942 年的华北农村［M］．王福明，译．南京：江苏人民出版社，1996.

[24]［美］保罗·A. 萨缪尔森，［美］威廉·D. 诺德豪斯．经济学［M］．萧琛，等译．北京：人民邮电出版社，2004.

[25]［美］保罗·康纳顿．社会如何记忆［M］．纳日碧力戈，译．上

海：上海人民出版社，2000.

　　[26] [美] 戴维·斯沃茨. 仪化与权力：布尔迪厄的社会学 [M]. 陶东风，译. 上海：上海译文出版社，2006.

　　[27] [美] 杜赞奇. 文化、权力与国家——1900～1942 年的华北农村 [M]. 王福明，译. 南京：江苏人民出版社，1996.

　　[28] [美] 黄宗智. 华北的小农经济与社会变迁 [M]. 北京：中华书局，1986.

　　[29] [美] 康拉德·科塔克. 远逝的天堂：一个巴西小社区的全球化 [M]. 张经纬，向瑛瑛，马丹丹，译. 北京：北京大学出版社，2012.

　　[30] [美] 罗伯特·K. 默顿. 社会理论与社会结构 [M]. 唐少杰，齐心，译. 南京：译林出版社，2008.

　　[31] [美] 罗伯特·斯考伯，[美] 谢尔·伊斯雷尔. 即将到来的场景时代 [M]. 赵乾坤，周宝曜，译. 北京：北京联合出版公司，2014.

　　[32] [美] 马歇尔·伯曼. 一切坚固的东西都烟消云散了——现代性体验 [M]. 徐大建，张辑，译. 北京：商务印书馆，2003.

　　[33] [美] 玛格丽特·米德. 代沟 [M]. 曾胡，译. 北京：光明日报出版社，1988.

　　[34] [美] 塞谬尔·亨廷顿，[美] 劳伦斯·哈里森. 文化的重要作用：价值观如何影响人类进步 [M]. 北京：新华出版社，2018.

　　[35] [瑞] 皮亚杰. 结构主义 [M]. 倪连生，王琳，译. 北京：商务印书馆，1984.

　　[36] [英] 埃瑞克·霍布斯鲍姆. 传统的发明 [M]. 顾杭，庞冠群，译. 南京：译林出版社，2004.

　　[37] [英] 马林诺夫斯基. 文化论 [M]. 费孝通，译. 北京：华夏出版社，2002.

　　[38] 刘易斯·芒福德. 城市发展史：起源、演变和前景 [M]. 宋俊岭，倪文彦，译. 北京：中国建筑工业出版社，2004.

　　[39] 刘易斯·芒福德. 城市文化 [M]. 宋俊岭，李翔宁，周鸣浩，译. 北京：中国建筑工业出版社，2008.

　　[40] 鲁西奇. 中国历史的空间结构 [M]. 桂林：广西师范大学出版社，2014.

［41］［英］迈克尔·格伦菲尔．布迪厄：关键概念［M］．林云柯，译．重庆：重庆大学出版社，2018．

［42］孙辉．城市公共物品供给中的政府与第三部门合作关系［M］．上海：同济大学出版社，2010．

［43］唐家路．民间艺术的文化生态论［M］．北京：清华大学出版社，2006．

［44］陶东风．文化研究（第11辑）［M］．北京：社会科学文献出版社，2011．

［45］王民安．身体、空间与后现代性［M］．南京：江苏人民出版社，2005．

［46］吴慰慈，邵巍．图书馆学概论［M］．北京：书目文献出版社，1985．

［47］费孝通．乡土中国［M］．上海：上海人民出版社，2006．

［48］李景源，陈威．中国公共文化服务发展报告（2009）［M］．北京：社会科学文献出版社，2009．

［49］罗钢，刘象愚．文化研究读本［M］．北京：中国社会科学出版社，2000．

［50］陶东风．文化研究（第11辑）［M］．北京：社会科学文献出版社，2011．

［51］文建东．公共选择学派［M］．武汉：武汉出版社，1996．

［52］张意．文化与符号权力——布尔迪厄的文化社会学导论［M］．北京：中国社会科学出版社，2005．

［53］赵世瑜．狂欢与日常：明清以来的庙会与民间社会［M］．北京：生活·读书·新知三联书店，2002．

# 后　记

　　乡村振兴包括产业振兴、人才振兴、文化振兴、生态振兴、组织振兴等多方面，文化振兴是乡村振兴进程中的重要内容。文化是乡村经济竞争力提升的最终决定力量。改革开放后城乡二元经济结构被打破，城乡一体化进入发展轨道，因而乡村居民的思维方式、就业方式等也在发生变化。随着城市化进程速度加快以及城市化水平提升，城市对乡村的经济拉动力也在增加。虽然进城务工的绝对人数仍然居高不下，但由于乡村的产业发展环境在不断改善，回乡创业和回乡就业的人群规模也在增加。乡村居民正在通过自身的生活方式、生产方式改变着乡村，乡村文化氛围也随着乡村社会主体的变化而变化。伴随着乡村社会物质生活水平提升，文化消费愿望和文化消费能力也在提升，丰富乡村的文化内容和扩大乡村公共文化服务的供给水平被提上议事日程。

　　乡村产业空心化、人才空心化等问题仍然存在，但不同地域存在较大差别。因此发展乡村公共文化服务，应该针对不同区域的乡村采取差别化的供给方式，要将文化发展与经济发展紧密衔接，将文化空间与村民的生活空间实现完美套叠，将文化场建立在村民的生活场之上，激发村民参与建设乡村文化的热情。依托乡村文化资源兴办乡村文化产业，促进乡村文化实体经济发展，成为发展乡村文化的重要形式。乡村公共文化服务的发展也需要在运行机制方面探索发展新路径，除了进一步加强行政力量主导下的财政支撑外，要充分吸纳社会资源参与进来，扩大发展乡村公共文化服务的资金支撑主体，在这种运行机制下，除了要让投资主体受益外，还要通过创新运行机制，让村民成为最终的受益者。

乡村公共文化服务的对象具有异质性、变动性，因此发展乡村公共文化不能整齐划一。新时代的社会主要矛盾已经转变为人民日益增长的美好生活需要和不平衡不充分的发展之间的矛盾。这在乡村社会的文化发展进程中通过多方面呈现出来：不同区域的乡村对文化服务的需求状态不同；乡村社会文化产业的发展潜力仍然有待开发；村民对文化的量的需求的增加与对文化需求的质的提升在同向增长。这需要乡村基层组织不断提升治理水平，以产业发展为基础进一步优化乡村社会的文化发展环境，提升村民的生活质量。乡村基层党组织是将村民的生活愿望变现的领路人，其视野广度与思维水平决定了乡村公共文化服务的发展高度，发展乡村公共文化需要重视乡村党组织建设。

目前的乡村文化发展状态是在历史中形成的，解决存在的问题也需要遵循历史逻辑。问题会进一步产生问题，方法也会进一步产生方法。乡村社会目前的生产方式和生活方式为其未来发展奠定了基础，为了为未来创造出更好的文化发展空间，需要依托既有基础实现创造性发展和创新性改变。发展的目标是为了让村民受益，只有建立在村民需求之上的发展才能得到村民的认可，并让村民在进一步发展中成为生产出生产力的改造乡村社会的主体。因此，乡村公共文化服务的供给主体需要从其服务对象即村民的角度出发考虑问题，使公共文化服务呈现为村民需要的状态。乡村公共文化服务的发展目标是让整个乡村社会受益，其发展状态能够再现乡村社会的文明水平。乡村公共文化服务的发展水平没有上限，需要在进步中进步。

考察乡村公共文化服务可以从管理学、社会学、文化学等多个视角展开，本书讨论的视角更加贴近经济学，因此在分析过程中更多采用的是经济学分析方法。在从其他视角审视乡村公共文化时，本书讨论问题的单一视角无疑是一个缺陷。本书的目的在于引发更多同仁对相关论题展开思考，以期对乡村公共文化发展问题的思考更加全面，对问题的认识更加深入，以便能够发展出更加完善的实践路径。

夫人曹建华女士是我所有作品的第一个读者，写作中我的一些想法每每遭到夫人的批评，但对于这些我都感到无尽的快乐，夫人对我的批评就是对我的鼓励。每当一篇新作问世时，夫人总是高兴地拿给我看，因为她知道看到自己的作品变成铅字是我最大的快乐。平时我只知道坐在电脑前一个字一